Amandus Kupfer
Grundlagen der Menschenkenntnis
Band 1

GRUNDLAGEN DER MENSCHENKENNTNIS

DIE FORMKRAFT DER PSYCHE

nach
Carl Huters Psycho-Physiognomik
von Amandus Kupfer.

Neu bearbeitet und herausgegeben
von Paul Schärer.

1. Band.
30. Auflage.
254 Abbildungen.

CARL-HUTER-VERLAG

ISBN Nr. 3-906417-01-8

Satz und Lithos: C.A.P. Graphik, Basel
Druck: Reinhardt Druck, Basel
Bindearbeiten: Grollimund AG, Reinach

Inhaltsverzeichnis

Vorwort

Die "Grundlagen der Menschenkenntnis" erschienen 1911 zum ersten Mal. *Amandus Kupfer* (1879-1952), ein persönlicher Schüler *Carl Huters* (1861-1912), hatte darin eine kurze Darstellung des Systems der Körperformen-, Kopf- und Gesichtsausdruckskunde seines Lehrmeisters gegeben. Nach den Tode von *Carl Huter* wurden die "Grundlagen" immer wieder erweitert und verbessert in zahlreichen Neuauflagen herausgegeben.

1919 hatte *Amandus Kupfer* das Verlagsrecht am gesamten literarischen Nachlass *Carl Huters* übernommen. Seit dieser Zeit erschienen aus seiner Feder zahlreiche weitere Werke über das Spezialgebiet der Huterschen Menschenkenntnis und Neuausgaben Huterscher Originalwerke. Die "Grundlagen" wurden auf zwei Bände erweitert. Der erste Studienband behandelt innere Energien, Dispositionen und deren Ausdrucksformen an speziell ausgewählten Menschentypen, den sogenannten "Naturellen". Der zweite Studienband behandelt Details der Kopf-, Gesichts- und Augenausdruckskunde.

Lehr- und Lernfähigkeit sind entscheidende Faktoren, welche die hier dargestellte Psycho-Physiognomik - die Seelen- und Körperausdruckskunde - besonders auszeichnen. Sie kann auch als "physiognomische Psychologie" bezeichnet werden und ist eine eigene Forschungsrichtung der Psychologie.

19 Auflagen des vorliegenden Lehrbuches erschienen zu Lebzeiten von *Amandus Kupfer*. Nach dessen Tode wurden weitere 9 Auflagen von seinem Sohn *Siegfried Kupfer* herausgegeben.

Der Verlag ging 1987 an *Paul Schärer* und *Martin Kübli*, welche die 29. Auflage überarbeitet, neu gestaltet und soweit notwendig und nützlich mit neuen Bildern versehen haben. Für die bei dieser Arbeit erhaltenen Anregungen und Unterstützungen von *Lydia* und *Kaspar Bucher und Waldemar Bartels* danken wir bestens.

Die 30. Auflage wurde von Paul Schärer herausgegeben.

Münchenstein, Herbst 1993 Paul Schärer

Einleitung

Carl Huter (1861–1912) begründete die Psycho-Physiognomik und schaffte die Grundlage zu einer neuen Wissenschaft, der "physiognomischen Psychologie". Sein Hauptwerk* beinhaltet eine ausführliche Beweisführung für seine Theorie und eine Darstellung der Geschichte der Physiognomik. In weiteren Werken legte er seine aus der Psycho-Physiognomik gewachsene Philosophie und Ethik dar.

Seine Forschungsergebnisse fasste er in folgendem Satz zusammen:

"In den Formen lebt der Geist"

Grundlage der Körper- und Seelenausdruckskunde, der Psycho-Physiognomik, ist das Erkennen innerer Lebenskräfte und ihrer Wirkung auf die Persönlichkeitsstruktur und das Erscheinungsbild.

Das vorliegende Buch behandelt im ersten Teil die formbildenden inneren Energien. Im zweiten Teil werden menschliche Grundwesenszüge und Charaktereigenschaften und deren Ausdrucksformen anhand einer systematischen Typologie erläutert und praktische Nutzanwendungen gezeigt.

Das Ziel dieses Buches ist es, den Leser in die Welt der Formensprache so einzuführen, dass er deren Vielfältigkeit und Gesetzmässigkeit erfassen und für sich nutzbringend anwenden kann.

* *"Menschenkenntnis durch Körper-, Lebens-, Seelen-und Gesichts-Ausdruckskunde auf neuen wissenschaftlichen Grundlagen" 1904-1906, 4. Auflage Carl-Huter-Verlag, CH-4142 Münchenstein*

1. Die Theorie der Kraftrichtungsordnung

Die inneren Lebenskräfte des Menschen, ihre Beziehungen zur Persönlichkeitsstruktur und ihre Wirkung auf das Erscheinungsbild

Carl Huter erkannte die naturgesetzlichen Zusammenhänge zwischen der gewachsenen Form, dem lebendigen Ausdruck und den darin wirkenden Kräften und Energien. Ohne ursächliche Impulse, Kräfte und Energien ist keine Form und auch keine körperliche, seelische und geistige Disposition für spezielle Reaktionen denkbar.

Während viele Systeme der Physiognomik, Mimik und Phrenologie nur die Formen beachten und das Verhältnis der Formen untereinander vergleichen, bezieht die Hutersche Psycho-Physiognomik zusätzlich die inneren Kräfte und deren Gesetze mit ein. Damit kann eine wesentliche Verbesserung der Beurteilungskunst erreicht werden. Innere Zusammenhänge werden sichtbar und führen zu einem vertieften Verständnis für die unterschiedlichen menschlichen Charaktere und Dispositionen.

Huter lehrt mit seiner Innenschau der Kräfte - sie wurde von ihm als Kraftrichtungsordnung bezeichnet - ein für die wissenschaftliche Psychologie neues Sehen. Es ist ein sowohl sachliches wie auch künstlerisches und gefühlsmässiges psychologisches Erkennen, ein durch Auge, Gefühl und Verstand gleich stark gestütztes Erfassen der uns umgebenden Welt.

Der physiognomisch Sehende lernt, wie sich sowohl chemische und physikalische als auch seelische und geistige Energien durch Form, Farbe und Masse, durch Spannungen, Strahlungen und feinste Emanationen der Gewebe kundtun. Erst mit dieser umfassenden Betrachtung der Erscheinungsbilder erkennen wir den körperlichen, den seelischen und den geistigen Inhalt aller lebendigen Formen. Die Wirkungen der unterschiedlichen Energien und deren wechselseitige Beeinflussungen auf den verschiedenen Seinsebenen werden fassbar.

Wir erkennen damit hinter den Formen, dem Verhalten und den Ausstrahlungen das Sein.

Die Empfindungsenergie - Impulskraft im Weltwerden

Durch ein mehr als 20jähriges Suchen, Vergleichen und Experimentieren kam *Huter* als ausserordentlich fein empfindender, hellfühlender Mensch zu seiner Theorie der Kraftentwicklungs- und Kraftrichtungsordnung in der Materie und in den Lebewesen.

Sie steht im Einklang mit vielen bekannten Tatsachen der Naturwissenschaft, sprengt aber deren Rahmen. Sie erweitert auch die Entwicklungslehre und führt diese zu einem einheitlichen, logischen Weltbild.

Huter gelangte zur Erkenntnis, dass Leben nicht nur ein mechanistischer, d.h. ein durch Kraft und Stoff bewirkter Vorgang ist, dass Leben auch nicht von aussen, gewissermassen willkürlich von einem übergeordneten Wesen in die Materie hineingetragen worden ist. Vielmehr liegt die Wurzel allen Lebens und Geistes so wie jene von Kraft und Stoff gemeinsam im Raum. Die Energien, welche ursprünglich den Anstoss zur Bildung von Materie gaben und in dieser wirken, finden sich danach auch in den lebenden Organismen - allerdings in abgewandelten, physischen und psychischen Sonderformen. Dem Leben liegt dazu noch eine besondere Kraftform zugrunde: die in der Empfindungsenergie wurzelnde Helioda. Sie wurde bisher von einigen Forschern erahnt und postuliert, in ihrem Wesen ist sie aber unerkannt geblieben. Die Empfindungsenergie muss neben der Kraft und dem Stoff als primäre Energie bezeichnet werden.

Huter erkannte ein wundersames Weben und Werden, Entfalten und Entwickeln, Formen und Gestalten, welches das All durchzieht und welchem die unsichtbaren Kräfte zugrunde liegen, die unsere Erde, alle Himmelskörper, Formen und Lebensgestalten geschaffen haben. Überall entdeckte er Leben, nirgends endgültigen Tod, wohl aber Vergehen zu neuem Werden und neuen Daseinsformen in unendlicher Fülle und Variation.

Die Weltentstehungstheorie Huters

Huter nimmt einen Urstoff an, dessen Einzelteile weit unterhalb der Grössenordnung der Atome liegen, und nennt diese Ilionen. Letztere entstanden aus den polaren Raumenergien und treten in einem neutralen sowie in drei gerichteten Zuständen auf. (*Huter* befindet sich soweit vermutlich im Einklang mit den neuesten Erkenntnissen der Kleinstteilchenphysik. Dies ist allerdings nicht eindeutig geklärt, fehlt doch hier immer noch die von *Huter* erkannte und in vielen Experimenten beobachtete Empfindungsenergie, die eigentlich grundlegende bzw. schöpferische Energie.)

*Theilhard de Chardin** nimmt die Idee *Huters* auf, bezeichnet diese Energie als die Innenseite der Dinge und als Vorstufe zum Leben.

Nach *Huter* waren die Ilionen, d.h. die Kleinstteilchen des Uräthers, (Äther war für *Huter* eine überall im Raum verteilte Energieform) ursprünglich in Ruhe und im Gleichgewicht. Es gab drei ausgeglichene Energien, die Ruhe-, die Bewegungs- und die Empfindungsenergie, welche sich in den ihnen entsprechenden Zonen lagerten.

In der Empfindungszone der sich im Gleichgewicht befindlichen Ätherilionen entstand der Impuls zur Veränderung. Es differenzierten sich die Ilionen in solche mit vorherrschender Ruh-, Bewegungs- und Empfindungsenergie. Durch diese Differenzierung der Ilionen war der ursprüngliche Ruhezustand des Äthers aufgehoben. Die Entwicklung begann - eine Entwicklung die noch andauert und nie aufhören wird - durch den Anstoss der Empfindungsenergie, die von da an alle Entwicklung begleitet und einem Ziel zuführt.

Huter nimmt also einen ursprünglich neutralen Zustand der Urenergien an (in dem viele Ilionen auch verharren oder in den sie zurückkehren können). Daraus entstanden drei Formen, differenziert nach Kraft, Stoff und Empfinden.

Pierre Theilhard de Chardin (1881-1955) "Der Mensch im Kosmos" 1959, C. H. Beck München

Die Annahme von Ilionen als Kraft- und Stoffgrundelemente stimmt mit der Quantentheorie überein, nach der sich die kleinsten Kraftfelder sowohl wie Energie als auch wie Materie verhalten. Jedoch fehlen in der herkömmlichen Physik die Annahme des Empfindungs-Ilions, des Kleinstteilchens, welches die Entwicklung in Gang setzte, und alle Folgerungen daraus. Ohne die Annahme einer Empfindungsenergie, unserer inneren, ureigenen göttlichen Kraft, ist eine Entwicklung und der Weltzustand, wie er sich unseren Augen resp. Sinnen darbietet, auch philosophisch nicht erklärbar. Empfinden tritt erst in den Lebewesen als Gefühl, Gedächtniskraft und Geist mehr oder weniger wahrnehmbar zutage. Der Umstand, dass das Empfinden, weil es im Leben evident und herrschend ist, auch im gesamten Weltall als Grundenergie herrschend sein muss, wurde bis heute weitgehend übersehen, und man versuchte daher, das Leben mit allerlei materialistischen und spiritualistischen wie auch theologischen Theorien zu erklären. Die Ergebnisse dieser Erklärungsversuche waren für *Huter* unbefriedigend. Durch die traditionelle Wissenschaft kann bis heute nicht erklärt werden, was Leben ist, woher es kommt und wohin es geht. Das aus einer seltenen Disposition des eigenen Empfindungs- und Denkvermögens hervorgegangene Resultat *Huters* führt zu lückenlosem, klarem Verständnis der verschiedenen Seinszustände aller anorganischen Dinge und organischen Wesen.

Alles, was sich unserem Auge bietet, und alles, was heute noch unbekannt ist, beruht auf den Wirkungen der Kleinstteilchen des Äthers. Dazu gehören alle messbaren und erfassbaren Kräfte, die Materie in ihren verschiedenen Formen und alles Leben. Vergleichbar damit ist ein Samenkorn, in dem der ideale Plan der werdenden Pflanze unsichtbar und in besonderen Materie- und Energieformen verborgen liegt. Dieser Keim ist allerdings in allen Teilen determiniert, während im Ätherteilchen noch die volle Freiheit der Entwicklung vorhanden ist.

Zu all diesem Werden gab die Empfindungsenergie den Anstoss. Das Empfinden ist die überall vorhandene Seele der Welt, die sich in immer neuen Daseinsformen glücklicher, freier und höher zu entfalten sucht, nach höherem, differenzierterem Leben strebt und gewiss auch höheres Leben ermöglicht, welches nicht an den grobstofflichen, irdischen Körper gebunden ist.

In aller Entwicklung der Stoffe und Kräfte liegt durch die Mitwirkung dieser primären Empfindungsenergie eine wunderbare Ordnung und Bildung, ein wunderbares, sympathisches Zuneigen und Fühlen und ein unabänderliches Entwicklungsziel des gesamten Alls. Es ist damit eine Einheit in der ganzen Natur gegeben, die der heutige Mensch wieder erfahren und anerkennen muss, will er mit der Natur in Einklang kommen und sie auch innerlich verstehen.

Die Materie strahlt und wirkt über ihre sichtbare Form hinaus

Strahlen bilden eine Energieform, d.h. sie stellen unsichtbare Kräfte dar, die Wirkungen ausüben.

Die Wirkung von radioaktiven Strahlungen ist uns immer wieder nachhaltig ins Bewusstsein gerufen worden.

Da es oft schwer ist, unsichtbare Kräfte und ihre Wirkung als zusammengehörend zu erkennen und klar zu überschauen, haftet solchen Dingen vielfach etwas Geheimnisvolles, ja Mystisches an. Die Vorstellungen sind unklar, verschwommen, oft von krassem Aberglauben, zuweilen auch von Ignoranz oder Intoleranz beherrscht. ***In erhöhtem Masse strahlt alle lebende Materie.*** Wenn wir uns die bei der Atomspaltung auftretenden gewaltigen Energien vorstellen, so fällt es auch nicht schwer, sich den menschlichen Körper als einen energiegeladenen Komplex von Atomen und Molekülen vorzustellen, der mit den darin waltenden Kräften in fortwährendem Energieaustausch sowie in Wechselwirkung mit der Umwelt und dem Universum steht.

Die Kräfte und Energien in der lebenden Zelle

Jeder lebende Organismus, auch der Mensch, ist aus Zellen aufgebaut. Daher ist die Zelle das Lebensgrundorgan, so dass man mit Recht sagen kann:

Ohne Zellkenntnis keine Menschenkenntnis und ohne Kenntnis der Kraftrichtungsordnung ist Menschenkenntnis nur Zeichendeuterei.

Abbildung 1 veranschaulicht die lebende Zelle mit den darin wirksamen Kräften und deren Lagerung, Ordnung und Richtung in vereinfachter schematischer Darstellung.

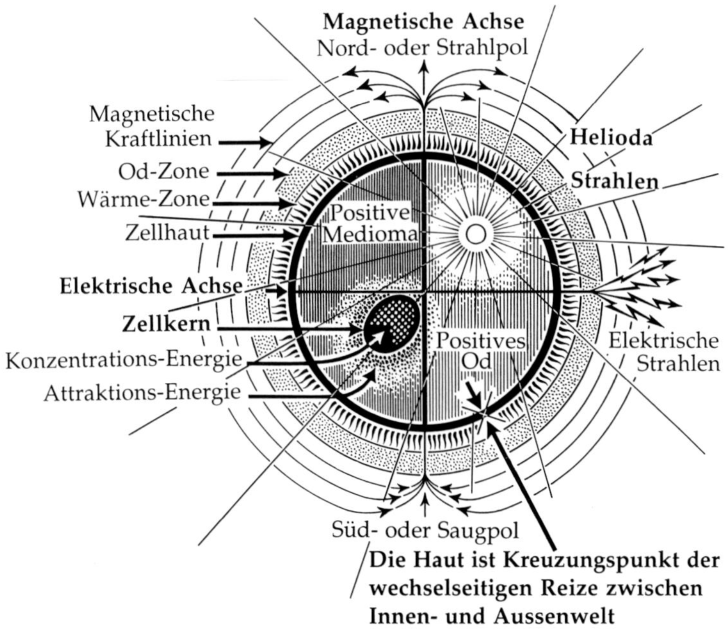

Abb. 1 Die lebende Zelle nach den Forschungen *Carl Huters.*

Der physiologische Magnetismus

Die Besonderheiten des dem Magneteisen anhaftenden Magnetismus, dessen Gesetze der Anziehung und Abstossung, seine Richtwirkung auf Eisenfeilspäne **(Abb. 2)**, vor allem aber die Tatsache, dass ein noch so oft zerteilter Magnetstab immer gleich gerichtete Magnetstäbe ergibt **(Abb. 3)** sind bekannt und zeigen, dass der physikalische Magnetismus eine einheitlich gerichtete, dem Magneteisen selbst in seinen kleinsten Teilchen anhaftende Kraft ist, die sowohl die Teile wie das Ganze durchströmen und ihnen etwas Besonderes, etwas Eigentümliches verleiht. Magnetismus wohnt aber in geringerem und stärkerem Grade jeder Substanz inne und tritt auch im Menschen, allerdings in physisch und psychisch abgewandelter Form auf.

Die Beschreibung der Kraftrichtungsordnung, der Entwicklung der anorganischen und organischen Materie sowie der Lebenswelt ist ausführlicher in *Huters* Hauptwerk behandelt.

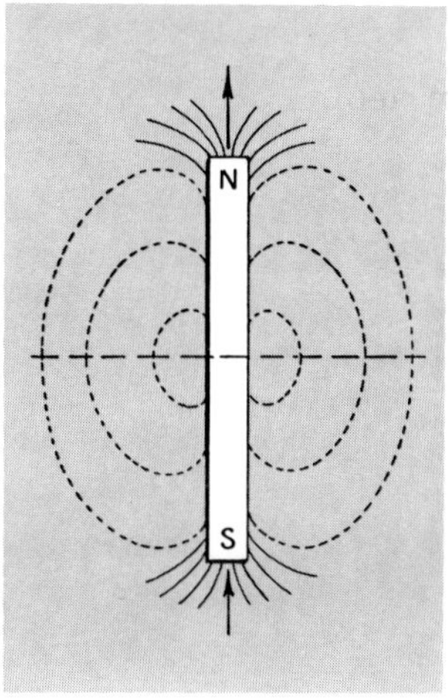

Abb. 2

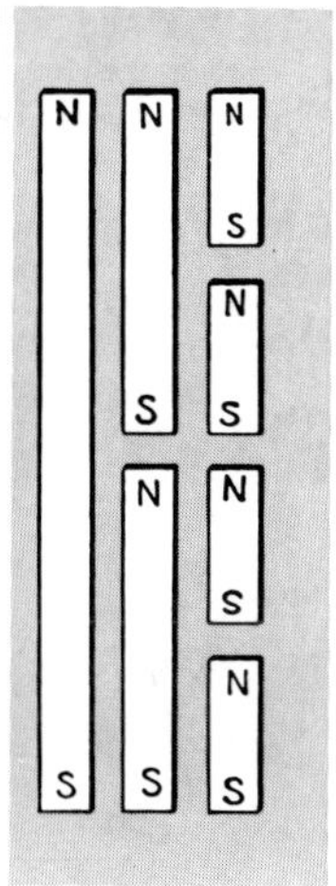

Abb. 3

Der physiologische Magnetismus bildet die Richt- oder Längsachse der Körper. In der Zelle tritt er am Nord- oder Strahlpol über den Zellkörper hinaus, umgibt ihn mit magnetischen Kraftspannungslinien und gelangt am Süd- oder Saugpol wieder in den Körper.

Der Magnetismus bildet auf der körperlichen Ebene die Langformen, fördert das Höhenwachstum und verleiht auf der seelischen Ebene Spannkraft, Festigkeit und Dominanz, stärkt ferner das eigene Ich und fördert auf der geistigen Ebene die Neigung zu einem sachlichen Erfassen der Gegebenheiten.

Vermöge seiner Eigenart, den Körper mit Kraftspannungslinien zu umgeben und stets in diesen zurückzukehren, wirkt der Magnetismus wie ein schützender Mantel und bringt gleichzeitig die Zelle oder den Körper in einen Kraftaustausch mit der Umwelt. Magnetismus ist selbsterhaltende Schutz- und Spannkraft, stärkt und erhält die Individualität und verkörpert das egoistische Prinzip.

Auch unsere Erde ist durch ihre magnetischen Kraftspannungslinien so geschützt, dass sich alles Leben ruhig auf ihrer Oberfläche abspielen kann. Zwar ist physikalischer und physiologischer Magnetismus nicht dasselbe, doch sind beide in ihrem Wesen verwandt.

Die physiologische Elektriztät

Die physiologische Elektrizität richtet sich stets rechtwinklig zum Magnetismus, bildet die Querachse zu dessen längsgerichteten Kraftspannungslinien und wirkt in allen Breitformen. Im Gegensatz zu den magnetischen, ruhenden Kraftfeldern, die einen geschlossenen Kreislauf bilden, ist die elektrische Entladung eine Entspannung der aufgestauten Energie. Die Elektrizität ist Trennungskraft (Zellteilung), Veränderungs- und Gestaltkraft (Armtätigkeit). Mit Hilfe dieser Kraft vermag sich ein Individuum wirkungsvoll gegen Ausseneinflüsse zu wehren und Prozesse in Gang zu setzen. Ist der Gesinnungsimpuls,welcher der physiologischen Elektrizität zugrunde liegt, aufbauend, so wirkt diese entwicklungsfördernd. Die physiologische Elektrizität kann jedoch auch destruktiv wirken, wenn der ihr zugrunde liegende Gesinnungsimpuls lebensverneinend ist.

Sie wirkt auf der Körperebene in Zellteilungsprozessen und bildet Breitformen, treibt auf der seelischen Ebene zur Auseinandersetzung mit sozialen Prozessen, was Unruhe, aber auch Klärung bringen kann, und macht auf der geistigen Ebene zu kritischer Haltung disponiert. Vorhandenes wird ohne Vorurteile kritisch untersucht.

Die magnetische und die elektrische Achse bilden das "Kreuz der Kraftrichtungsordnung".

Das Od

Od* ist ein Feinstoff, der sich nicht so wie Magnetismus und Elektrizität polarisiert, sondern das ganze Zellplasma durchdringt, den Stoffwechsel reguliert und vor dem Körper ein mildes, lindes wolkenartiges Feld von ca.1-2 Meter aufbaut.

Huter unterscheidet zwei Arten des Odes, das Weichod und das Hartod , das er auch Medioma nennt. In der lebenden Zelle polarisiert sich das linde Weichod mehr in dem Protoplasmateil, welcher das Zentrosoma umgibt, das Hartod hingegen polarisiert sich im Protoplasma, welches den Zellkern umgibt. Dies zeigt, dass das Weichod mit der Helioda, - siehe unten- und die Medioma mit dem Magnetismus sympathisiert.

Od bildet auf der körperlichen Ebene die weichplastischen, runden Formen, erzeugt auf der seelischen Ebene Kontaktfreudigkeit und Empfindsamkeit, auf der geistigen Ebene Freude am Schützenden, Vermittelnden, Bewahrenden und Ökonomischen.

Medioma bildet auf der körperlichen Ebene die hartplastischen, gespannten Formen, auf der seelischen Ebene Härte und Unempfindlichkeit, auf der geistigen Ebene Freude an realer Wirtschaftlichkeit und harter Dauerenergie.

**Das Od ist ein von Carl Ludwig Reichenbach (1788-1869) zu Anfang des vorigen Jahrhunderts entdeckter Feinstoff."Der sensitive Mensch und sein Verhalten zum Ode" 2 Bde.1854/5.*
Reichenbach errichtete Eisenwerke, die ersten Holzverkohlungsöfen, entdeckte das Kreosot und das Paraffin. Er erforschte menschliche Kräfte mit Hilfe sensitiver Menschen.

Die gebundene und die strahlende Wärme

Im gesamten Zellkörper (in **Abb. 1** nicht besonders gekennzeichnet) wirkt die gebundene Wärme, welche aus den wechselseitigen Pressungen und Lockerungen, Verdichtungen und Spannungen der bereits erwähnten Kräfte entsteht. Über die Zellhaut hinaus wirkt die strahlende Wärme in der unmittelbaren peripheren Nahzone der Zelle.

Die gebundene Wärme bewirkt oder fördert auf der körperlichen Ebene eine kompakte Gewebestruktur, auf der seelischen Ebene ein kühleres Kontaktverhalten und auf der geistigen Ebene Freude an Sachlichkeit und Prägnanz.

Die strahlende Wärme bewirkt auf der körperlichen Ebene eine offene Gewebestruktur, auf der seelischen Ebene ein kontaktfreudiges Verhalten und auf der geistigen Ebene Freude an kommunikativem, kooperativem Sozialverhalten.

Die Helioda

Die geistige Impuls- und Antriebskraft, die eigentliche Lebenskraft der Zelle, hat ihren Sitz in dem Strahlkörperchen der Zelle, dem Zentrosoma.

Dass die Zentrosomastrahlkraft tatsächlich eine überragende Bedeutung im Zellgeschehen hat, zeigt die Impuls- und Leitrolle, die sie bei der Zellteilung und -vermehrung spielt, worauf ja Leben und Wachstum beruhen. Das ganze Zellgeschehen mit allen anderen Stoffen und Kräften ordnet sich der Zentrosomastrahlkraft unter, wie es sehr schön in den **Abb. 59-62, S. 69**, zu erkennen ist.

Das Zentrosoma ist das Zellgehirn und seine Strahlung ist eine souveräne Kraft, welche die Reize registriert und damit Empfindungsfähigkeit besitzt. Die Erscheinungsformen der Empfindungsenergie - *Carl Huter* nennt sie die Helioda-, sind so vielfältig wie das Leben selbst, denn die Helioda ist die Individualkraft und somit Trägerin des Lebens. Sie begleitet auf körperlicher Ebene jedes Lust- und Schmerzempfinden, sie wirkt hauptsächlich im sympathischen Nervensystem, auf seelischer Ebene beeinflusst sie die Emotionen, das Gefühls-und Empfindungsleben und führt im Geistigen zu Individualbewusstsein und schöpferischer Selbstentfaltung. Wir unterscheiden bei der Helioda zwei Wirkungsrichtungen und Zustände:

1. den aufnehmenden Zustand, (von aussen nach innen aufnehmend) und
2. den strahlenden Zustand, (von innen nach aussen strahlend).

Sie ist das geistig-schöpferische Formbildungselement der Zelle und jedes aus Zellen gewachsenen Organismus. Sie trägt das kreative Liebes- und Lebensprinzip in sich.

Sie ist die vor allem qualitativ verfeinernd wirkende Energie. *Huter* hat diese Lebenslichtstrahlkraft zugleich als Liebeskraft bezeichnet. Sie ist die göttliche Energie in allen Lebewesen, im Menschen sowohl als auch in den Tieren und Pflanzen. Diese Einsicht hat ein tieferes Verständnis des inneren Zusammenhanges der gesamten Natur zur Folge.

Alle Lebewesen sind durch diese göttliche Energie miteinander verbunden. Sie ist mit Chi (China) und Prana (Indien) vergleichbar.

Mit diesem Wissen wird in Zukunft eine neue Beziehung des Menschen zu seiner lebenden und angeblich toten Umwelt möglich. Und dies nicht nur aus Angst vor deren Zerstörung, sondern aus der naturwissenschaftlichen Erkenntnis heraus, dass das göttliche Wesen überall tätig und gegenwärtig ist.

Diese innere Lebensimpulskraft manifestiert sich durch die von ihr ausgehende Strahlung als qualifiziertes Feld, das einer "Zellsonne" mit Kraftzentrale und Strahlenkranz vergleichbar ist. Ihre Energie kann durch Liebe und Freude, durch Glück und Wohlbefinden gesteigert werden, so dass sie aus dem ganzen Ausdruck, besonders aus den Augen, leuchtet; Kummer, Leid, Schmerz und Krankheit schwächen sie, das Auge verliert den strahlenden Glanz, es wird matt, der Ausdruck erscheint zusammengefallen, die Strahlung hat sich zurückgezogen.

Je stärker die Helioda in einem Organismus wirkt, desto feiner ist dieser in all

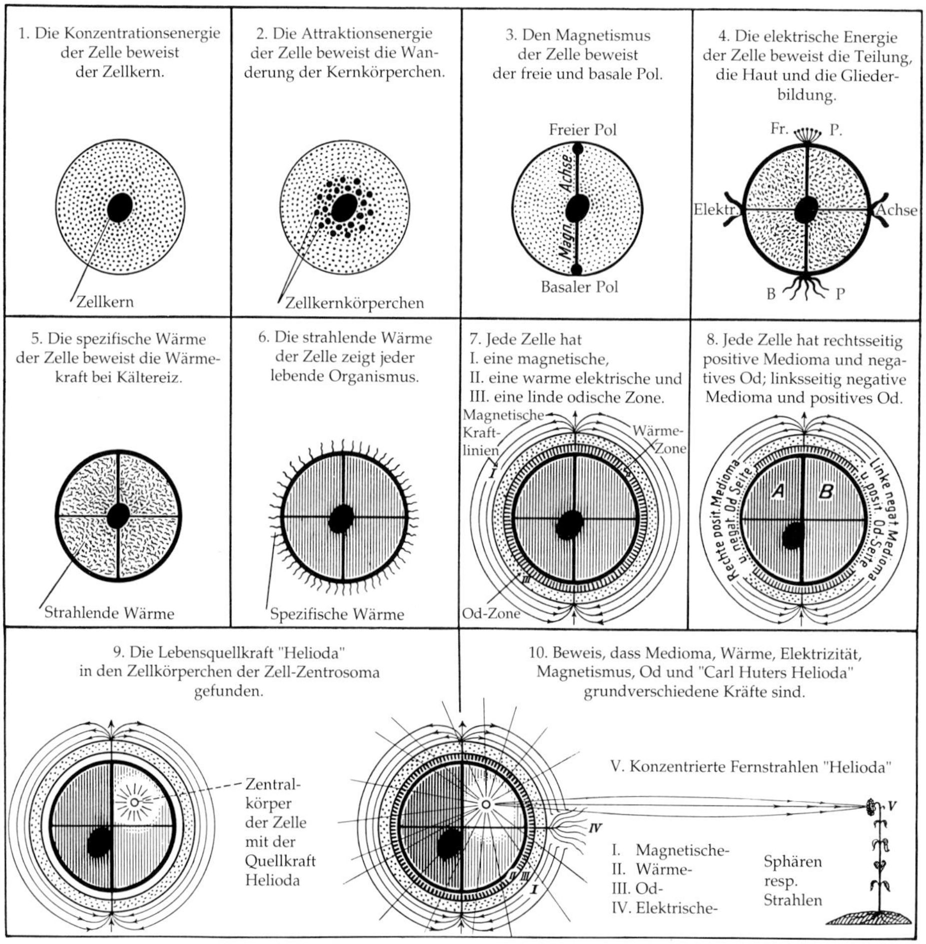

Abb. 4 Die Wirkungen der Natur- und der Lebenskräfte in der lebenden Zelle. Schematisch dargestellt von *Carl Huter*.

seinen Teilen strukturiert. Hier und in der milden Ausstrahlung der Augen kann ihr Wirken erkannt werden. Durch ein gesteigertes Wirken der Helioda entstehen vielfältigere Fähigkeiten und ein auf höherer Ebene stehendes Bewusstsein.

Zwischen den chemischen Stoffen und den physikalischen Kräften in der Zelle und zwischen den Zellen im ganzen Körper schwingt die empfindende Lebenskraft als eine milde, wunderbar feine Lebenslichtstrahlkraft.

Abb. 5 ist dem *Huterschen* Hauptwerk entnommen, wo sie eingehend erläutert ist. Aus ihr geht hervor, dass die Naturellanlage (siehe Kapitel 7. Naturell-Lehre) jedes Menschen ihre tieferen Ursachen in den Stoffen und den Kräften der Zelle (insbesondere in der Ei– und Samenzelle und im befruchteten Ei) hat und letztlich in der Urgliederung der Welt nach Kraft, Stoff und Empfinden wurzelt. Ausdruck dieser Gliederung ist die mit der Befruchtung einsetzende Furchung der Eizelle, welche zur Ausbildung der drei Keimblätter mit den Anlagen für das Ernährungs–, das Bewegungs–, und das Empfindungssystem führt.

Die unterschiedliche Morphologie und Struktur von männlichem und weiblichem Geschlecht ist auf **Abb. 5** dargestellt. Das Verständnis für die Charakteristik von männlichem und weiblichem Geschlecht wird dadurch vertieft und gefestigt. Die wesentlichen Unterschiede beruhen auf vererbten, differenzierten Kräften. Durch das eingehende Studium der Tafel und ihrer eingedruckten Erläuterungen sind diese Kräfte zu erkennen und die grundsätzlichen Unterschiede zu erfassen.

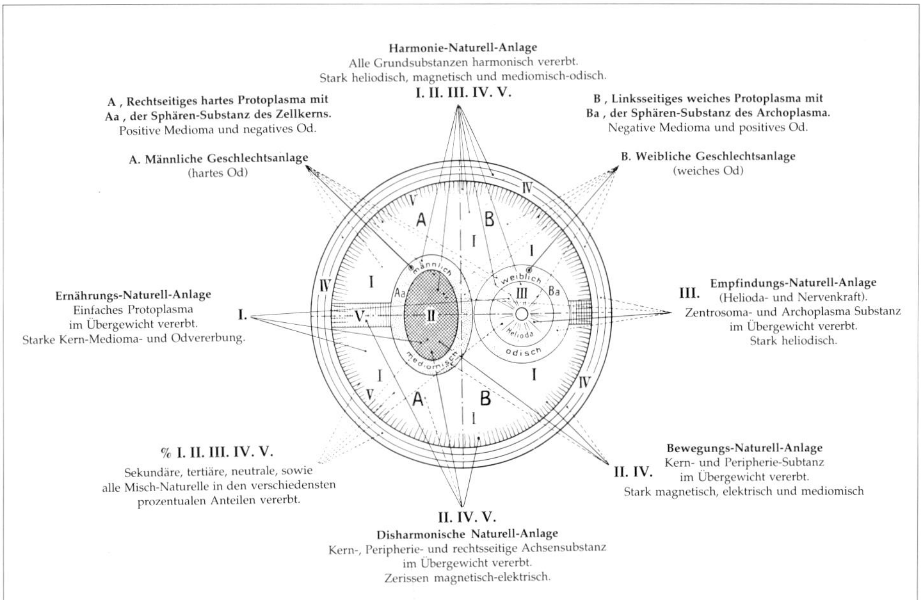

Abb. 5 Die männlichen und weiblichen Geschlechts- und Naturellanlagen in der lebenden Zelle. Die verschiedenen Naturell- und Geschlechtsanlagen ensprechen den verschiedenen Kräften und Substanzen der lebenden Zellen und sind aus diesen hervorgegangen.

2. Die Kräfte im Menschen

Erinnern wir uns, wie mit Hilfe des angeführten Beispiels des Magnetstabes, der geteilt immer wieder neue gleich gerichtete Magnete ergibt, der einheitliche Fluss dieser Kraft in dem gesamten Magnetstab deutlich wird - so können wir ohne Schwierigkeiten von den Kraftfeldern der Zelle auf den Gesamtkörper schliessen und uns vorstellen, wie die Natur- und Lebenskräfte im ganzen Menschen wirken, den gesamten Körper durchströmen, sich lagern und richten, formend und gestaltend wirken und das gesamte chemische, physikalische, physiologische und geistige Innere an der Peripherie zum Ausdruck bringen. Dieses Innere wird darüber hinaus in die Umwelt getragen, auf die es dadurch wirkt und die es beeinflusst.

Charakter und Wirkung der einzelnen Kräfte im Gesamtkörper

Die physiologische magnetische Energie

Abb. 6 zeigt das physiologisch-magnetische Feld. Der physiologische Magnetismus bildet die Langformen und durchströmt in einheitlicher Richtung alle Atome, Moleküle und Zellen des Körpers. Er wirkt aufbauend auf das harte Knochengerüst und findet in den Beinknochen, der Wirbelsäule und den harten Schädelknochen seine Richtachse.

Der Magnetismus strahlt am Kopf- oder Strahlpol aus (der Strahlpol wird durch den Haarwirbel am oberen Hinterkopf gekennzeichnet), umgibt den Körper mit Kraftspannungslinien und wird vom Fuss- oder Saugpol wieder aufgenommen.

Durch seinen aufrechten Gang zeigt der Mensch sich als das Lebewesen, bei dem sich der physiologische Magnetismus am stärksten entfalten konnte. Diese Energie stärkt das eigene Ich, und daher konnte im Menschen eine feste Individualität und ein starkes Selbstbewusstseins entstehen.

Der Magnetismus ist bei Abb. 6 an der Gestalt des Bewegungs-Naturells zur Darstellung gebracht, weil er in diesem langen, knochigen Körperbau besonders deutlich zur Entwicklung gelangt ist.

Die Völker, die sich früher in den mächtigen Weltreichen zu Herren über andere Vöker gemacht haben, wie die Römer des Altertums, die Spanier und Portugiesen des Mittelalters und die Engländer der Neuzeit, brachten vorwiegend stark magnetische Menschen hervor.

Bei Afrikanern können wir oft einen lockeren, schwingenden, wiegenden Gang beobachten. Die Ruhe und Gelassenheit kann dem ganzen Erscheinungsbild eines Menschen etwas Erhabenes geben und eine innere Würde ausdrücken. Bei solchen Menschen ist der physiologische Magnetismus, der einen festen, bestimmten, aufrechten Gang verleiht, entsprechend schwächer. Wird diese Art und Anlage zum Volkscharakter oder Rassenmerkmal, dann ist es möglich und wird verständ-

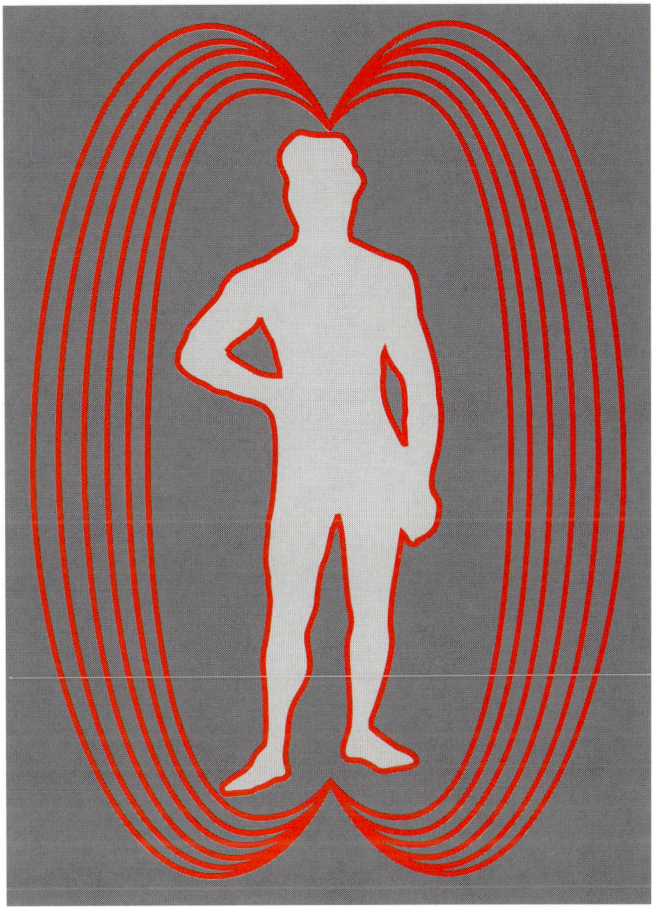

Abb. 6 Schematische Darstellung des magnetischen Feldes, symbolisch mit Kraftspannungslinien dargestellt an der Gestalt des Bewegungsnaturells, dem der starke physiologische Magnetismus eigen ist.

lich, dass ganze Völkerschaften von einigen wenigen stark magnetischen Menschen beherrscht werden können.

Der physiologische Magnetismus wird z.B. im Militär durch Durchhalteübungen, Märsche, Taktschritt, Formationsübungen usw. gestärkt. Die Auswirkung kann dann beim Aufzug und beim Strammstehen einer Ehrengarde sehr gut beobachtet werden.

Sehr schön kann die Wirksamkeit des Magnetismus auch an den Pflanzen gesehen werden. Mit dem saugenden magnetischen Wurzelwerk hält sich der Baum in der Erde fest, der harte Stamm bildet die magnetische Richtachse, die Krone den Strahl- oder Nordpol. Dazwischen fliessen die magnetischen Kraftspannungslinien im Kraftfeld. Daher gibt der Wald mit seinen starken Bäumen dem Wanderer Ruhe und Erholung und stärkt dessen eigene magnetische Lebensenergie. Weite Wanderungen und Märsche stärken die Bein- und Knochenkraft, den physiologischen Magnetismus, die Individualität und das Selbstbewusstsein, die Ausdauer und Willenskraft.

Abb. 7 Fussballer mit starkem physiologischen Magnetismus.

Abb. 7 zeigt einen stark magnetischen Menschen. Es ist der Anführer einer schottischen Fussball-Nationalmannschaft, und man erkennt in der Haltung und Bewegung, in der knochigen und grossen Gestalt mit den kräftigen Beinen und Knien all das, was den physiologischen Magnetismus ausmacht. Auch das straffe, feste, hart gespannte Gewebe, die straffen Züge des Gesichtes und das kraftvolle Kinn verraten diesen Kräftecharakter. Die magnetischen Kraftfelder beeinflussen den Menschen in seinem Verhalten, Fühlen und Denken. Ebenso erkennt man am kraftvollen Kinn, der hervortretenden Nase, der Unterstirn und dem hochgewölbten Hinterhaupt den stark magnetisch beeinflussenden Menschen.

Der Magnetimus stärkt, wie gesagt, das eigene Ich und erzeugt starke, selbstbewusste und freie, unabhängige Menschen. Aufgrund dieser in einem Menschen wirkenden Impulskraft unternehmen solche Menschen weite Wanderungen. Anstrengende Sportarten, harte Arbeit, Wind und Wetter, ja selbst Strapazen werden mit Lust und Wohlbefinden ertragen, weil es der inneren Disposition des magnetischen Menschen entspricht.

Die Sinne magnetischer Menschen richten sich in die Weite, auf die äussere Welt. Im Gegensatz zum heliodischen Menschen, bei dem vor allem eine Empfindungsnerven-Betonung vorliegt, herrscht im magnetischen Menschen eine Bewegungsnerven-Dominanz. Diese Disposition treibt magnetische Menschen hinaus aus den eigenen vier Wänden, in denen sie sich bedrückt und eingesperrt fühlen. Sie wollen Taten vollbringen, sie lieben die Freiheit und sie streben nach konsequenter Führung und teilweise harter Herrschaft über ihre Mitmenschen.

Die magnetischen Kraftspannungslinien wirken bis auf einige Meter Entfernung vom Körper, und wer in die Nähe eines magnetisch starken Menschen tritt, steht in dessen Spannungskreis, wodurch ein zwingender und bannender Einfluss ausgeübt wird, dem sich magnetisch schwache Menschen nur schwer entziehen können. Darauf beruht auch die gewaltige Kraft, die von grossen Menschenansammlungen ausgeht, wie dies besonders bei Sport- und politischen Grossveranstaltungen beobachtet werden kann. Die Teilnehmer stehen völlig im Banne des von stark magnetischen Menschen ausgehenden Geschehens, wie dies etwa die

Kopf an Kopf stehende Menge im Stadion zeigt, welche die Kulisse zu Abb. 7 bildet. Wenn dann Jugendliche, die sich in einem gärenden Entwicklungszustand befinden, durch Emotionen und Alkohol aufgepeitscht werden und randalieren, können sogar Verletzte oder Tote die Folge sein.

Aus diesem suggestiv-hypnotischen Trancezustand erwacht, können die betreffenden Menschen ihr Handeln im Nachhinein kaum mehr begreifen.

Abb. 8 zeigt eine Frau mit starkem physiologischen Magnetismus, der in der hoch und stolz aufgerichteten Gestalt, dem langen Hals, im festen Kinn und in der Nase zum Ausdruck kommt. Dasselbe zeigt sich in den straffen und festen Geweben von Gesicht, Hals, Brust, Armen und Beinen. Solche Menschen üben allein schon durch ihre Gegenwart einen grossen Einfluss aus und beeindrucken durch die Festigkeit und Sicherheit ihres Auftretens. Sie lieben Reisen, Gesellschaften und treten nach aussen stark in Erscheinung. Ihre ruhige Überlegenheit, die so selbstverständlich wirkt, imponiert und zieht an.

Abb. 8 Eine Dame mit starkem physiologischen Magnetismus.

Abb.10 Der starke physiologische Magnetismus.

Die langen und kräftigen Beine und Arme, der muskulöse Hals und die Kopfhaltung, die Mundform und die kräftigen Schultern zeigen den starken physiologischen Magnetismus. Das Auftreten solcher Menschen ist sehr selbstsicher, das tänzerische Können entspricht hier den ausgezeichneten Fuss-Tattrieben, die in Korrespondenz mit dem oberen Hinterhaupt stehen. Als Äusserlichkeitsmensch* ist *Marlène Charell* wie geschaffen für die leichte, spritzige Unterhaltung, die mit Riesenaufwand an prächtigen Kostümen, Ballettszenen und Musik Millionen Menschen an den Bildschirm lockt.

Abb. 10 *Marlène Charell.*
Der starke Magnetismus.

Die physiologische elektrische Energie

Abb. 11 symbolisiert die Wirksamkeit der physiologischen elektrischen Energie im menschlichen Körper. Da sie sich stets rechtwinklig zum physiologischen Magnetismus richtet, bildet sie die Breitformen, wirkt und zeigt sich in diesen.

Entsprechend der Eigenart der elektrischen Entladungen, nie an ihren Ausgangspunkt zurückzukehren, trägt diese Kraft in erster Linie den Charakter der Veränderung in sich.

Veränderung ist an sich ein neutraler Begriff, denn jede Veränderung kann sich sowohl positiv wie negativ auswirken. Bei der elektrischen Kraftäusserung kommt es deshalb darauf an, unter welcher Leitung sie steht und arbeitet. Wenn sie unter dem Einfluss der geistigen Energie, der Helioda steht, wird sich der aus der elektrischen Energie resultierende Veränderungstrieb im Dienste von Neuerungen und Verbesserungen entfalten. So veranlagte Menschen wirken dann reformerisch und erfinderisch.

**Ein von Huter dargestellter Einstellungstyp. Eingehend erläutert im Band 2 der "Grundlagen der Menschenkenntnis".*

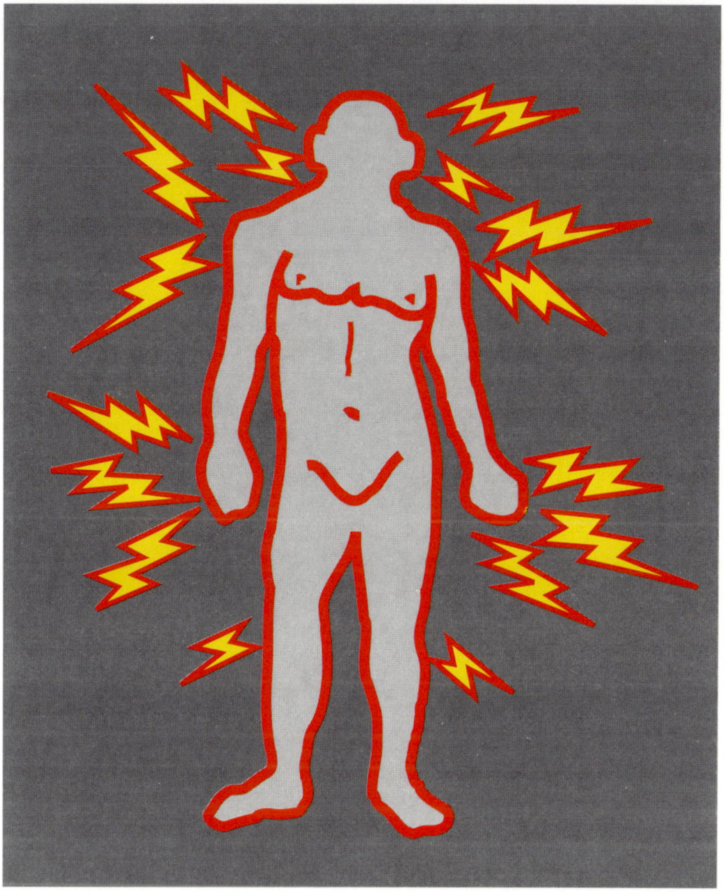

Abb. 11 Schematische Darstellung der physiologischen elektrischen Energie bei innerlich zerrissener Disposition.

Sobald die physiologische Elektrizität die Führung übernimmt und alleinherrschend wird, dann wirkt sie plötzlich unmittelbar und macht zur Verneinung und Zerstörung, zu starker momentaner Aufregung, zu Entäusserung und Explosivität geneigt.

Breite Schultern, starke Arme und die geballte Faust sind Kraftspeicher der physiologischen elektrischen Energie - man droht nicht mit offen ausgestreckter Hand, sondern mit der geballten Faust. Damit sammelt ein Mensch unbewusst Explosionsenergie, um sie zur plötzlichen Entladung und damit zu destruktivem Einsatz zu bringen.

Im Sport sehen wir Auswirkung und Form dieser Energie am stärksten bei Schwergewichtsboxern.

Überall wo die Breitform, wie es Abb. 11 zeigt, stark hervortritt, ist die physiologische elektrische Energie stark. Vor allem sind bis zu 90 Grad abstehende Ohren in Verbindung mit einem in der Ohrgegend sehr breiten Kopf, der nach oben schmäler wird, breit hervortretende Jochbeine, ein breit ausladender Kiefer mit schweren, eckigen Formen und grossen Ungleichheiten der rechten und linken Körper-, Kopf- und Gesichtshälften Anzeichen der stark wirksamen physiologischen elektrischen Energie. Sie ist auch ersichtlich in der Struktur der Gewebe. Unruhige Gespanntheit - man könnte es als Wetterleuchten in den Geweben bezeichnen - kennzeichnet innere Spannungen. In solchen Momenten ist es für Bezugspersonen von elektrisch gespannten Menschen besser, dessen innere Gereiztheit nicht noch durch Widersprüche zu erhöhen.

Zu harte Gewebe, die hölzern, steinern oder wie aus Hartgummi geformt wirken, und aus denen jede Weichheit gewichen ist, sind das Erscheinungsbild der Gefühlskälte und einer destruktiven physiologischen Elektrizität. Dies macht aus innerer Disposition zu harten, gefühlslosen Handlungen geneigt. Bei einem Menschen mit vorherrschender physiologischer Elektrizität sind plötzliche, explosive Handlungen zu erwarten, die zerstörend wirken können. Ein solcher Mensch vergilt vielfach Gutes mit Blitz und Donner. - Die physiologische elektrische Energie, welche diese starken inneren Unruhen hervorrufen kann, ist deshalb in Abb. 11 symbolisch durch zuckende Blitze dargestellt. Der abgebildete Körperbau zeigt die Vorherrschaft der physiologischen Elektrizität.

Die physiologische elektrische Energie kann, wenn sie durch die geistige Energie geführt wird, ungemein anregen und zu immer neuem Tun antreiben. Menschen mit einer solchen Disposition, sind mit dem Erreichten nie zufrieden und haben immer neue Ideen, finden stets neue Möglichkeiten, Altes zu verbessern oder zu verändern.

Zwei Beispiele, wie sich die physiologische elektrische Energie positiv und negativ auswirken kann, illustrieren die beiden nächsten Abbildungen.

Abb. 12 Das Erscheinungsbild ist aufgeweckt, bestimmt, wie nach Neuem Ausschau haltend.

Es ist der Berliner Kammersänger *Michael Bohnen* im Alter von 70 Jahren. Ein fein gezeichnetes Gesicht mit empfindungsreichem Gewebe, aber auch mit fest und markant geformtem Untergesicht und Kinn, mit einer beträchtlichen Breitenachse des Kopfes und in ihrem oberen Teil kräftig abstehenden Ohren. Es zeigt sich in diesen Formen physiologischer Magnetismus und physiologische Elektrizität, die

Abb. 12 *Michael Bohnen.*

beide von der geistigen Energie, der Helioda, geleitet und geführt werden.

Auf Grund dieser Kräftedisposition kann man sagen, dass hier ein starker Wille vorliegt. Eine solche Persönlichkeit kann sich gegen alle Widerwärtigkeiten und Schwierigkeiten des Lebens erfolgreich durchsetzen.

Gleichzeitig besteht der starke innere Drang nach Veränderung - die Stationen im erfüllten und seinem Wesen entsprechenden Leben *Bohnens* während einer über 40jährigen Bühnenarbeit reichten von Berlin bis New York und von Buenos Aires bis nach London oder Bayreuth und wieder nach West- und Ostberlin. Seine Erinnerungen nennt er bezeichnenderweise "Zwischen Kulissen und Kontinenten".

Michael Bohnen, der einst gefeierte Bühnenstar, war und ist ein kämpferischer Geist. Er hat durch die starke physiologische elektrische Energie sich und anderen das Leben nicht leicht gemacht. Aber im geistigen Ringen nach eigener, immer besserer und vollendeterer Gestaltung seiner Kunst ist die elektrische Energie einem höheren, idealen Sinn und Zweck dienstbar gemacht. Daher auch die stärkste Breitenspannung im oberen, das Geistige wiederspiegelnde Areal des Ohres. Man beachte ferner, wie sich im Bereich der Oberstirn das Seitenhaupt in seiner oberen Region breit auswölbt und eine lange elektrische Achse bildet. Am Haar zwischen diesen Regionen tönt die Helioda die Gewebe allerfeinstens ab. Hier zeigt sich in der Form die grosse Liebe zur Kunst, die Begeisterungsfähigkeit, immer zu Neuem, Besserem, Schönerem bereit zu sein. - Damit ist die Beurteilung der Feinheiten des Gesichtes nicht erschöpft, aber wir wollen ja die Kräfte im Menschen zunächst in ihren grossen Ausdrucksweisen kennenlernen und vergleichen.

Abb. 13 Das Erscheinungsbild ist unruhig, kalt und grimmig. Dieser Mensch wirkt zerstörerisch.

Dieser junge Mann hat ebenfalls einen breiten Schädel, abstehende Ohren, ein kräftiges Kinn - und doch, welch gewaltiger Unterschied im Ausdruck!

In diesen schmutzig wirkenden, verzerrten, harten, klobigen Geweben der unteren Nase, des Mundes, des Mittelgesichtes, des eckigen Unterkiefers zeigt sich die hemmungslose, ziel- und planlose, destruktiv wirkende physiologische Elektrizität.

Welche Klarheit und Tiefe liegt bei

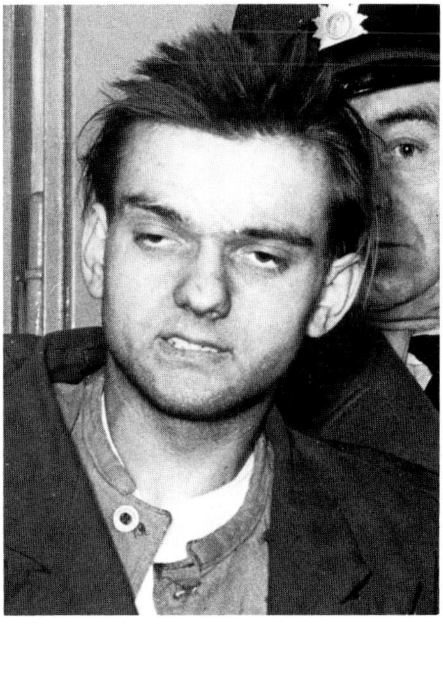

Abb. 13 Die überstarke physiologische Elektrizität.

Michael Bohnen im Auge mit der grossen Iris - welch innerer Zwiespalt, welch geistige Verworrenheit hier! Wirr und struppig, flammenartig am Oberhaupt, steht und hängt das Haar; das Innenleben ist verwildert. Der Mund von *Bohnen* zeigt die Differenziertheit der Gedanken und Gefühle, hier aber zeigt der verzerrte Mund deren unbeherrschte Wildheit. Alle Ruhe ist aus dem Gesicht gewichen. Es zeigt sich hier der disharmonische Kräftecharakter, bei dem die elektrische Energie die Oberhand erhielt und dadurch zerstörend wurde.

Es ist ein durch Anlage und Entwicklung halb irrsinniger 18jähriger Junge, der laufend Autos stahl, um mit diesen in wahnwitzigem Tempo durch Stadt und Land zu rasen; der, als er eingesperrt wurde, ausbrach, nur um augenblicklich erneut zu stehlen und zu rasen.

Im gegensätzlichen Erscheinungsbild der zwei Männer kann die individuelle, unterschiedliche Wirksamkeit der physiologischen elektrischen Energie gesehen und beurteilt werden. Sie ist im Leben in allen nur denkbaren Abstufungen zu erkennen, und ihre Auswirkung muss deshalb immer wieder von neuem abgeschätzt werden.

Eine Entwicklungsstudie

Claudius Dornier 1884-1969

Auf den **Abb.14** und **Abb.15** sehen wir zweimal denselben Mann. Er liegt im Bewegungs- und Empfindungsnaturell, dem *"Typus des erfolgreichen Gelehrten"*.

In **Abb.14** erkennen wir einen Menschen, der sachlich, realistisch und geistig unerhört präsent in die Welt blickt. Das ganze Erscheinungsbild zeigt in den eckigen, kantigen und unruhig wirkenden Formen die stark ausgeprägte physiologische Elektrizität. Es zeigt dies seine grosse innere Anspannung und das intensive auf Veränderung ausgerichtete Denken und Handeln dieses Menschen.

Dieser Mann weiss genau was er will und lässt sich nur schwer von dem selbstgewählten Weg abbringen. Über seinem linkenAuge erkennen wir eine stark ausgeprägte Formbildung, in welcher wir die ausgezeichneten Anlagen für Technik und Konstruktion erkennen. Oberhalb dieser Partie zieht sich eine plastische Formbildung hinauf zum oberen Seitenhaupt. Unermüdlich sammeln solche Menschen immer neues Wissen auf dem sie interessierenden Arbeitsgebiet; bei *Dornier* lag dieses im technischenBereich. Die grosse Breite über den abstehenden Ohren zeigt die sehr starke, von innen treibende Energie, die so veranlagte Menschen immer wieder dazu bringt, Neues zu suchen. Unermüdlich setzten sie alle ihre Mittel ein, um die stets neuen Ideen zu verwirklichen. Das zehrt an den Kräften und entsprechend ist der Gesichtsausdruck asketisch. Alle Energie wird zur Verwirklichung der Ideen eingesetzt.

Abb.15 zeigt einen Menschen, der trotz der ausgeprägten Entwicklung der physiologischen Elektrizität eine innere Ruhe und Zufriedenheit erreicht hat. Das Gesicht ist runder und ausgeglichener geworden. Dies bedeutet, dass *Dornier* im Rahmen seiner Anlage eine gewisse Harmonie erreicht hat. Der innere Drang zur

Abb.14 *Claudius Dornier* 50 jährig.

Abb.15 *Claudius Dornier* im Alter.

Veränderung ist schwächer geworden. Er kann nun den Problemen gelassener entgegensehen und sie entsprechend ruhiger verarbeiten. Dies zeigt die natürliche Entwicklung vom Dränger und Veränderer, zum gelasseneren und ausgeglicheneren Menschen.

Abb. 16 Die Od- und Medioma-Emanationen, schematisch dargestellt am Ruhe- und Ernährungsnaturell.

Od und Medioma

Abb. 16 Ganz anders wirkt das Od, das hier an der Vorderseite des Körpers des fülligen, weichen Ruh- und Ernährungsnaturells dargestellt ist.

Das Od und die Medioma tritt je nach Qualität und Quantität verschiedenartig auf. Die Medioma, (das Hartod wie es von *Huter* zuerst benannt wurde), wirkt festigend, formt die Einzelteile zu einem bestimmten Charakter, verleiht ihnen den Ausdruck der Ruhe, der Konstanz. Sie durchdringt die inneren Organe, wirkt stark in den festeren Körperteilen und bringt hier die konvex plastischen Formen hervor. Das Od hingegen ist weicher, milder und durchdringt nicht nur die inneren Organe, sondern umgibt den vorderen Teil des Körpers gleich einem wolken- oder lohenartigen Hauch mit einer odischen Sphäre, siehe Abb.16.

Das Od reguliert die Ernährung und Verdauung, es durchdringt die aufgenommenen Speisen und Getränke und löst die chemischen Stoffe - die Medioma aber verhilft zum Neuaufbau, sie verbindet die chemischen Stoffe in einer dem Körper dienlichen Weise. Das Od bildet die weichen, feineren, die Medioma die festeren, derbfleischigen Formen und Gewebe. Der Charakter des Odes ist weich, mild, nährend, derjenige der Medioma kühler, bestimmter, festigender. Daher ist die Wirkung des Odes vornehmlich an der Vorderseite, die Wirkung der Medioma am Rücken von Körper und Gliedern zu erkennen.

An der individuellen Differenz der Gewebebeschaffenheit, die härter oder weicher sein kann, ist das Vorherrschen von Od oder von Medioma deutlich zu erkennen und damit ein beträchtlicher Teil der Disposition eines Menschen.

Menschen mit starker Medioma können die schwersten Speisen und Getränke sehr gut verdauen und vertragen, denn ihre Organe sind wie ihr Charakter derb und kräftig. Das weiche Od dagegen hat als physiologisch abgewandelte Energie und Substanz den Charakter wohliger Behaglichkeit, anheimelnder Wärme und einer zarten Gemütlichkeit und Gutmütigkeit.

Das Od durchdringt die Kleider, die Atmosphäre, Gegenstände und Einrichtungen. Daher haben alle Räume, in denen wohlbeleibte Menschen wohnen oder verkehren eine anheimelnde, warme, gemütliche und auch gutmütige Atmosphäre. Solche Menschen lieben oft ihre Kleider, Gegenstände und Wohnräume so, als seien sie gewissermassen ein Stück ihres eigenen Selbst. Dieses Verbundenheitsgefühl beruht nicht nur auf Einbildung, sind doch die Gegenstände tatsächlich von Lebensod durchdrungen. Je sensitiver ein Mensch ist, desto intensiver spürt er solche Zusammenhänge und reagiert entsprechend auf die Einflüsse der verschiedenen Energiefelder.

Durch Vermittlung des Odes haben viele sensitive Menschen in der Nähe von Mitmenschen oder Gegenständen einen bestimmten Eindruck, der sich vielfach als richtig erweist. Dieser Eindruck kann durch äussere Einflüsse auch subjektiv gefärbt werden. Durch Übung und kritisches Betrachten kann die Fähigkeit dieses Fühlens noch gesteigert werden. Okkulte Erscheinungen sind vielfach durch die Wirkung des Odes erklärbar.

Bei den Pflanzen ist die Medioma am stärksten in den Holzteilen zu erkennen, das Od hingegen in den Blättern und Blüten.

Bei den Säuglingen und jungen Tieren, deren Körper noch ganz weiches Gewebe, zarten Flaum oder seidenes Fell aufweist, ist das Od noch besonders stark. Sie bedürfen deshalb des Schutzes ihrer Umwelt. An den weichen Brüsten und in der Mutter Schoss ist das Kind in die ihm sehr entsprechende weiche, wärmende und nährende mütterliche Odaura eingehüllt, die es für sein Wohlbefinden fast nicht entbehren kann.

An Fell oder Federn der Tiere ist der unterschiedliche formende Charakter von Od und Medioma sehr gut zu studieren. Die weichen, flaumigen Bedeckungen an Brust und Bauch und an der Innnenseite der Glieder sind odischer Natur, dagegen ist das feste Fell oder die starken Federn an Schultern und Rücken mediomischer Art.

Da das Od eine Kraftwirkung hat und naheliegende Materie durchflutet, haben stark odische Menschen in vielen Fällen einen stark heilenden und das Wohlbefinden steigernden Einfluss auf andere Menschen.

Umgekehrt, wenn sich ein Mensch in Gegenwart bestimmter Personen geschwächt fühlt, kann die Entziehung des Odes durch odentziehend wirkende Menschen die Ursache sein.

Abb. 17 Einjähriger Knabe mit der weichen odischen Körperfülle und entsprechender Wesensart.

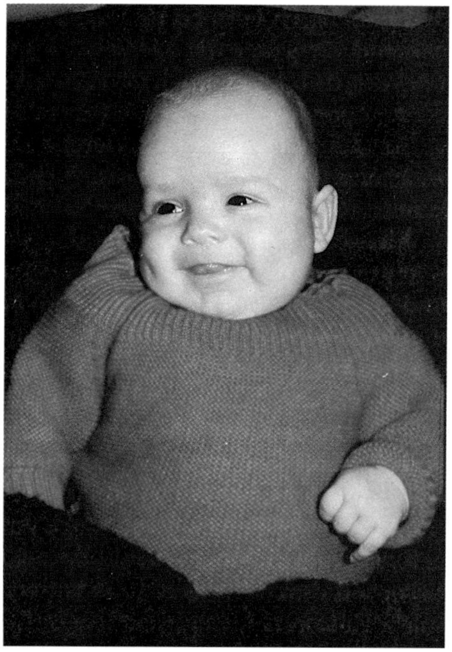

Abb. 18 Einjähriger Knabe mit mediomischem Kräftecharakter.

Abb. 17 Alle Formen dieses Kindes sind noch weich und zart. Dies entspricht seiner grossen Beeindruckbarkeit. Das intellektuelle Bewusstsein ist noch schwach entwickelt, was an der Stirnbildung zum Ausdruck kommt. Das Wesen dieses Kindes ist sonnig und fröhlich, es braucht den Schutz und die Liebe seiner Eltern.

Abb. 18 zeigt einen einjährigen Knaben, dessen Kräftecharakter sich trotz ähnlicher Körperfülle wie bei dem Kind Abb. 17 schon unterscheidet.

Die Formen sind kompakter, fester und zeigen damit das Vorherrschen der Medioma. Dieser Junge wird robuster, unbekümmerter und stärker realitätsbezogen sein. Er wird sich schon früh vom Schutze seiner Eltern lösen und seinen eigenen Weg mit Ausdauer verfolgen.

Abb.19 Chefkoch mit reichlichem Od, welches an den feinen, eher lockeren Strukturen zu erkennen ist.

Abb. 19 Das Erscheinungsbild dieses Chefkochs der Lufthansa ist dasjenige eines lockeren und fröhlichen Geniessers. Das silberne Tablett, in dem er sich spiegelt, ist die Auszeichnung für ein preisgekröntes "Atlantik-Menü", das er auf dem zweiten Tablett präsentiert. Hier finden wir im weichen, fülligen, warm getönten Gewebe viel Od, wodurch auch die Medioma milder und angenehmer getönt ist.

Der Charakter dieses Menschen ist daher umgänglich und friedfertig; er verströmt Gemütlichkeit und kann aus innerer Anlage gut mit Nahrungs- und Genussmitteln umgehen.

Abb. 20 Starke Medioma, erkennbar am festen, kompakten, grobfleischigen Gewebe.

Abb. 20 Das von starker Medioma geprägte Erscheinungsbild zeigt kompakte Festigkeit und egoistisch kühles, dominierendes Selbstwertgefühl.

Die Formen zeigen in den prallen und derben Geweben den ausgesprochen mediomischen Formcharakter. Dieser ist hart, fest und kompakt und bringt eine gleichlaufende Wesens- und Charakterrichtung mit sich. Solche Menschen neigen zu kaltherzigen, selbstzufriedenen und sehr auf den eigenen Vorteil bedachten Handlungsweisen. Solche Gewebe sind, hier nicht sichtbar, bläulich und rötlich getönt; sie zeigen die starke Blutfülle dieses Mannes. Ähnlich mediomisch-fest wie die sichtbaren Gewebe sind auch die inneren Organe, und daher werden solche Leute mit schwerverdaulichen Speisen und reichlich Bier und Schnaps nicht nur fertig, sondern bevorzugen sie sogar. Ihre Verdauungskraft ist enorm.

Deutlich ist auf den beiden Abbildungen auch zu erkennen, dass das Od (Abb. 19) vornehmlich mit der Helioda sympathisiert, was sich in den feineren, weicheren Formen des Ohres, der Nase und des Augenausdruckes zeigt. Die Medioma (Abb.20) hingegen korrespondiert mit dem physiologischen Magnetismus und bildet harte Formen an Nase, Ohr und Mund. Die physiologische Elektrizität führt entsprechend der starken Innenspannung zu grosser Breite und Gespanntheit über den Ohren.

Wir halten uns auch bei diesen Betrachtungen über das Erkennen der Veranlagungen und ihrer Erscheinungsbilder vor Augen, dass die Ursache aller für uns sichtbaren Materie die Strahlen- und Energiefelder sind, die hinter dieser wirken. In erhöhtem Masse geht von der belebten Materie Strahlung aus. Dementsprechend machen wir uns von der alten Vorstellung frei, der Mensch höre bei seiner Peripherie, nämlich der Haut als Abschluss des sichtbaren Körpers, auf.

Der Mensch strahlt, emaniert nach aussen und zieht nach innen an und steht mit der Umgebung - auch mit seinesgleichen - in einem fortwährenden, unbewussten Kräfteaustausch; er wirkt auf die Aussenwelt und beeinflusst diese, und er wird seinerseits von der Aussenwelt beeinflusst.

Die von sensitiven Menschen immer wieder gesehenen und beschriebenen, individuell verschiedenen Strahlungserscheinungen(Auren), die einen Menschen umgeben, sind mit der Kraftrichtungsordnung erklärbar.

Die gebundene und die strahlende Wärme

Abb 21 soll in einer symbolischen Darstellung die Wärme, welche dem menschlichen Körper innewohnt, veranschaulichen. Diese körperliche Wärme tritt im Spiel und Austausch der Kräfte am sinnfälligsten in Erscheinung.

Die gebundene Wärme, die stärker den inneren Organen anhaftet, ist durch die punktartige Schattierung am Körper selbst angedeutet; die strahlende Wärme hingegen, die sich stärker veräussert, ist durch den wellenartig die Körperperipherie umfliessenden Kräftestrom versinnbildlicht.

Wenn die strahlende Wärme stärker vorhanden ist, dann sind Haut und Gewebe lebhaft durchblutet, wärmer durchstrahlt und die Poren sind offener. Sie reagieren gut auf jeden Temperaturwechsel und erleichtern dem Körper den gasigen und flüssigen Stoffaustausch durch die Haut. Solche Menschen schwitzen leicht und viel. Fremdstoffe können

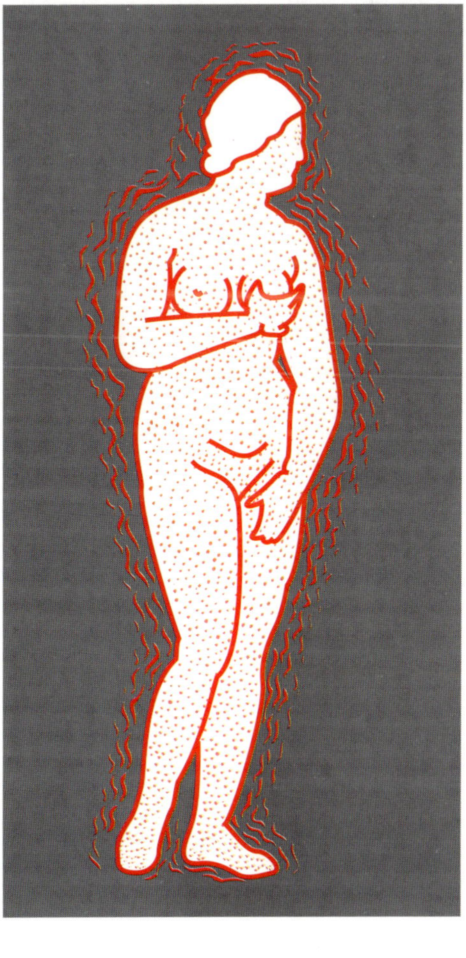

Abb. 21 Schematische Darstellung der gebundenen und strahlenden Wärme.

sich weniger ansammeln und ernstere Erkrankungen, verursacht durch die Ansammlung von Belastungsstoffen sind seltener.

Ist dagegen die gebundene Wärme stärker, dann sind Haut und Gewebe weniger offen, nicht so locker und porös, sondern in sich fester und geschlossener. Der durch die Haut und ihre Poren und Drüsen vor sich gehende Stoffwechsel ist träger, wodurch es leichter zu Ansammlung von Fremd- und Belastungsstoffen kommt. Hierdurch wird das Auftreten von langwierigen Erkrankungen schleichender Art begünstigt.

Abb. 22 Strahlende Wärme, mit lebhafter Hauttätigkeit (Ausscheidung und Atmung).

Abb. 23 Gebundene Wärme, mit stark verminderter Hauttätigkeit.

Abb. 22 zeigt einen Mann, dem die strahlende Wärme eigen ist. Sein Erscheinungsbild ist dasjenige eines einfachen, liebenswerten Menschen mit viel Gemütskraft. Er hat das weiche, offenporige Gewebe, welches die strahlende Wärme zeigt. Solche Menschen lieben Wasser, Luft und Sonnenschein. An der kräftigen Unterstirnbildung und den Augenbrauen ist die starke Verbundenheit mit der Natur zu erkennen. Er ist ein einfacher Mann, der in der Freizeit Menschen braucht, mit denen er Gedanken austauschen und zusammensein kann.

Abb. 23 zeigt das Gegenteil. Die Poren sind geschlossen, die Gewebestruktur ist kompakter, der Ausdruck der Gewebe ist weniger strahlend. Es ist der Ausdruck der gebundenen Wärme. Solche Menschen können auch bei grösserer körperlicher Leistung nur wenig transpirieren. Hier können sich deshalb eher Krankheitsstoffe ansammeln. Durch Aktivierung der Transpiration kann hingegen möglichen Belastungen entgegengewirkt werden. Der Mann auf dieser Abbildung hat ein schweres Magen- und Darmleiden. Letzteres zeigt sich krankenphysiognomisch an der verformten und im Unterton matten Nasenspitze, den Verformungen um den Mund und dem unzufriedenen Gesamtausdruck des Gesichtes, welches die gestörten leiblichen Gefühle offenbart. Wie weit sich der schlechte Stoffwechsel durch die verminderte Hauttätigkeit auf seine Krankheit ausgewirkt hat, ist schwer zu sagen.

Menschen mit der gebundenen Wärme sind vielfach verschlossener, zurückhaltender.

Die gebundene Wärme kann durch bewusste Anwendung von Luft und Sonne, vor allem aber durch Wasseranwendung allmählich überwunden werden. Die Haut öffnet sich, die Belastungsstoffe können besser ausgeschieden werden. Das Wesen verändert sich entsprechend.

Die aufnehmende und die strahlende Helioda

Abb. 24 zeigt die Wirkung der Helioda, dargestellt am zarten, feingliedrigen Körperbau des Denk- und Empfindungsnaturells.

Der das eigene Ich stärkende physiologische Magnetismus, die kühle, feste Medioma und auch die harte, verändernde physiologische Elektrizität verliert bei diesem Naturell an Einfluss. Die Helioda bildet zusammen mit dem Od die feinen und graziösen, zarten und weichen, wie von innen heraus durchleuchteten und durchstrahlten Formen des Körperbaues, vor allem aber des Gesichtes und der Augen. Der stark heliodische Mensch prunkt nicht in auffälligen und kontrastreichen Farben. Er hat ein

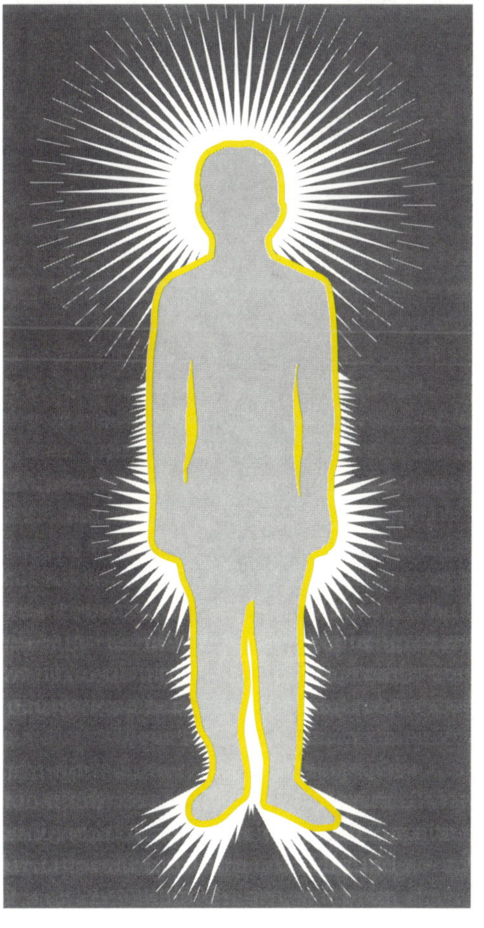

Abb. 24 Die strahlende Helioda, schematisch dargestellt an der Gestalt des Denk- und Empfindungsnaturells.

mildes, oft ganz unauffälliges Wesen. Von ihm geht ein inneres Leuchten aus, welches vom flüchtigen Beobachter leicht übersehen werden kann.

Die Helioda, die in dem Strahlenkörperchen jeder einzelnen Zelle wirkt, beschränkt sich nicht auf diese allein, sondern ihre Strahlung schafft die Verbindung von Zelle zu Zelle, von Organ zu Organ und steht in innerer Wechselbeziehung zum Empfindungssystem des Körpers, also zu den Apparaten des Nervensystems, sammelt sich in deren Zentralen, den Leitungsbahnen, Nervenknoten und dem Gehirn und schafft von dort die Verbindung zu den Sinnesorganen der Peripherie, zu Augen, Nase, Mund, Ohren, zur Haut und dem gesamten Haupt und Gesicht. In den Fingern und Zehen endigen die feinsten Gefühls- und Tastsinne. Hier und auch im Geschlechtssystem wirkt die Helioda stark, wie es etwa in der Reifeteilung der Geschlechtszellen, bei denen die Leit- und Richtkraft der Helioda besonders deutlich wird (mikroskopisch zu beobachten). Umgekehrt steht die Helioda mit allen äusseren, die Peripherie treffenden Reizen in besonderer Beziehung. Sie leitet neben der neurophysiologischen Reizübermittlung auf dem Wege der Strahlung die Impulse in das Körperinnere und vermittelt so das Gesamterlebnis aller Reize jeder einzelnen Zelle.

Die Helioda ist also doppelter Natur: einmal wirkt sie aktiv von innen nach aussen strahlend, und zum andern empfangend von aussen nach innen. Aufnehmend und erfühlend ist sie das schöpferisch wirkende, seelisch geistig organisierende und gestaltende Lebensagens, welches den Körper als einheitlicher Lebensgeist durchflutet und sich alle anderen Kräfte nutzbar zu machen versucht.

Strahlend kann sie auch fernwirkend, telepathisch sein.

Die starke Helioda zeigt sich in verfeinerten Gesichtszügen, in feiner nervenreicher und empfindungsfähiger Haut, in grossen und schönen Augen, in einer fein geformten Nase und fein durchmodellierter Ohrbildung, in edlen Mundformen und im lebensfrisch und warm durchhauchten Gewebe der Wangen und des übrigen Gesichtes.

Die Helioda steht mit dem Gefühls- und Geistesleben in Beziehung.

Der stark heliodische Mensch neigt zu selbstlosem, bescheidenem und hilfsbereitem Verhalten, ist begeisterungsfähig für alles Schöne und Gute, für Kunst, Wissenschaft und Religion und wirkt - vorausgesetzt, dass er nicht in einen zu harten Lebenskampf gerät - beglückend und erfreuend.

Die stark strahlende Lebens- und Liebeskraft Helioda haben grosse bildende Künstler in wunderbar feinen, von innen her wie durchleuchteten und durchstrahlten Gestalten und Gesichtern zur Darstellung gebracht. Sie haben das Haupt besonders sensibler Menschen mit einem hellen, leuchtenden Strahlenkranz umrahmt und damit, als die besten Beobachter der Seelenstrukturen und der menschlichen Dispositionen, das Wesen der Helioda als eine von innen her kommende Strahlkraft gut erfasst und bildlich dargestellt.

Abb. 25 Madonna mit dem Kinde von *Bartholomé Murillo*; Galerie Pitti, Florenz. Die starke Helioda zeigt sich in den sehr feinen und weichen, wie von innen durchstrahlten Formen, den Augen der Maria und des Jesuskindes und im Licht um das Kinderköpfchen.

Abb. 25 Die Madonna mit dem Kind nach dem Gemälde des spanischen Barockkünstlers *Murillo*. Das Erscheinungsbild ist fein und zart von einem inneren

Licht erfüllt, aufnehmend und strahlend. Die aufnehmende und fühlende Helioda, die mehr im Innern seelisch und geistig wirkt und die mit dem Od verbunden ist, ist in der Gestalt der *Maria* als Empfindungs-Naturell dargestellt. Auch bei dem Knaben zeigt sich in der Gesamtkörpergestalt das weiche Od. Der Künstler hat die nach aussen wirksame Helioda in dem das Haupt geheimnissvoll umgebenden Strahlenkranz dargestellt, und, soweit ihm das bei dem Kinde schon möglich erschien, in dessen wachem und offenem Blick. Seine Augen erscheinen dennoch geheimnisvoll, unergründlich tief, während sich in den grossen und milden Augen der Mutter mehr die erwähnte aufnehmende Helioda zeigt.

Wir möchten die Leser bitten, auf Grund dieser Studie die Augen von Kindern zu betrachten. Es zeigt sich bei Kindern schon eine unerhörte Vielfalt der Ausdrücke. Meistens ist man erstaunt darüber, dass sich die Anlagen, die Fühl- und Denkart, das vorhandene Volumen schon in so jungen Jahren zeigt. Hauptsächlich bei empfindungsreichen Kindern ist es dann wesentlich, dass eine entsprechende Erziehung dieses Volumen entfalten hilft und es nicht durch Härte oder Gewalt zuschüttet. Eine das Empfindungsleben steigernde Erziehung in der Kindheit entwickelt ein Potential, welches oft trotz grosser Anstrengung während der ganzen Dauer eines Lebens nicht mehr erreicht werden kann.

Wenn die Erziehungswissenschaft mit der physiognomischen Beobachtung beim Kinde beginnt, können Einflüsse der Erziehung individuell dienstbar gemacht und Entwicklungsvorgänge fruchtbar gefördert werden.

Abb. 26 Die Malerin *Angelika Kauffmann.*

Das Erscheinungsbild der kultivierten Verfeinerung bei hoher Lebensqualität.

Bei der aus Chur in der Schweiz stammenden und in Rom zu hohem Ansehen gelangten Malerin *Angelika Kauffmann* kommt die vorherrschende Helioda, welcher sich alle übrigen Kräfte unterordnen, im feinen Gewebe des Gesichtes lebendig und natürlich zum Ausdruck. Wie prachtvoll ist das Auge und seine Umrahmung gebildet - welche Schönheit der Gedankenbilder und welche tiefe Empfindungs- und Erlebnisfähigkeit der Seele sind bei diesem Menschen möglich - Eigenschaften, die grossen Künstlern eigen sind, die in der stark aufnehmenden, fühlenden, innerlich geistig gestaltenden und nach aussen aktiv strahlenden, schöpferisch wirksamen Helioda wurzeln.

Wie schön und fein sind Nase und Mund geformt - sie zeigen die entsprechend geschmackvolle Lebensrichtung und den hochgebildeten Geist dieser Frau.

Ein feiner Schmelz liegt über den Wangen, am Hals, an der Büste und in der Formkraft der Haare. Diese Formen können wir wohl als edel bezeichnen. Es ist der Ausdruck des mit der Helioda sympathisierenden feinen Odes, das die Formen dieser Frau prägt. Sie verkörpert das Ideale Naturell . *Angelika Kauffmanns* Haus in Rom war ein Mittelpunkt für Künstler und Gelehrte. Kunstsinnige Fürsten wie König *Ludwig I. von Bayern* schätzten sie und ihre Kunst ausserordentlich.

In den edlen Proportionen der Künstlerin zeigt sich aber nicht nur die starke Empfindungsenergie, sondern auch ein hohes Gleichmass und qualitative Abstufung der übrigen Kräfte und damit die harmonische Veranlagung.

Abb. 26 Die Malerin *Angelika Kauffmann* nach dem Selbstbildnis. Heliodisch- odischer Ausdruck bei harmonischer, idealer Gesamtveranlagung.

Die Helioda als heilend wirkende Lebenskraft

Die Helioda ist fernwirkend und übertragbar.

Carl Huter hat im Experiment gezeigt und nachgewiesen, dass sie alle anorganischen Stoffe, wie Stein, Holz, Eisen, Blei durchdringt und nur vom lebenden Körper absorbiert wird.

Es ist die Leben, Heilung und Gesundung gebende und fördernde Kraft. Durch Übertragung dieser Lebenskraft haben *Jesus* und andere wundertätige Menschen Wunderheilungen und scheinbar übernatürliche Taten vollbracht.

Die Selbstheilungskraft eines Menschen kann bei bestimmten Krankheiten durch Heliodaübertragung von stark heliodischen Menschen gefördert werden. Dies ist möglich, wenn die Helioda gestärkt, konzentriert und geleitet wird, und wenn mit der Behandlung liebevolle und stark wohlwollende Gedanken einhergehen. Die Heliodaübertragung von Mensch zu Mensch kann durch Streichen mit den Händen geschehen, ohne dass dabei der zu Behandelnde berührt werden muss. Sie regt über die Zellzentrosomen den ganzen Körper zur Selbstheilung an. Viele heute verbreitete Praktiken arbeiten mit dieser Kraft: Reiki, Meridianbehandlungen, Pränatal-Massagen, Meditationen mit der Primärenergie usw..

Hat sich ein Kind gestossen oder weh getan, so streichelt es die Mutter an der schmerzenden Stelle, auch über Haupt und Haar, singt "Heilesegen", und schnell sind die Schmerzen verschwunden, vergessen, überwunden. Dies ist Übertragung von Helioda und Aktivierung der inneren, eigenen Lebensenergie.

Scheinbar übernatürliche Geschehnisse finden durch die unsichtbar wirkenden Kräfte eine Erklärung. Der Wunder grösstes, das Leben, erscheint uns, wenn es auch eine natürliche Erklärung durch die strahlende Helioda findet, nicht minder gross und erhaben.

Gute, wohlwollende und liebe Gedanken stärken die Helioda und damit das Leben, das Glück und die Freude; Hass und böse Gedanken schwächen sie. Daher sollte die Stärkung von Liebe, von Freude und Glück der Mitmenschen und seinerselbst, die Förderung von schönen und guten Dingen, beglückende Taten und Zustände, eines jeden Menschen höchste Aufgabe sein.

Die Helioda, die Geist, Leben, Gefühl und Verstand bewirkende schöpferische Lebenskraft wohnt jedem Menschen inne, sie ist der göttliche Lebensfunken, der entwicklungsfähig ist, und daher ist die Helioda auch die Trägerin des Lebens nach dem Tode.

Sie ist der Beweis der Richtigkeit der Liebeslehre von *Jesus*, denn Liebe ist gesteigerte Empfindungsenergie (Helioda), und ohne diese lebenerhaltende göttliche Energie ist der Eingang in ein höheres Sein und Werden nicht möglich. Nur durch die Stärkung der Liebesenergie erreichen wir göttliches Sein.

Die Entwicklung der individuellen Helioda ist unendlich verschieden, weil es so viele Helioda-Qualitäten gibt, wie es Individualitäten gibt. Stets kommt es auch darauf an, wie stark die anderen, sie begleitenden Naturkräfte wirken und in welchem Verhältnis sie zur Helioda stehen.

Abb. 27 Die strahlende Helioda. *Roger Schutz.*

Abb. 27 zeigt das Erscheinungsbild eines sensiblen, differenziert fühlenden und umfassend denkenden, aktiven Menschenfreundes. Der Schädelbau überwiegt hier im Verhältnis zum Gesicht. Alle Formen sind fein und differenziert. Die Augen sind gross, leuchtend und voller Offenheit, sie strahlen vor Lebenslust. *Roger Schutz* ist ein auf sehr hohem Niveau stehendes Empfindungs-Naturell, bei welchem die strahlende Helioda vorherrschend wirksam ist. Das Mittelgesicht ist quellend, das Kinn vorstehend und gerundet, die innere Ohrleiste beherrscht die feine Form des Ohres. An diesen Merkmalen erkennen wir die von innen strahlende Helioda und seine unermüdliche, den Menschen zugewandte, kreative Aktivität. Die Nase zeigt Planmässigkeit, Fleiss und Gründlichkeit. Er ist ein begabter und vom inneren Feuer der Empfindungsenergie durchfluteter Mensch, der sich für die Ökumene und den Frieden einsetzt.

Dank seinem offenen Geist, kann er andere Anschauungen tolerieren, und innerlich frei von Dogmen konsequent für seine Ideale und für eine tiefe Religiosität tätig sein.

Bildstudien zur unterschiedlichen Wirksamkeit der Kräfte im Menschen

Die qualitativen Übergänge zwischen den Wirkungen der verschiedenen Energie-Felder und die Verhältnisse dieser Felder untereinander sind meist nur an allerfeinsten Nuancen zu unterscheiden.

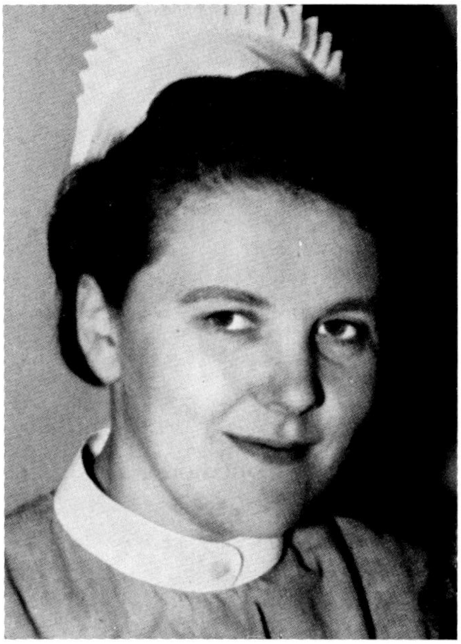

Abb. 28 Dies ist das Erscheinungsbild von kraftvoller, mütterlicher Liebe und Güte.

Abb. 28 Eine in einem grossen Krankenhaus tätige Krankenschwester mit weichem, warm getöntem Gewebe und viel Od. An der lichten Oberstirn, den freundlichen Augen und dem feinquellenden Mittelgesicht ist die gesteigerte Wirksamkeit der Helioda ersichtlich. Daneben kommt im festen Untergesicht, dem kräftigen Ohr, an Hals und Jochbeinen auch starke Medioma zum Ausdruck. Es ist also eine odisch-mediomische Natur mit mütterlich-warmem Wesen, die durch die aktive Helioda viel Wohlwollen und Hilfsbereitschaft entfaltet, die aber auch resolut zupacken und anordnen kann, wenn es darum geht ihren Patienten möglichst optimal dienen zu können.

Durch die reichliche Odaura, die dieses weibliche Wesen umgibt und die weniger mediomisch gebunden als vielmehr heliodisch-sympathisch gelockert ist, wirkt die junge Dame unbewusst sehr wohltuend, beruhigend und kräftigend auf kranke und schwache Personen ein, die ihre Nähe, das *"Fluid ihres Wesens"*, gerne haben, weil sie unbewusst das heilsame Wirken, das damit einhergeht, verspüren.

Allerdings nimmt das Od, das den eigenen Körper nicht nur umgibt, sondern diesen wie auch fremde Körper durchdringt, auch Krankheitsstoffe ätherischer Natur auf - und daher sollten solche Menschen entsprechende Ruhe- und Erholungspausen haben, um nicht zu ermatten.

Abb. 29 Das Erscheinungsbild der geniessenden Lebensfülle.

Abb. 29 Geradezu imponierend tritt uns hier die starke mediomisch-odische, pralle stoffliche Lebensfülle entgegen. Es ist der Münchner Film- und Schlagerkomponist *Ludwig Schmitseder ("Ich hab' die schönen Maderln nicht erfunden - der gute Wein ist auch nicht mein Patent...."* und viele andere), den die Kamera auf dem Münchner Oktoberfest bei einem zünftigen Wies'n-Gaudi mit Hendl-Essen und einer Wies'n-Mass antraf.

Man kann gut verstehen, dass dieser stofflich-chemische, mediomisch-odische Kräftecharakter zur Umsetzung gewaltiger Nahrungs- und Getränkemengen befähigt - die im Prinzip auch ausgezeichnet verarbeitet werden, obwohl die fast unwahrscheinlich anmutende Masse von Wangen und Hals zeigt, dass hier des Guten immerhin reichlich getan wurde.-

Gegenüber diesen Massen wirkt der Gehirnschädel recht unscheinbar - das Gehirn ist also im Verhältnis kleiner, wird aber vom massigen Körper gut ernährt. Dabei ist der Schädel plastisch gerundet, dies zeigt Talent, das Haar hat Formkraft, das Auge blitzt förmlich - die Geisteskraft und Helioda ist also nicht schwach, aber sie steht unter dem Einfluss der stofflichen Massen.

Die Kunst ist keine brotlose, sie ist für den Hausgebrauch, volkstümlich, humor und gemütvoll, urwüchsig, saftig und satt, wie Kräfte und Formen des Erzeugers dies entsprechend offenbaren.

Es ist somit ganz natürlich, dass es in München, wo es viele Ernährungs-Naturelle mit stofflicher Fülle, mit starker Medioma und viel Od gibt, das gute Bier und die derbe Gemütlichkeit zuhause sind.

Abb. 30 Der Seeheld *Felix Graf Luckner.*

Abb. 30. Das Erscheinungsbild des humorvollen, unabhängigen, lebenszugewandten und abenteuerlustigen Kämpfers.

Felix Graf Luckner, der als "*Seeteufel*" und Held zahlreicher Abenteuer eine fast legendäre Gestalt war - die Abbildung zeigt ihn an seinem 75. Geburtstag -, verstand es ausgezeichnet, Kraftakte, wie das Zerreissen von Telefonbüchern und das Umbiegen von Münzen mit blosser Hand vorzuführen.

Es ist die Gestalt eines Herkules - das athletische Naturell -, dem der starke physiologische Magnetismus eigen ist, was ihn mit 13 Jahren von zu Hause durchbrennen und zeit seines Lebens furchtlos, kühn und selbstbewusst handeln liess. Er wollte unabhängig sein und frei bleiben. Die kühlere Medioma, die in den sehr festen und starken Geweben zum Ausdruck kommt, verlieh ihm, wie man so sagt, ein "dickes Fell", an dem nicht nur Wind und Wetter, sondern auch der kleinliche Geist und Popularitätsneid übler Zeitgenossen wirkungslos abprallte. Er glich einer knorrigen Eiche, die sich zwar nicht durch feine Aeste und zarte Blüten, aber durch Kraft, Festigkeit und Standvermögen - eben durch den magnetisch-mediomischen Formcharakter - auszeichnet.

Abb. 31 Verkümmerter Kräftecharakter.

Abb. 31 Hier sehen wir das Erscheinungsbild des brütenden, kühlen, intoleranten Menschen.

Wie anders wirkt der Ausdruck dieses Menschen gegenüber den sprühenden Naturen von Abb. 28, 29, 30 und erst recht gegenüber dem verfeinerten und in idealer Richtung entwickelten Menschen von Abb. 26. Die Helioda, die das feine Empfinden, die ethische und moralische Qualität bedingt, ist wie erstorben; das Od, welches die Gewebe mild und weich abtönt, tritt vollständig zurück.

Diese Gesichtsformen wirken wie gemeisselt oder aus Hartgummi geformt. Dies zeigt, dass hier die physiologische elektrische Energie herrschend geworden ist. An dem wirren, besonders auf dem Vorderhaupt stark struppigen Haar in Verbindung mit der harten Nasenform, den eckig und spitz hervortretenden Jochbeinen, den harten und schweren Kiefern, sowie dem hart gespannten Ohr und der unruhigen Stirnfaltenbildung werden die zerfahrenen, unausgeglichenen inneren Energien deutlich. Vor allem kommt an den verkümmerten, lederartigen Mittelgesichts- und Wangenpartien ein Mangel an Helioda und Od bei Vorherrschaft der physiologisch elektrischen und magnetischen Energien zum Ausdruck.

Dieser Mensch hat eine unglückliche und stark destruktive Wesensstruktur. Man könnte hier wohl auch von einer Degeneration sprechen. Der Mann wurde zum Mörder an seiner eigenen Frau. Ein Mensch, der viel Verständnis von Seiten seiner Mitmenschen bedarf. Ungünstige Vererbung, eine liebelose Erziehung und schlechte Erfahrungen sind wohl Ursachen solcher Entwicklungen, die zu einer starken Opposition gegen die ganze Gesellschaft und zuletzt zu kriminellen Handlungen führen können.

Der harmonische Ausgleich der Kräfte

Die Kräfte im Menschen können sich ausgleichen, sich in Harmonie zueinander lagern und richten, was in sehr schöner Körpergestalt und Gesichtsform, in kraftvollen und gleichzeitig feinen Modellierungen und Geweben zum Ausdruck kommt.

Abb. 32 zeigt an der Gestalt des harmonischen Naturells diesen Ausgleich aller Natur- und Lebenskräfte, die hier voll und stark entwickelt sind.

Die einzelnen Farben zeigen, an welchen Körperteilen die verschiedenen Kräfte besonders wirksam werden. Die Farbe ***Weiss*** zeigt die ***Helioda,*** die Farbe ***Rot*** den ***Magnetismus*** und die ***senkrechten roten Linien*** die ***magnetischen Achsen.*** Die ***schwarzen Linien*** zeigen ***elektrische Achsen,*** ebenso die ***schwarzen, kurzen, waagerechten Linien.*** Die Farbe ***Gelb*** zeigt die Körperteile, in denen das ***Od*** und die ***strahlende Wärme*** peripher besonders wirken. ***Grün*** ist die Farbe der ***Medioma,*** die liegenden ***schwarzen Kreuze*** zeigen ***Mediomapole.*** Die die ***Körperperipherie (schwarz)*** umgebende ***orange Linie*** zeigt die ***gebundene Wärme,*** die dort, wo sie sich zu flammenartigen, von ***Medioma (grün)*** eingeschlossenen Gebilden vergrössert, besonders stark ist.

Die ***fleischfarbene Tönung*** der Körpervorderseite deutet auf ***strahlende Wärme;*** wo diese von ***Mediomalinien (grün)*** unterbrochen ist, tritt an deren Stelle ***gebundene Wärme.*** Die ***flockenartig gelben Gebilde*** der Körpervorderseite zeigen das ***Od,*** welches in der Leibgegend, wo die stärkste chemische Stoffansammlung und -umsetzung stattfindet, nach den Körperseiten zu (ebenso dem Rücken zu) von der ***Medioma (grün)*** abgelöst wird.

Es ist an dieser Gestalt erstmals versucht, die Lagerung und Richtung der Kräfte am menschlichen Körper - genau nach den Forschungsergebnissen *Huters* - in Farbe darzustellen. Es war dabei nicht möglich, bis in alle Feinheiten zu gehen, jedoch gibt die Darstellung eine gute, anschauliche Uebersicht und Vorstellung von dem geistigen, chemischen und physikalischen Kräfteverhältnis, wie es *Huter* insbesondere durch hellfühlendes Unterscheiden der einzelnen Strahlen und Emanationen am menschlichen Körper auffand.*

Die später folgenden Abbildungen von harmonischen Naturellen zeigen den zuletzt beschriebenen, ausgeglichenen Kräftecharakter des vielseitig begabten Menschen in bester Weise. Man stelle sich das harmonische Spiel der Kräfte, wie es an den Formen und Farben von Abb. 32 symbolisch dargestellt ist, auf den lebendigen Menschen übertragen vor, und es wird sichtbar, dass das System der Menschenkenntnis *Huters* einen echten Kulturfortschritt ermöglichen könnte, wenn in einem demokratischen Staat die Leitung in die Hand der fachlich und ethisch befähigtsten Personen gelegt würde.

** Der Leser versuche nun, aufgrund dieser Darstellung der Huterschen Kraftrichtungsordnung, an den noch folgenden Abbildungen die sichtbar herrschenden Kräfte zu ermitteln. Wer sich dieser Aufgabe mit feinem Einfühlungsvermögen und aufmerksamer Beobachtung widmet, wird mit Erstaunen feststellen, wie die im Körper wirkenden Kräfte zu erkennen sind und damit Geist und Leben, Wille und Bewusstsein nicht mehr im Verborgenen liegen, sondern sich in der Formsprache alles Lebendigen offenbaren.*

Damit wird das Motto dieses Buches zum Erlebnis:

"In den Formen lebt der Geist!"

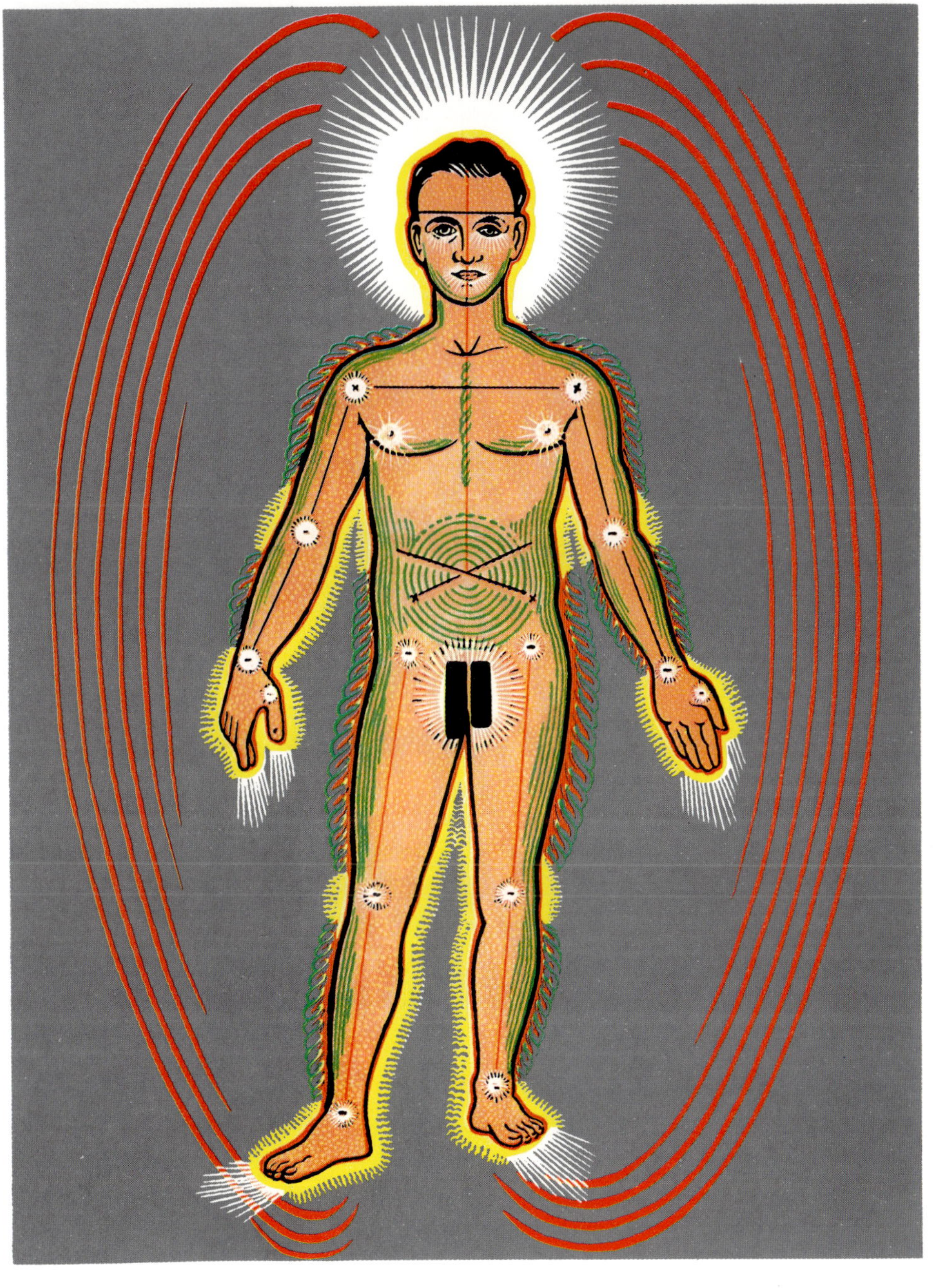

Abb. 32 Die Naturkräfte und die strahlende Lebenskraft Helioda nach der Kraftrichtungsordnung *Carl Huters* schematisch dargestellt am Körpertypus des harmonischen Naturells.

Energien und ihre Auswirkung

	Symbol	Wirkung als Grundenergie
1. Konzentrations-energie	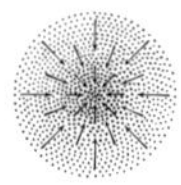	Verdichtend wirkende Kraft.
2. Attraktions-energie		Von innen wirkende Anziehungskraft.
3. Physiologischer Magnetismus	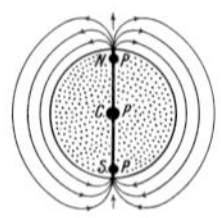	Umhüllende Spannungsenergie.
4. Physiologische Elektrizität		Trennungs- und Veränderungskraft.
5. Gebundene Wärme		Spezifische Innenwärme.
6. Strahlende Wärme		Perifere Wärmestrahlung der lebenden Organismen.
7. Od	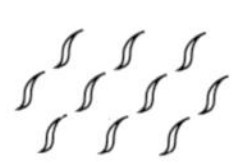	Chemisch-physiologische Lösungsenergie. Symphatisiert mit der Helioda.
8. Medioma		Chemisch-physiologische Verdichtungsenergie. Symphatisiert mit dem Magnetismus.
9. Helioda		Geistig - schöpferisches Formbildungselement.
a) negativ, d.h. aufnehmende Helioda	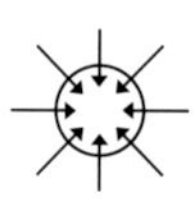	Von aussen nach innen aufnehmende, empfindende Kraft.
b) positiv, d.h. strahlende Helioda		Von innen nach aussen strahlende, schöpferische Kraft.

Energien und ihre Auswirkung

	Körperlich	Fühlen	Denken und Handeln
1. Konzentrationsenergie	Verdichtet die Formen.	Zentrierend.	Konzentrierend, straffend, zusammenfassend.
2. Attraktionsenergie	Bildet gespannte Formen. Intensiver Ausdruck.	Anziehend, sammelnd.	Anziehend, fixierend, zwingend.
3. Physiologischer Magnetismus	Bildet lange Formen, fördert Höhenwachstum. Gibt Spannkraft.	Dominierend, richtungsweisend. Autoritativ.	Organisierend, beeinflussend, richtungsgebend.
4. Physiologische Elektrizität	Bildet breite Formen. Bewirkt unruhige Spannung.	Unruhig, drängend, zerstreuend.	Kritisierend, verändernd, zergliedernd.
5. Gebundene Wärme	Bildet geschlossene Gewebestrukturen. Verhindert Transp..	Verschliessend, distanzierend, absondernd.	Verschliessend, versachlichend.
6. Strahlende Wärme	Bildet offene Gewebestrukturen. Fördert Transpiration.	Lockernd, öffnend, kontaktierend.	Verbindend, lockernd, vermittelnd.
7. Od	Bildet rundfüllige, weiche Formen.	Umschliessend, weich fühlend, zerfliessend.	Zerfliessend, mildernd, lockernd.
8. Medioma	Bildet rundfüllige, pralle Formen.	Festigend, hart fühlend.	Machtstrebend, präsentierend, unterdrückend.
9. Helioda	Bildet feine, differenzierte Formen.	Empfindend, fühlend.	Vergeistigend.
a) negativ, d.h. aufnehmende Helioda	Bildet feine, differenzierte, weiche Formen.	Intuitiv, mitfühlend.	Verinnerlichend, vergeistigend.
b) positiv, d.h. strahlende Helioda	Bildet feine, strahlende, ausdrucksstarke Formen.	Öffnend, freudig aktiv.	Kreativ, fein anregend, vertiefend.

Verminderung der Energien

	Körperlich	Fühlen	Denken und Handeln
1. Konzentrationsenergie	Lockerung, Entspannung, Wasserbehandlung.	Lockere Unterhaltung, sich gehen lassen.	Lockere Diskussionen, Humor.
2. Attraktionsenergie	Wärmebehandlung, weiche Speisen.	Sich öffnen, sich gehen lassen.	Zuhören, leichte Lektüre.
3. Physiologischer Magnetismus	Ruhe, Schlaf, gekochte Speisen, lockere Beweg.	Zerstreuung, leichte Musik, lockere Unterhaltung	Sich einordnen, nicht werten, sich öffnen.
4. Physiologische Elektrizität	Konzentrierte Körperarbeit, vegetarische Nahrung, Yoga.	Gleichmut, Gelassenheit.	Verinnerlichen, Meditation, Planmässigkeit.
5. Gebundene Wärme	Wärme und Kältereize, Sonne, Wasser, Luft.	Gesellschaft, Musik und Tanz. Sport und Musik in Gruppen.	Kinder pflegen. Humor. Erzählen. Theater spielen.
6. Strahlende Wärme	Wasser, Sonne, Licht meiden. Yoga.	Einsamkeit, sich Distanzieren.	Konzentration.
7. Od	Körperliche Arbeit. Wenig warme/flüssige Nahrung. Sport.	Willensanspannung, Disziplin.	Fakten suchen, sich Termine geben, Ziele setzen.
8. Medioma	Sonne, Licht, Wasser. Leichte Speisen.	Weiche Gefühle, Anteilnahme. Du-Denken, Beten.	Flexibilität. Locker. Sich Öffnen.
9. Helioda	Harte Körperarbeit, schwere Nahrung.	Roheit.	Rohe, dumpfe Arbeit. Monotonie.
a) negativ, d.h. aufnehmende Helioda	Leistungssport. Schwere Nahrung, harte Körperarbeit.	Brutalitäten. Äusserlichkeiten.	Gewalt, Härte. Stumpfer Konsum.
b) positiv, d.h. strahlende Helioda	Harte Körperarbeit, schwere Nahrung.	Tragik. Äusserlichkeit.	Gewalt. Indifferenz.

Verstärkung der Energien

	Körperlich	Fühlen	Denken und Handeln
1. Konzentrations-energie	Haltungs- und Atmungstechnik. Getreidenahrung.	Konzentrations-übungen, z.B. Yoga, Sport.	Konzentrations-übungen, z.B. Schach.
2. Attraktions-energie	Getreidenahrung, Rohkost.	Suggestion.	Zwingen, Beherrschen.
3. Physiologischer Magnetismus	Fusstätigkeit. Abhärten. Reisen. Leistungssport.	Willens- und Disziplinsübungen.	Organisieren, planen. Hart und Zielbewusst handeln.
4. Physiologische Elektrizität	Arm- und Schultertätigkeit. Fleischnahrung, Spirituosen.	Emotionelle Reaktion. Opposition. Negieren	Widerborstigkeit. Überkritisch, zynisch, sarkastisch.
5. Gebundene Wärme	Sonne, Wasser, Licht meiden.	Zurückziehen, abkapseln, verschliessen.	Trockene Fachliteratur, Statistiken. Fakten-Denken.
6. Strahlende Wärme	Sonne, Wasser, Luft anwenden. Stoffwechsel anregen.	Geselligkeit. Lockern.	Humor. Kreativität. Kontakte.
7. Od	Ruhe. Gemütliches Essen und Trinken. Schwimmen.	Kinder betreuen. Plaudern. Lachen.	Erzählen. Humor. Schauspielen. Kreativität.
8. Medioma	Kraftsport. Derbe Nahrung, Alkoholgenuss. Leistungsschwimmen.	Derbe Geselligkeit. Gefühlshärte.	Selbstsucht. Machtwillen. Rücksichtlosigkeit.
9. Helioda	Verfeinern der Sinnesorgane.	Fühlen.	Vernunftsdenken.
a) negativ, d.h. aufnehmende Helioda	Meditation. Naturbelassene Nahrung, Obst, Beeren. Feine Körpertätigkeit.	Vertiefen des Fühlens. Aufnehmen. Meditation.	Helfen. Anteilnehmen. E-Musik hören.
b) positiv, d.h. strahlende Helioda	Naturbelassene Nahrung, Obst, Beeren.	E-Musik ausüben. Meditation.	Philosophisches, ethisches, religiöses Denken. Kreativität.

3. Die Geschlechtsprinzipien

Das Geschlecht steht mit Körper, Seele und Geist in engem Zusammenhang. Das Geschlechtssystem entwickelt sich aus allen drei Keimblättern, deren hormonelles Geschehen das Wachstum der geschlechtsspezifischen Körpermerkmale ermöglicht. Daher bestehen bei Mann und Frau geschlechtsspezifische Formen als Ausdruck der inneren Energien. Aus diesen Energien ergeben sich Verschiedenheiten in der Persönlichkeitsstruktur und damit eine spezifische Wirkungsqualität.

Huter hat als Grundlage zur Diskussion über die Geschlechter Geschlechtsprinzipien ausgearbeitet. Diese sind Brennpunkte und zeigen spezifische Dispositionen. Die individuellen Anlagen und deren Ausdrucksformen gestatten dann das Eingehen auf individuelle Besonderheiten innerhalb des Geschlechtsprinzips. Die geschlechtsbedingten Energien beeinflussen das Handeln des Menschen während seines ganzen Lebens mehr oder weniger stark. Das Geschlechtssystem ist das einzige, welches Mann und Frau physisch und psychisch trennt und dennoch beide wiederum harmonisch verbindet. Es scheint als habe die Natur diese Differenz der Geschlechter hervorgebracht, um dem Menschen die höchsten Lebensgenüsse zu verschaffen.

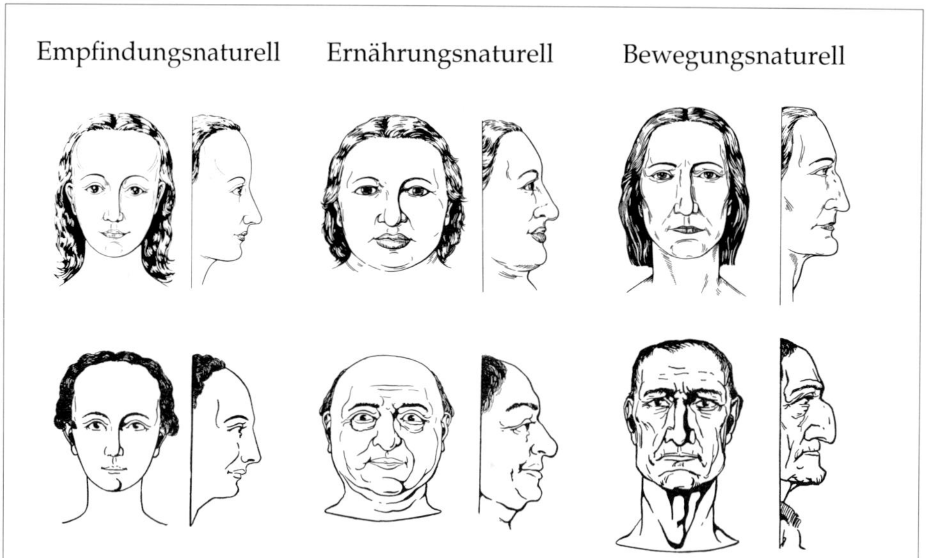

Abb. 33 Primäre Naturelle bei Frau und Mann (nach *Huter*).

Die Gleichberechtigung der Geschlechter

Aus den in der **Tabelle (S. 49)** aufgeführten geschlechtsspezifischen Dispositionen ergeben sich die unterschiedlichen Schwerpunkte der Leistungsfähigkeit, sowie unterschiedliche Ausdrucksformen der Geschlechter. ***Die als Brennpunkte ausgearbeiteten spezifischen Dispositionen bilden unsere Grundlage bei der vergleichenden Betrachtung von Mann und Frau.***

Jeder Mensch handelt gemäss seiner Persönlichkeitsstruktur. Diese ist in erster Linie geprägt von seiner individuellen Kräftekombination. Die Geschlechtsanlage tönt diese in jeweils spezifischer Art ab. Bei jedem Menschen ist daher zuerst das Naturell (siehe Abb. 33 undKapitel 7. Die Naturell-Lehre ff.) und die sich daraus ergebende Grunddisposition zu beurteilen. Anschliessend sind die männlichen und weiblichen Abtönungen in die Beurteilung einzubeziehen.

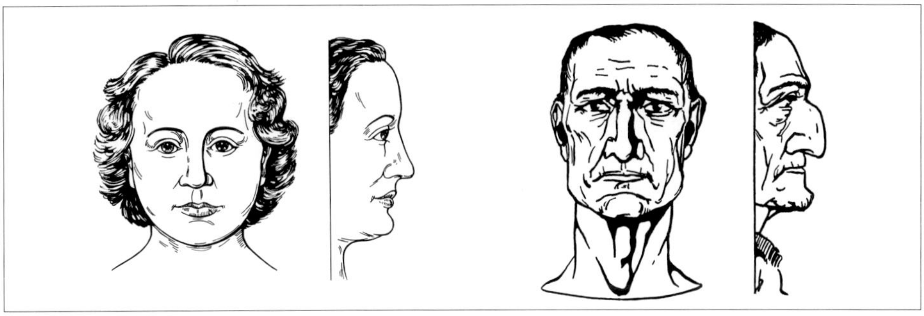

Abb. 34 Empfindungs-Ernährungsnaturell, Bewegungsnaturell.

Die grösste Spanne zwischen den Merkmalen, die durch die Geschlechtsbrennpunkte herauskristallisiert sind, sehen wir zwischen einer Frau im Ernährungs-Empfindungsnaturell, dem Naturell mit vorwiegend weiblichen Dispositionen, und einem Mann im Bewegungsnaturell, dem Naturell mit vorwiegend männlichen Dispositionen.

Aber erst die individuelle Betrachtung zeigt die spezifischen Anlagen und Fähigkeiten und wird der einzelnen Person gerecht.

Eine Frau im Tat- und Bewegungsnaturell besitzt beispielsweise viele Eigenschaften, die dem männlichen Prinzip zugeordnet sind, während ein Mann im Ernährungs-Empfindungsnaturell viele Eigenschaften besitzt, die dem weiblichen Prinzip zugeordnet werden.

Mit der Betrachtung der individuellen inneren Energiedisposition erreichen wir eine optimale Zuordnung der Fähigkeiten und Eigenschaften. Diese Sichtweise kann die Offenheit und Toleranz zwischen den Geschlechtern fördern. Ohne negative Emotionen können die Lebensaufgaben individuell verteilt werden.

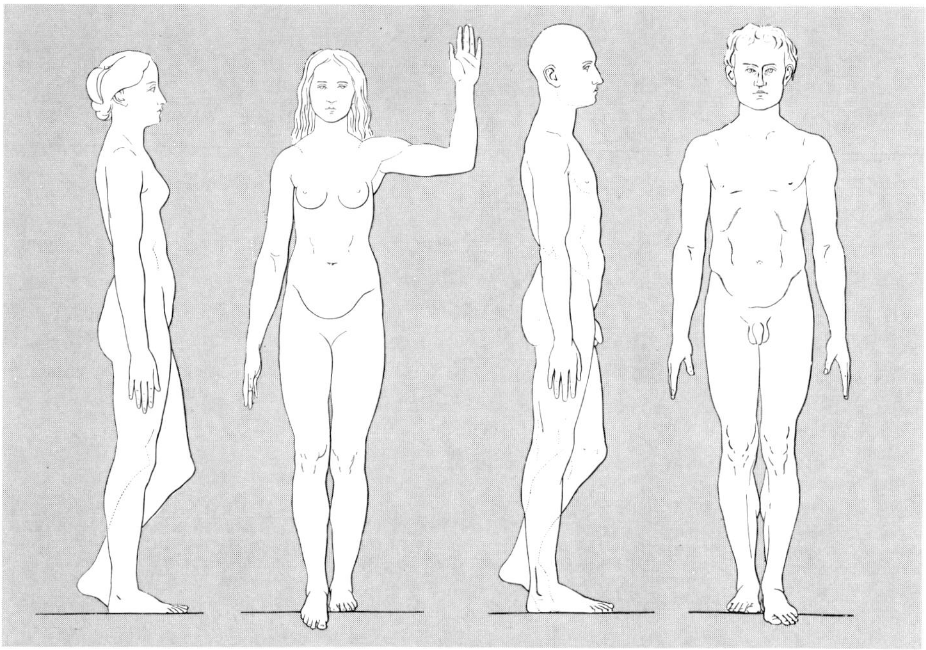

Abb. 35 Durchschnittliche Proportionsverhältnisse bei Mann und Frau*.

Auf Grund seiner Studien forderte Huter schon 1903 **:

"1. Die Schulen und Hochschulen sind auch für unsere Mädchen und Frauen zu öffnen.

2. Die Frau muss gleichberechtigte Staatsbürgerin mit freiem Wahlrecht sein; Frauen müssen auch in den Abgeordnetenhäusern mitberaten und in der Regierung und Justiz, zu gleicher Zahl mit den Männern vereinigt, Recht sprechen und Wohl und Weh des Volkes leiten.

3. Wie dem Manne alle Wege im Erwerbsleben offenstehen, so sollen dieselben Rechte auch den Frauen eingeräumt werden.

4. Die Frau als Gattin bedeutet noch etwas mehr als die Freundin des Mannes sein; wenn schon der Begriff der Freundschaft eine Gleichstellung voraussetzt, so ist diese bei dem Begriff Gatte und Gattin erst recht selbstverständlich. Es ist eine Roheit und Dummheit zugleich, wenn Männer in der Frau nur das Wesen sehen, das zur Befriedigung ihrer sinnlichen Triebe da ist, statt in ihr eine auf gleicher Stufe der Bildung und des Rechts stehende Gattin zu sehen.

5. Die Frau als Mutter nimmt eine geheiligte Stellung ein. Ob eine Mutter kirchlich oder staatlich verheiratet ist oder nicht, tut der Mutter als solcher, die ihre idealen Mutterpflichten erfüllt, meiner Ansicht nach, keinen Abbruch.

6. Wenn die Frau als ideale Mutter über, als Gattin neben dem Manne steht, so steht sie dem Kinde und dem Manne in gewissen Lebensverhältnissen als Dienerin gegenüber. Als Mutter z.B. stellt sie sich freiwillig in den Dienst des Kindes.

7. Männer und Frauen gehören von Natur aus überall im Leben sich ergänzend zusammen."

**Gottfried Schadow, 1764 - 1850.*

*** "Der Gebildete auf der Höhe" Carl-Huter-Verlag*

Besondere geschlechtsspezifische Kennzeichen

	Männliches Prinzip	Weibliches Prinzip
Körper		
Gestalt	kräftig, straff	abgerundet, weich
Schultern	breit	schmal
Becken / Hüften	schmal	breit
Extremitäten	muskulös, robust	weich, feingliedrig
Primäre Geschlechtsorgane	ausserhalb des Körpers	innerhalb des Körpers
Weitere Geschlechtsmerkmale	Bartwuchs, generell stärker behaart, tiefere Stimmlage	weiche Brust- und Bauchpartie, höhere Stimmlage
Gesicht		
Augenausdruck	bestimmt, fest	weich
Unterstirnhöcker	stark ausgeprägt	weniger ausgeprägt
Mittelstirn	flacher	gerundet, ausgeprägt
Nase	kräftig,vorspringend	fein, eingebuchtet
Mund	fest, Lippen häufig gepresst	schön geschwungen, fein, locker
Kinn	vorspringend, breit	zurückliegend, fein gerundet
Hals	muskulös, breit	zart, weich
Wesensart und Leistungsfähigkeit		
Körperliche Ebene		
zu schwerer Körperarbeit	geeignet	weniger geeignet
zu feinmotorischer Tätigkeit	weniger geeignet	geeignet
Körpergefühl	weniger ausgeprägt	stark ausgeprägt
Geschlechtsspezifische Funktionen;		
-Bei der Zeugung	eindringend Samen abgebend	aufnehmend, Ei nistet sich in eigenem Organismus ein, Samenaufnahme
-Bei Schwangerschaft, Geburt und Stillen	passiver Teil	aktiver Teil
Seelische Ebene		
Eigenkraftgefühl	stark	weniger stark
Seelische Reaktionsfähigkeit	reagiert erst auf stärkere Reize,langsamer, oberflächlicher	reagiert schon auf feinere Reize, schnell, tief und differenziert
Widerstandskraft	starker Wehrwille, kämpfend, schützend	erduldend, ausdauernd, überwindend,behütend
Geistige Ebene		
Denken;	real, sachlich,	gefühlvoll, intuitiv,
Lebenseinstellung;	zielbewusst	wegbewusst
Zielsetzung;	einseitig, isolierend	umfassend, ganzheitlich
Aktivität;	fordernd	einfügend

4. Die fünf Menschenrassen nach Blumenbach

Abb. 36 Die fünf Menschenrassen nach *Blumenbach.* Europäer, Amerikaner (Indianer), Asiate, Afrikaner, Australier.

Gegen Ende des 18. Jahrhunderts begründete *Blumenbach** die Lehre von den fünf Menschenrassen, entsprechend den fünf Erdteilen, wodurch er die wichtigsten rassebildenden Faktoren, Klima, Bodenbeschaffenheit und geographische Lage, deutlich machte. Diese Rassenlehre ist bekannt; jeder vermag wohl heute, schon aus dem Gesicht den Europäer vom Afrikaner, Asiaten, Indianer und Australier zu unterscheiden. Physiognomische Merkmale, Hautfarbe, Haar, Schädel, Gesichts- und Körperform bilden die Grundlage dieser Rassenlehre, die von vielen Forschern im Laufe der Zeit erweitert und ausgebaut wurde, im Prinzip aber heute noch gültig ist.

Blumenbach entwarf ein gutes System der Einteilung der Menschen nach ihren Rassen; er widerlegte damit auch die alte Anschauung, dass Rasse und Temperament ein und dasselbe sei.

Die Rassen werden nicht nur in ihrer Hautfarbe, sondern auch in ihrer ganzen Körperkonstitution, in Schädel-, Gesichts-, Knochen- und Gefässbau durch die besonderen Lebensverhältnisse, das Klima und die Bodenbeschaffenheit der verschiedenen Erdteile geprägt. Rasseneigentümlichkeiten werden konstant vererbt und jede Rasse neigt zu bestimmten Verhaltensweisen und Charaktereigenschaften. ***An nichts ist der Mensch unschuldiger als an seiner Rasse, daher sollte man nie einen Menschen wegen seiner Rasse verfolgen und beleidigen.*** Welche Tragik falsch verstande Rassentheorie und die damit verbundene, seit Jahrhunderten geübte Rassenüberheblichkeit hervorbringen kann, wurde in jüngster Geschichte ersichtlich. Auch heute gibt es weltweit Verfolgungen, Unterdrückungen und Ausbeutungen auf Grund der Rassendiskriminierung.

Huter** äusserte sich zu diesem Thema wie folgt: *" In einem Punkt glaube ich aber wird die Vernunft die Anhänger der verschiedensten Richtungen alle vereinigen, darin nämlich, dass niemand, kein Volk, keine Rasse, der Rasse wegen verantwortlich gemacht werden kann. Folglich muss es als ein Frevel betrachtet werden, wenn ein Mensch oder eine Menschenrasse einen anderen Menschen, der einer anderen Rasse angehört, darum ver-*

Joh. Fr. Blumenbach 1752-1840 " De generis humani varietate nativa " 1775
**Huter "Hauptwerk"*

folgt, bekämpft oder gar zu vernichten strebt. Das ist barbarischer gehandelt als das wildeste Tier handelt, das nicht gegen seinesgleichen solche Gesinnungen hegt, abgesehen von einigen gereizten, kranken oder wahnsinnigen Exemplaren."

Viel wichtiger als die Rassen- und Völkerpsychologie ist das genaue Erkennen der individuellen, inneren, dynamischen Organisation und Persönlichkeitsstruktur eines Menschen. All dies kann aus den Merkmalen des ganzen Erscheinungsbildes, der Gestalt und Haltung und den Gesichtszügen erarbeitet werden.

Dazu genügt die Rassenlehre nicht. Die Anthropologie mit ihrer Rassenlehre, die *Lamarck*-Haeckelsche* * Abstammungslehre und *Darwins**** Zuchtwahllehre mit dem Schlagwort *"Kampf ums Dasein"*, haben vielleicht die Wissenschaft bereichert; Sie waren aber auch Grundlage der materialistischen Weltanschauung, welche ein aufreibendes, nüchternes Leben voller Mühe, Sorgen und Abstumpfung mitsichbrachte, ein Leben ohne hohe Ideale einerseits - voller rücksichtsloser Machtausbreitung und übertriebenem Lebensgenuss andererseits. Diese Lebenshaltung wird heute von vielen als unbefriedigend und einseitig erkannt. Es fehlt in der materialistischen Weltsicht die Innerlichkeit, für die sich diePsycho-Physiognomik einsetzt.

Die Physiognomische Psychologie erforscht und erschliesst das individuelle Leben in seiner Innerlichkeit und seiner Äusserlichkeit. Sie baut auf der Einheit von Körper-Seele-Geist eine Psychologie des praktischen Lebens auf. Sie führt den Menschen zu einem ausgeglicheneren Sein, denn das Seelische, das Geistige und das Körperliche werden gleichermassen berücksichtigt.

**Jean-Baptiste Lamarck 1744-1829, "Histoire naturelle des animaux sans vertèbres ."*
***Ernst Häckel 1834- 1919, Prof., Begründer des Monismus.*
**** Charles Darwin 1809 - 1882 "Über die Entstehung der Arten."*

5. Die Temperamente

Die uralte Temperamentslehre entspringt der Beobachtung von unterschiedlichen Reizzuständen. Sie ist von *Huter* in ihrem Wesen differenziert dargestellt worden und darf nicht mit der Persönlichkeitsstruktur der Naturelle gleichgesetzt werden.

Das Temperament ist weder anatomischer noch rein psychischer Art, es ist mehr eine Bewegungserscheinung mechanisch-physiologischer Natur. Es kennzeichnet die Stimmung entsprechend der momentanen, unterschiedlichen Reaktionen eines Menschen auf von aussen kommende Reize.

Das Temperament wechselt deshalb ständig mehr oder weniger. Bei ausgeglichenen Menschen ist der Temperamentswechsel fliessender, angenehmer, bei unausgeglichenen Menschen sprunghafter und unberechenbarer.

Es kann ein und derselbe Mensch, unabhängig von seinem Körperbautypus, morgens sanguinisch, also unbesorgt fröhlich, mittags cholerisch, d.h. energisch und feurig, nachmittags phlegmatisch-ruhig und abends melancholisch, also nachdenklich und tiefernst sein. Die unterschiedlichen charakteristischen Wallungen des Temperaments können bei grossen und kleinen Menschen, mageren und korpulenten, bei allen Naturellen, in jeder Rasse beobachtet werden. Sie treten also innerhalb der durch die Naturelle gekennzeichneten Menschentypen und der Rasse auf.

Abb. 37 bis 40 zeigen das wechselnde Erscheinungsbild der Temperamentszustände in der Mimik des Gesichts, dargestellt von *Möller*.

Meist stehen bei einer Person ein oder zwei Reaktions- oder Temperamentsrichtungen im Vordergrund, ohne deswegen konstant zu sein.

Der sanguinische Temperamentszustand ist häufiger bei Soldaten, Jägern, Kaufleuten, Schauspielern und Rednern zu beobachten; das cholerische Temperament trifft man oft bei Offizieren, Dirigenten und Unternehmern. Hingegen findet man den ernsten, melancholischen Zustand eher bei Denkern und Philosophen.

Bei Richtern und Beratern ist oft das phlegmatische Temperament zu finden.

Temperamentsreaktionen entstehen auch aus bestimmten Lebenssituationen oder Lebenseinstellungen. Zufriedene Menschen neigen eher zu sanguinischem, unzufriedene zu melancholischem oder cholerischem Verhalten. Cholerische und melancholische Reaktionen sind häufig auch Folgen von Stressituationen.

Da das Temperament nicht konstitutionell-körperlich ist, ist es bei den meisten Menschen schwer festzustellen. Für das praktische Leben ist es allgemein weniger von Bedeutung zu wissen, welches Temperament einem Mensch zu eigen ist. Wichtiger ist die Bestimmung der speziellen Wirkungsweise seines Naturells.

Wenn das Temperament in der Form so eindeutig zum Ausdruck kommt, wie das bei den *Lavaterschen* Zeichnungen sichtbar ist, dann übertönt dieses jedoch die anderen Charaktermerkmale. Ist ein Temperament so stark vorherrschend, dass man es als konstant bezeichnen kann, geht es leicht vom gesunden in den kranken Zustand über. Es entsteht z.B. bei einer vorwiegend phlegmatischen Disposition

Abb. 37 Der sanguinische Temperamentszustand. Dieses Bild zeigt den gut aufgelegten Menschen, er ist lebhaft, beweglich, heiter.

Abb. 38 Der cholerische Temperamentszustand. Hier ist die Reaktion kritisch und unwillig. Im nächsten Moment kann eine Explosion erfolgen.

Abb. 39 Der melancholische Temperamentszustand. Dieser Mensch macht sich Sorgen über Kommendes oder Vergangenes.

Abb. 40 Der phlegmatische Temperamentszustand. Ruhig und bedächtig wird die Situation betrachtet. Nichts bringt ihn so leicht aus der Ruhe.

Fettsucht, bei vorwiegend cholerischer Disposition krankhafte Magerkeit, der stete Melancholiker wird oft leber- und verdauungsleidend.

Auf seelisch-geistiger Ebene kann beim steten Melancholiker Depression, beim Phlegmatiker Apathie, beim Choleriker Manie und Tobsucht und beim steten Sanguiniker Grössenwahn auftreten.

Die Kenntnis der Temperamente genügt nicht, um komplizierte charakterologische und psychologische Probleme zu lösen. Die verschiedenen Temperamente sind nur ein Teilgebiet der Psycho-Physiognomik.

Das Erscheinungsbild des Temperaments als feste Form

Abb. 41 Das phlegmatische Temperament ist schwer erregbar, gleichgültig, träge und schwerfällig. Die Gesamthaltung wirkt demnach auch schwerfällig und unbeweglich. Die Muskeln und die Haut sind weich; die Stirn und die Haare zeigen Ruhe; das Gesicht ist spannungslos und ruhig. Der Blick verrät Gleichmut und Gelassenheit, er kann auch träge, schläfrig und matt wirken. Die Sprache ist ruhig, langsam und ohne besondere Betonung.

Abb. 42 Das cholerische Temperament ist heftig, feurig und aufbrausend, reizbar und impulsiv. Mimisch ergeben sich folgende besondere Kennzeichen: Die Körperhaltung ist fest, bestimmt und energisch, Muskeln und Haut sind in straffer Spannung; Stirn und Gesicht sind durch die intensive Auseinandersetzung mit dem Leben faltenreich - der Blick fest und feurig; dabei ist das Weisse im Augapfel meist gerötet, die Nasenflügel vibrieren lebhaft. Die in der Ruhe festgeschlossenen Lippen werden beim Sprechen schnell bewegt. Die Stimme ist energisch und kraftvoll.

Abb. 43 Das sanguinische Temperament ist lebhaft, leicht, beweglich, heiter und fröhlich, es passt sich jeder Lebenslage ohne Mühe an. Mimisch ist es gekennzeichnet durch eine zwanglose, frische und lebhafte Körperhaltung, die Muskeln und die Haut sind elastisch, die Sprache lebhaft und warm. Der offene Blick nimmt das Heitere auf und gibt es wieder, meist sind Stirn und Wangen glatt und lebenswarm angehaucht, die Lippen sind lose und die Sprechweise ist lebhaft.

Abb. 44 Das melancholische Temperament ist nachdenklich, grüblerisch, traurig und verdriesslich. Die Körperhaltung ist lose und schlaff, die Muskeln sind kraftlos, ohne Spannung, die Haut ist blutleer. Die typische Stirnform zeigt vom vielen intensiven Grübeln Falten. Der Blick ist in sich gekehrt, matt und wehmütig. Der Mund hat einen bitteren Zug. Die Sprache ist zögernd, monoton, bedächtig und vorsichtig.

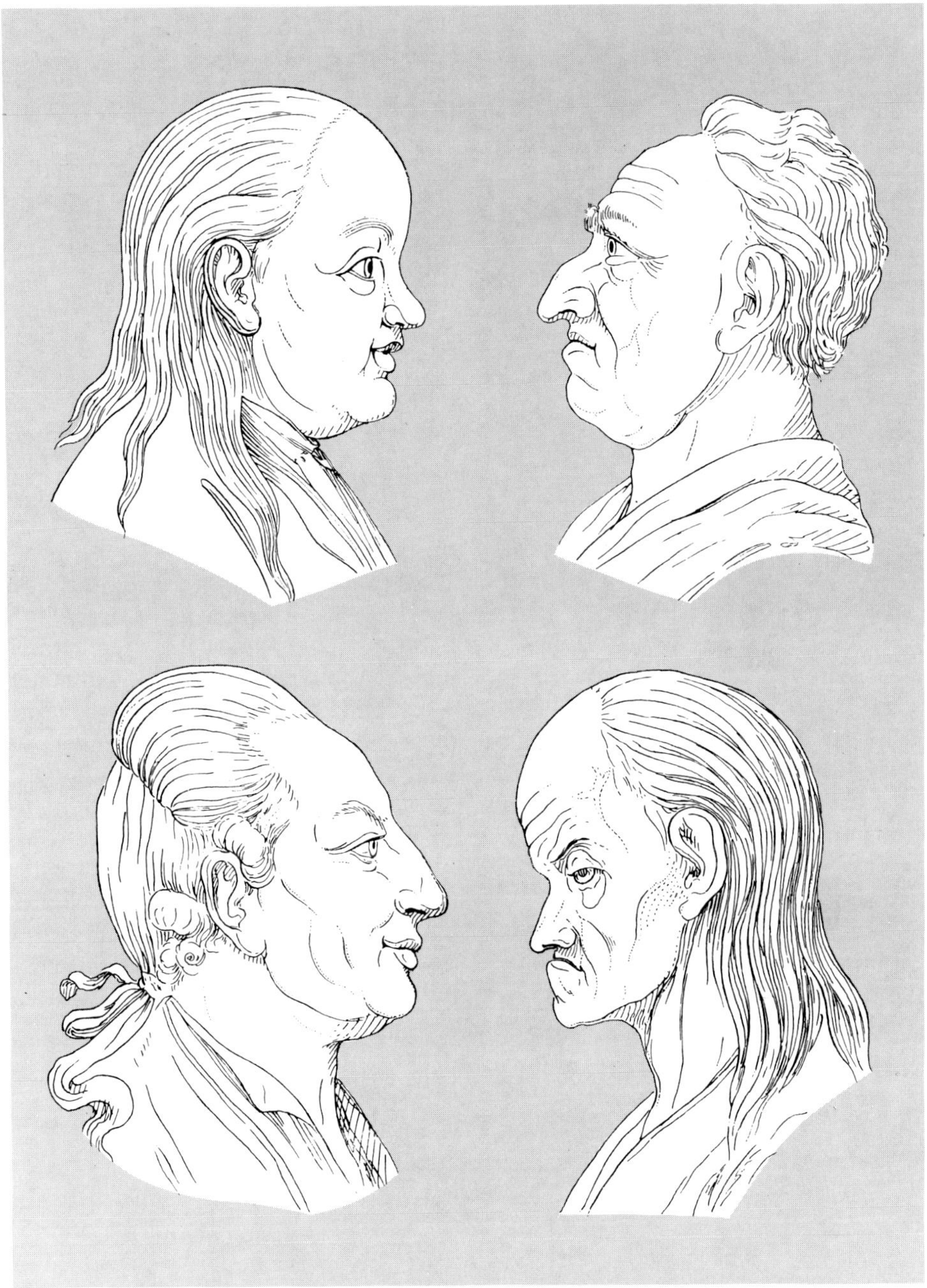

Abb. 41 - 44 Die vier Temperamente nach *Lavater**.

* *Johann Caspar Lavater 1741-1801. "Physiognomische Fragmente zur Beförderung der Menschenkenntnis und Menschenliebe." 1783*

Abb. 45 Das sanguinische Temperament bei einen alten Mann, der in seinem Leben viel erlebt hat.
Es ist das Erscheinungsbild eines Menschen, der sich im Alter eine innerlich gelassene, fröhliche Stimmung aufgebaut hat. Er geniesst es, wenn er von der Vergangenheit erzählen kann, wenn er sich als Held bewundert fühlt, der dank seiner aussergewöhnlichen Lebensenergie alle Unbill des Lebens glücklich überstanden hat.

Abb. 46 Das cholerische Temperament. Dieser Mann konzentriert sich mit aller Kraft und Energie auf seine Aufgabe. Er hat starke Konzentrationsfalten an der Nasenwurzel und eine grosse, kraftvolle Nase. Der Augenausdruck ist intensiv, die Augenbrauen kräftig, das Kinn springt hervor, die Ohren sind kräftig in ihrer Struktur und abstehend. Mimik und Gebärden sind lebhaft. Dies sind die Hauptmerkmale, an denen sein cholerisches Temperament erkannt werden kann.
Er ist leicht reizbar, kommt stark aus sich heraus und verteidigt seine Meinung mit heftigem Tonfall und lebhafter Gestik.

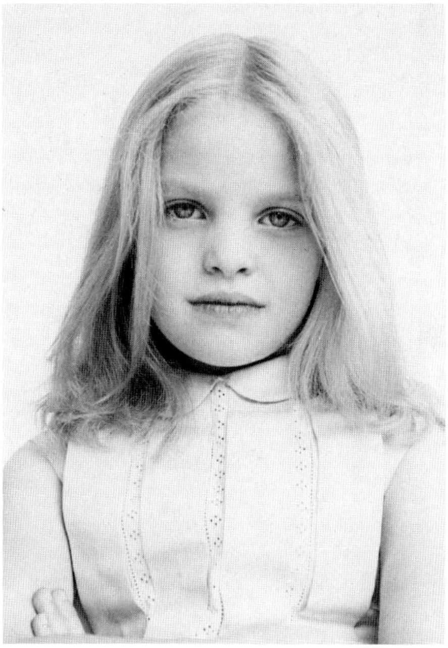

Abb. 47 Das melancholische Temperament im Kindesalter.
Schwere Erlebnisse in der Kindheit können einen Menschen sehr stark prägen. Das sonst oft so heitere, unbeschwerte Wesen vieler Kinder fehlt hier. Der Lebensernst als Grundstimmung bleibt vielfach erhalten, dies um so mehr, wenn ein Mensch, wie dies hier der Fall ist, die Anlage hat, Probleme intensiv zu hinterfragen und Gründe für die vorhandene Situation zu suchen.

Abb. 48 zeigt dieselbe Person 25 Jahre später.
Es ist immer noch das Erscheinungsbild des melancholisch- ernsten Temperamentes. Die grossen, fragenden Augen, der Mund und die Haltung zeigen die sehr ernste Lebens- und Denkweise. Trotz ausgezeichneter Begabung ist es diesem Menschen bis jetzt noch nicht gelungen, seine schweren Erlebnisse zu überwinden.

Abb. 49 Das phlegmatische Temperament bei einer jungen Frau. Hier haben wir ähnlich gute Gesamtanlagen wie dies auf den Abb. 47 und 48 sichtbar ist. Es ist aber weder das Feuer, welches dem Mann auf Abb. 46 aus den Augen sprüht, noch die Trauer der Abb. 48 vorhanden. Das Grundgefühl ist hier ruhig und gelassen. Sie lässt die Dinge an sich herankommen und prüft in Ruhe und ohne Hast. Die Augen haben einen ruhigen, aber auch bestimmten Ausdruck. Dies bedeutet, dass diese Frau nicht aus Bequemlichkeit an Problemen vorbeigeht, sondern diese lediglich mit grosser Ruhe betrachtet und löst.

6. Der Impuls

Besondere Bedeutung kommt der Bewertung des Impulses zu. Dieser gibt die verschiedenen Grade des Lebensausdrucks an. Der Impuls ist rein geistiger Natur und wurzelt im Empfinden. Er wirkt über das Motorische oder über das Gefühlsnervensystem, oder über beide gleichzeitig.

Durch die Zeugung und die Entwicklung besitzt jeder Mensch eine bestimmte Menge von Lebens- und Empfindungsenergie, woran alle Zellen des Körpers Anteil haben. Entsprechend dem Empfindungsvermögen werden, entweder durch Reize der Umwelt, oder durch Sammlung und Konzentration der inneren Energien, Impulse ausgelöst.

Wie erkennt man die Art und Intensität der Impulse ?

Wir unterscheiden den geistigen und den körperlichen Impuls, und zwar den angeborenen, den geübten und den betätigten Impuls.

Den geistigen Impuls erkennt man am gesamten Erscheinungsbild, insbesondere an den Augen, an der Gewebestruktur von Nase und Stirn und an der Form des Schädeldaches.

Steigert sich das Empfinden, erhöht sich der geistige Impuls. Es wächst entsprechend das Wahrnehmungs- und Erkenntnisvermögen. Geht der geistige Impuls zurück, so sinkt damit auch das ethische und moralische Gefühl für Recht, Unrecht, Wahrheit und Schönheit, und das Gewissen erkaltet.

Den körperlichen Impuls ersieht man aus Form, Spannung und Strahlung der Gewebe von Kiefer, Mund, Kinn und Ohr. Bei der Beurteilung der beiden Impulsarten sind auch die Proportionen am Schädel zu beachten (s. Studienband 2, Achsenlagen).

Die eine Impulsart kann von der anderen mehr oder weniger unabhängig sein und sehr verschieden auftreten. Die Verschiedenheiten der Gewebe gibt Anhaltspunkte für die Qualität der Impulse. Die Impulskraft ist noch keine Aussage über die Richtungsqualität des Impulses.

Steigt der Impuls, so erhöht sich die Strahlkraft und Spannung der Gewebe, die Leuchtkraft und feine Modellierung der Haut, die Leuchtkraft der Augen, die Lebensfrische des Haares usw.

Geht der Impuls zurück, so wird das Gewebe entsprechend strahlungs- und spannungsärmer, dunkler, matter, lebloser, verliert an Frische, Elastizität, Schönheit und Lebendigkeit. Daher wird auch bei Erkrankungen das Gewebe zuerst matt, dann pelzig und wirkt schliesslich bei Geisteskranken wie hölzern und tot. Auf Grund dieser Strahlungs- und Spannungsmerkmale können auch Krankheiten erkannt werden; denn die geistige und physische Verfassung zeigt sich wie oben dargestellt im Ausdruck der Formen.

Huter hat klar zwischen Geschlecht, Rasse, Temperament, Impuls, der Naturell- und der individuellen Disposition unterschieden. Diese Unterscheidung führt zu einer sicheren, praktisch anwendbaren Charakterologie.

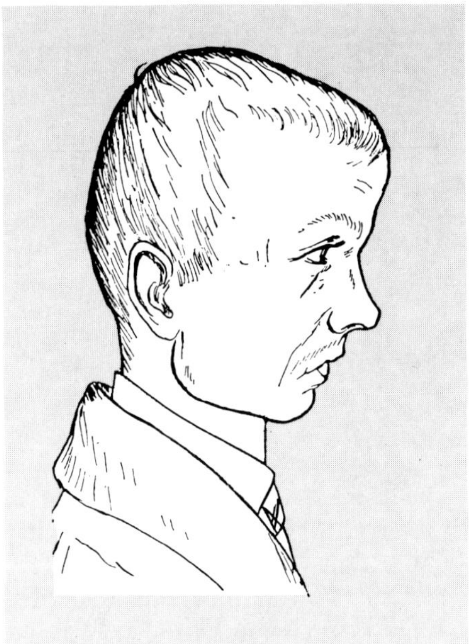

Abb. 49 ist das Erscheinungsbild eines mässig begabten, abwartenden, zögernden, wenig aktiven Menschen.
Die Gesichtsformen sind nicht besonders ausdrucksvoll. Dieser Mensch verhält sich stets abwartend und teilt meist die Meinung der grossen Masse. Er muss erst zum Handeln angetrieben werden und lässt sich von impulsiven Menschen leiten. Das planmässige Vorgehen aus sich selbst heraus fehlt ihm.
Er zeigt wohl wechselnde Launen, verharrt aber in Gleichgültigkeit und oft in stumpfem Eigensinn.

Abb. 50 Dies ist das Erscheinungsbild eines begabten, aufgeweckten, selbstbewussten, kraftvollen Menschen.
Die Gesichtsformen und der Ausdruck sind intensiv und prägnant. Dieser Mensch drängt aus sich selbst heraus zum Handeln, ohne nach der Meinung anderer zu fragen. Er ist ein Stürmer und Dränger. Wir finden ihn überall, wo Neues energisch eingeführt wird. Infolge seines starken Impulses handelt er oft schon, wenn es gut wäre noch zu warten. Er kann unduldsam werden. Er besitzt Tatkraft und Entschlossenheit.

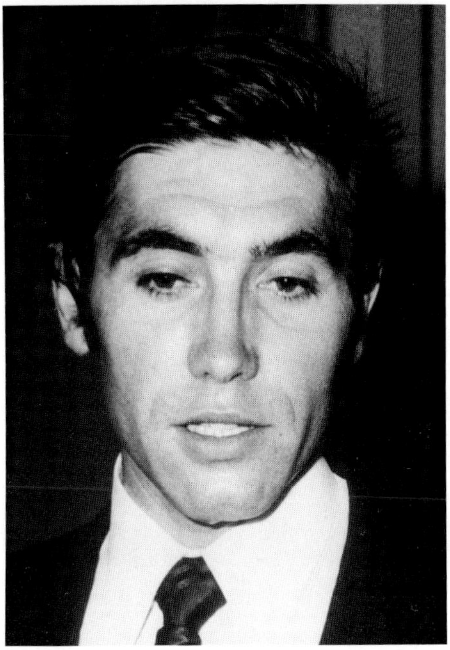

Abb. 51 Starker körperlicher Impuls
Eddy Merckx . Rad-Weltmeister.
Dies ist das Erscheinungsbild des zähen, wendigen, angreifenden und eleganten Draufgängers. Die Unterstirn zeigt den aussergewöhnlichen Sinn für die Orientierung im Gelände und für Geographie, die Nasenwurzel die Übersicht und geistige Ruhe. *Eddy Merckx* ist zuvorkommend und wirkt elegant. Das Interesse an geistigen Problemen (schwächere Oberstirn) steht zugunsten der Freude am Körpereinsatz (Bewegungs-Naturell) und zugunsten des öekonomischen Interessens zurück (breites Seitenhaupt über den Ohren). Hier erkennen wir auch einen sehr starken Veränderungssinn und den Drang zu schnellem, unermüdlichem Einsatz aller Kräfte.

Abb. 52 Starker geistiger Impuls
Immanuel Kant. Philosoph.
Hier das Erscheinungsbild des Menschen, der philosophisch analysierend und in sich hineinlauschend lebt und sich intensiv mit geistigen Problemen auseinandersetzt. Er besitzt grosse Verstandesschärfe und einen feinen, zarten Körperbau.

Aus diesem Körperbau und der übermittelhohen, breiten plastischen Stirn mit viel Spannkraft und den feinen Gesichtsformen, erkennen wir den Menschen, der für die Körpertätigkeit wenig Sinn hat. Seine innere Energie ist geistiger Natur. Entsprechend liegt seine grosse Leistungsfähigkeit und sein Interesse im analytisch suchenden und synthetisch aufbauenden Denken.

Abb. 53 Schwacher körperlicher und geistiger Impuls.
Hier sehen wir das Erscheinungsbild eines Menschen mit weniger Lebensenergie. Die Auseinandersetzung mit den täglichen Lebensproblemen ist entsprechend gering. Die Lebensprobleme werden teils gar nicht erkannt und teils ohne Kraft angegangen. Bewegung an der frischen Luft und kontinuierliche sportliche Betätigung könnten hier wohltuend wirken und die innere Kraft und Energie stärken.

Abb. 54 Starker körperlicher und geistiger Impuls.
Dies ist das Erscheinungsbild einer selbstbewussten, geistesgegenwärtigen, aktiven jungen Frau. Sie will und kann das Leben weitgehend selber bestimmen. Sie regt andere zur Tätigkeit an, indem sie aktiv mitreisst und anregt.
Ihre Eigengesetzlichkeit (Backenknochen), die Durchsetzungsfähigkeit (Unterkieferbogen), und das kräftige Kinn sind Ausdruck ihrer inneren Energie und der starken körperlichen Impulse. Augenausdruck und die Feinheit der Formen zeigen die parallellaufende geistige Kraft und Aktivität.

7. Die Naturell-Lehre

Die Zusammenhänge zwischen inneren Energien und äusserem Erscheinungsbild

Jeder Mensch reagiert individuell auf seine Umwelt, lässt sich von ihr motivieren und ist selbstschöpferisch mitbestimmend. Er hat ganz persönliche Lebensziele, Lebensprobleme, Erwartungen und Lebensauffassungen. Das Bewusstsein und das Unbewusste haben bestimmte Qualitäten, welche das allgemeine Verhalten, die Beziehungen zum Menschen, den Verlauf des Lebens in typischer Art bestimmen. Dieser Reaktionshabitus ist die Grundlage, mit welcher die äussere Handlung reguliert, das Innere erfühlt, die jeweilige Erfahrung geformt und umgesetzt wird. ***Huter nennt ihn das Naturell.***

Die in den folgenden Abbildungen zur Darstellung gebrachten Dispositionen zeigen jeweils spezifische Wirkungsqualitäten. Es sind klar erkennbare Merkmalskombinationen, die in eindeutiger Beziehung zu entsprechenden inneren Energiequalitäten stehen. Diese basieren auf der individuellen, dynamischen Organisation und bewirken die Persönlichkeitsstruktur jedes Einzelnen.

Das Vorherrschen von bestimmten Reaktionen auf die Aussenwelt geht aus vererbten Anlagen hervor. Es wird jedoch auch durch das Lebensumfeld beeinflusst und vom einzelnen Menschen während der ganzen Dauer seines Lebens modifiziert. Neigungen und Anlagen können sich verändern, umgewandelt werden oder nur zeitweise in Erscheinung treten. Die unterschiedliche Gebundenheit an die charakterlichen Grundstrukturen ist psycho-physiognomisch ersichtlich.

*Irenäus Eibel Eibesfeld *: "Der Mensch ist im Bereich des Sozialverhaltens, der Antriebe, der Lerndisposition und der Auslösemechanismen, Aggressionen, durch die Vererbung wesentlich geprägt."*

*C-G.Jung **: "Die Einstellung ist immer ein Resultat aller Faktoren: Angeborene Disposition, Erziehung, Milieubeeinflussung, Lebenserfahrung.*

Das urtümliche Phantasiebild ist eine vererbte Organisation der psychischen Energie."

Die Naturelle sind Idealtypen, die eine bestimmte Persönlichkeitsstruktur in reiner Form wiedergeben.

Die Naturelle, wir verwenden nun die *Hutersche* Benennung, sind Brenn-, oder Sammelpunkte. Sie sind von *Huter* aus vielen Beispielen, zahlreichen Beobachtungen und der genialen Erfassung der wesentlichen Zusammenhänge in der beinahe unendlichen menschlichen Vielfalt herauskristallisiert, festgehalten und gesammelt worden. *Huter* hatte eine aussergewöhnliche Fähigkeit, in der Vielfalt das Wesentliche zu sehen und Gesetzmässigkeiten zu erkennen.

**Irenäus Eibel Eibesfeld "Liebe und Hass" R.Piper Verlag München*
***C.G.Jung "Psychologische Typen" Rascherverlag Zürich und Stuttgart*

Die Naturelle bilden, als Grobraster, eine reelle und sehr wichtige Basis für die Menschenkenntnis. Sie bilden das ordnende Prinzip, auf welcher die Einsicht in das Einmalige jedes Menschen aufgebaut werden kann. Dieses Spezifische kann aus dem individuellen Erscheinungbild von Schädel, Gesicht und der Gestalt erarbeitet werden. Dies wird teilweise im ersten Band, erweitert im zweiten Band der "Grundlagen der Menschenkenntnis" gelehrt.

Die Erkenntnis der Ordnung der inneren Energien und die Naturell-Lehre bilden den Ausgangspunkt eines dynamischen Systems zum Erfassen der unterschiedlichen Fähigkeiten und der daraus resultierenden Sicht der Welt. Sie erschliessen uns die Grundlagen für unsere eigene Sicht und wecken das Verständnis für Andersdenkende.

C.G.Jung:"Der Mensch ist in seinem Typus bis zu einem gewissen Grad befangen und nahezu unfähig, einen anderen Standpunkt als seinen eigenen zu begreifen."*

Diese von *C.G.Jung* beschriebene Unfähigkeit, einen anderen Standpunkt zu begreifen, kann mit der Psycho-Physiognomik weitgehend überwunden werden. Sie führt zum vertieften Verständnis für die Andersartigkeit der verschiedenen Menschen.

Der Mensch ist Zeit seines Lebens ein Werdender und mit seiner Entwicklung ändert sich sein Erscheinungsbild.

Die zwischenmenschlichen Beziehungen, die Umwelt, der Beruf, die Gestaltung der Freizeit beeinflussen den Menschen während seiner ganzen Entwicklung. Dies prägt und verändert auch seine Persönlichkeit und sein Erscheinungsbild.

Mit der Psycho-Physiognomik erfassen wir diese Veränderungen. Sie erschliesst also sowohl die vererbten wie die erworbenen Charakterstrukturen und wird damit zu einer greifbaren Psychologie, die einen praktischen Lebensbezug hat. Sie ermöglicht eine wirksame Umsetzung des Erkannten mitten im dynamischen Lebensprozess und kann diesem folgen.

Die Gestaltwahrnehmung ist ein dynamischer Bewusstseinsprozess

Der bekannte Verhaltensforscher, Natur- und Tierbeobachter *Prof. Konrad Lorenz*** hat sich zu diesem Thema allgemeingültig geäussert.

Er sagt: *" Ein Forscher kann Tausende von Malen denselben Vorgang sehen, ohne seine Gesetzmässigkeiten zu bemerken. Doch urplötzlich, mit einem weiteren Mal, hebt sich die Gestalt mit überzeugender Klarheit vom Hintergrund des Zufälligen ab. Vergeblich fragt man sich dann, wieso diese Erkenntnis nicht schon längst ins Bewusstsein gedrungen ist."*

Grey Walter, ein Zuhörer von *Lorenz*, begründete dieses plötzliche Bewusstwer-

*C.G.Jung, "Psychologische Typen"
**Konrad Lorenz,"Über tierisches und menschliches Verhalten"R.Piper Verlag, München.

den damit, dass die Wiederholung einer Information den überlagerten "Lärm" kompensiert und dann erst ins Bewusstsein dringt.

Weiter erkannte *Lorenz*: " *Eine angenehme Eigenschaft der Gestaltwahrnehmung liegt darin, dass sie dann am eifrigsten am Werk ist Informationen zu sammeln, wenn der Wahrnehmende in der Schönheit des Objektes versunken, tiefster geistiger Ruhe zu pflegen vermeint. Einer rein rationalen, abstrakten Leistung ist dieses Erfassen nicht möglich.*"

Die fehlerhafte Bewertung infolge Ablenkung und Beeinflussung ist ein bekanntes Phänomen und muss auch bei der Betrachtung eines physiognomischen Erscheinungsbildes berücksichtigt werden. Beeinflussende Faktoren, die zu Störungen führen können, sind z.B. die eigene Subjektivität, momentane Beeinflussung durch äussere Umstände, wie Geschlecht, Kleidung, Vorgaben, Umgebung, schlechte Verfassung des Beobachtenden.

Bei der Beschäftigung mit dem Qualitätsausdruck einer Form braucht es innere Ruhe, Konzentration und Zeit. Die Merkmal-Konfiguration muss in eine ganzheitliche Gestaltwahrnehmung umgesetzt werden. Es ist ein gleichzeitig objektives und subjektives, gegliedertes und ganzheitliches denkendes und fühlendes Erfassen des Erscheinungsbildes und seiner Aussage.

Huter nennt diese Art des Erfassens von Erscheinungbildern:

" Das fühlende Sehen. "

In der Psycho-Physiognomik ist der Mensch das Messinstrument. Er kann durch vielfaches Beobachten der Objekte sein Sehvermögen verfeinern und sein Fühlen durch Ueben erweitern. Das Auswerten von Erscheinungsbildern und die tägliche Anwendung des Erkannten, ist deshalb lernbar.

Die Schulung des fühlenden Sehens erweitert gleichzeitig das Bewusstsein und ist ein wesentlicher Weg zur Selbsterkenntnis, und damit zur verantwortungsbewussten Selbstverwirklichung.

Die Naturelle - das Dreiteilungsprinzip in der Natur

Durch Beobachten und Vergleichen entdeckte *Huter* ein Ordnungsprinzip, das sich in einer überall in der Natur wiederkehrenden Formung und Gestaltung aller lebenden, d.h. von innen heraus wachsenden Organismen zeigt.

Er entdeckte damit die Körperbau- und Konstitutionstypen, die Naturelle.

Huter weist ein geistiges, inneres Wirkprinzip in den Formen und Gestalten nach. Damit werden die naturwissenschaftlich begründeten Naturelle eine sichere Grundlagen für eine lern- und lehrfähige Menschenkenntnis. Aus dem Naturelltypus ist die Hauptdisposition oder der Grundcharakter eines Lebewesens zu erkennen, weil er auch Ausdruck klar erkennbarer Kraftfelder ist. Diese bestimmen die Hauptlebensrichtung.

Die drei primären Grundnaturelle sind in **Abb. 55, 56, 57** zunächst nach Originalzeichnungen *Huters* dargestellt. In seinem Hauptwerk schildert *Huter* ausführlich, wie er die Naturelltypen gefunden, erkannt und unterschieden hat.

Ausgangspunkt der Psycho-Physiognomik ist der Mensch. Dieser wurde von *Huter* zuerst auf seine körperliche Gesamtkonstitution hin untersucht. *Hute*r entdeckte schon in seinem 6. Lebensjahr die Naturelltypen bei Menschen und Tieren. Im 12. Lebensjahr erkannte er diese auch bei Pflanzen und erarbeitete ein Ordnungsprinzip der Formen. *Huter* beurteilte die Menschen nach ihrem Rumpf-, Glieder- und Kopfbau. Dabei entdeckte er, dass derjenige Körperteil, welcher in Bezug auf die Form, Energie und Lebenskraft gegenüber den anderen Teilen des Körpers hervortritt, die gesamte Persönlichkeitsstruktur eines Menschen weitgehend bestimmt.

Das Naturell ist also die Kennzeichnung der physischen, psychischen und anatomisch-physiologischen Struktur einer Persönlichkeit. Es tritt nicht allein beim Menschen, sondern bei allen gewachsenen und beseelten Naturformen, also auch bei Tieren und Pflanzen, in Erscheinung.

Das Naturell ist das Dreiteilungsprinzip, welches in der ganzen Natur wirksam ist und in den von Huter erforschten Energieformen, Stoff, Kraft und Empfinden, seinen Ursprung hat.

Die enorme Vielfalt unter den Menschen und die einzigartige Ausprägung jedes Einzelnen, machen es nicht leicht, klare naturgesetzliche Grundlagen herauszukristallisieren. Für eine lernfähige Menschenkenntnis ist es aber unerlässlich, gewisse Prinzipien als Orientierungshilfe zu Brennpunkten zusammenzufassen. Erst auf Grund dieser Prinzipien ist es möglich, die ganze Vielfalt des Lebens zu erfassen.

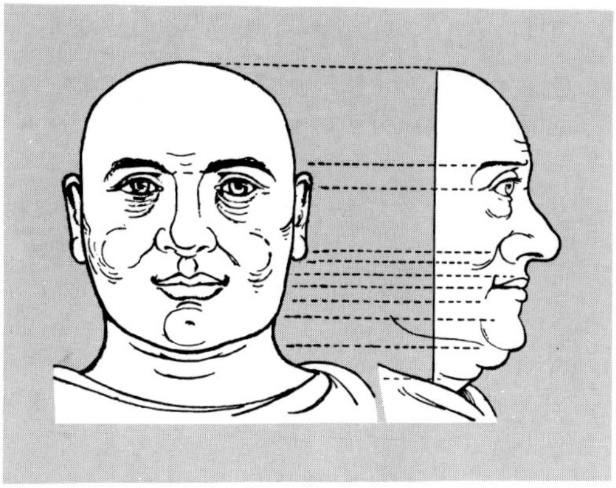

Abb. 55 Das primäre Ruh- und Ernährungsnaturell. Mediomisch-odisch-elektrisches Energieprinzip.

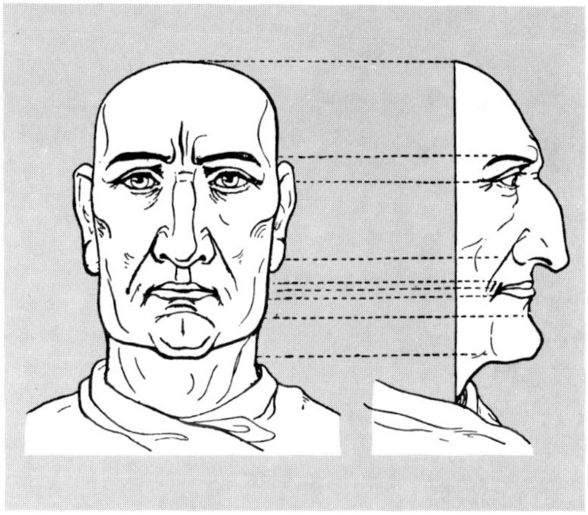

Abb. 56 Das primäre Tat- und Bewegungsnaturell. Magnetisch-elektrisches Energieprinzip.

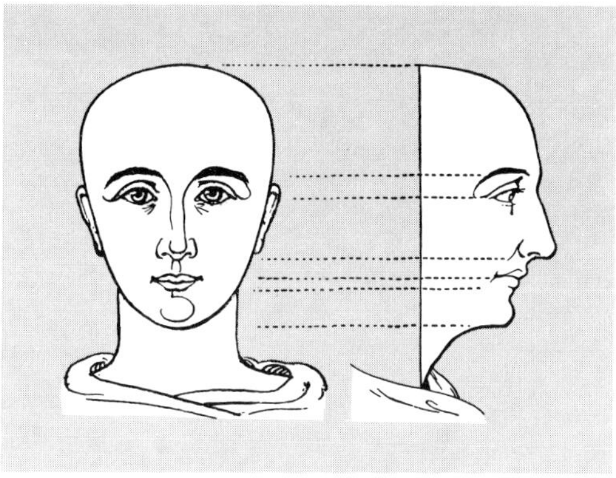

Abb. 57 Das primäre Denk- und Empfindungsnaturell. Heliodisch-odisches Energieprinzip.

8. Die organische Entwicklung des Menschen

Grundlage der Huterschen Naturelle

Auch in den Zellen, den Bausteinen des Körpers, waltet das Dreiteilungsprinzip der Natur, wie es **Abb. 58** veranschaulicht. Beinahe alle Zellen bestehen aus drei Hauptteilen, dem Zellfleisch oder Zellplasma, dem Zellkern und dem Zellzentrosoma. Diese drei Grundelemente der Zelle finden sich schon bei den primitivsten Lebewesen, den Einzellern oder Protozoen, und bei allen Vielzellern.

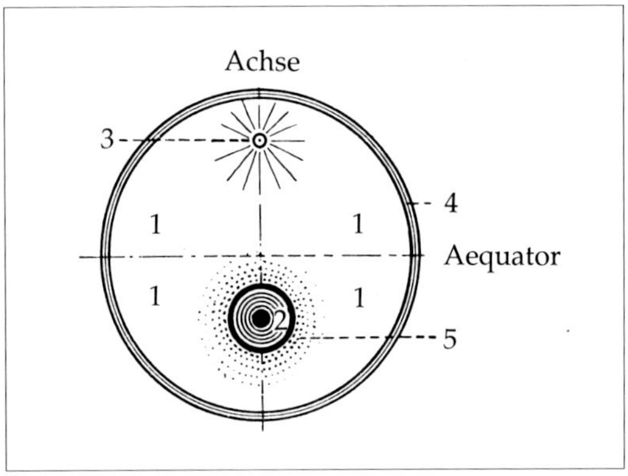

Abb. 58 Das Trialitäts-Prinzip in der lebenden Zelle.
1. Lebende, empfindende Protoplasmamasse (Prinzip des Stoffes, der Masse)
2. Materielle Zentrale, Zellkern (Prinzip der Kraft)
3. Geistige, organisierende, strahlende Zentrale, Zentrosoma (Prinzip des Geistigen, *Huter* nennt es auch das Zellhirn).

Der menschliche Körper besteht aus Billionen von Zellen, die ähnlich den Bausteinen eines Hauses den ganzen Körper aufbauen. In diesem aus unzähligen Zellen gebildeten Organismus mussten sich die drei Bauelemente der Einzelzelle, das Stoff-, Kraft- und Empfindungselement, die ihrer Eigenart entsprechende Verbindung und zweckmässigste Gesamtorganisation schaffen, um alles einem einheitlichen Zweck dienstbar zu machen.

Befruchtung und erste Teilung der Eizelle (nach *Boveri**)

Abb.59 Die Eizelle mit dem eingedrungenen Samenkern und dem lebhaft strahlenden Zentrosoma.

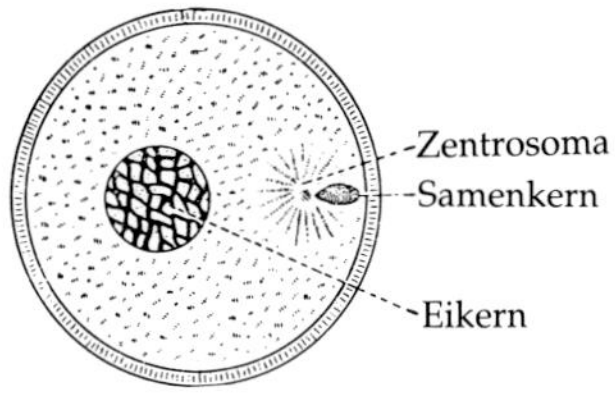

Abb. 60 Der Samenkern hat durch Aufnahme von Eiplasma und durch Aufquellen die Grösse des Eikerns erreicht; das dem Samenkern vorausgeeilte Zentrosoma liegt zwischen Ei und Samenkern und beginnt sich zu teilen.

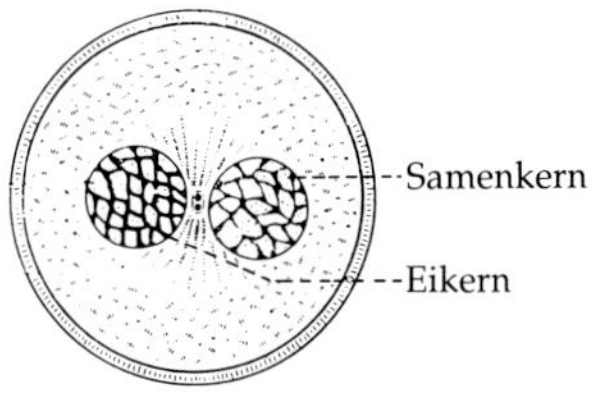

Abb. 61 Die Zentrosomen sind zu den Zellpolen gewandert und haben durch ihre Strahlen die Kernteile, die sog. Chromosomen, wie an Fäden auseinandergezogen.

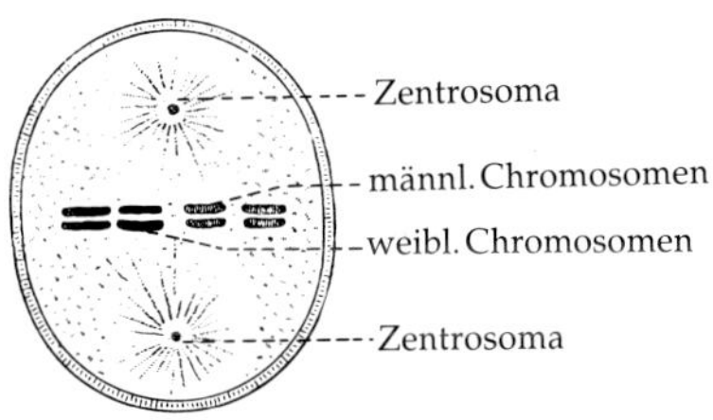

Abb. 62 Die Zentrosomen kommen zur Ruhe; die väterlichen und mütterlichen Chromosomen vereinigen sich je zur Hälfte in neu sich bildenden Tochterkernen. Die Zelle beginnt, sich in der Teilungsebene einzuschnüren, und es entstehen zwei neue Zellen, in denen je zur Hälfte das väterliche und mütterliche Erbgut von Plasma, Kern und Zentrosoma enthalten ist.

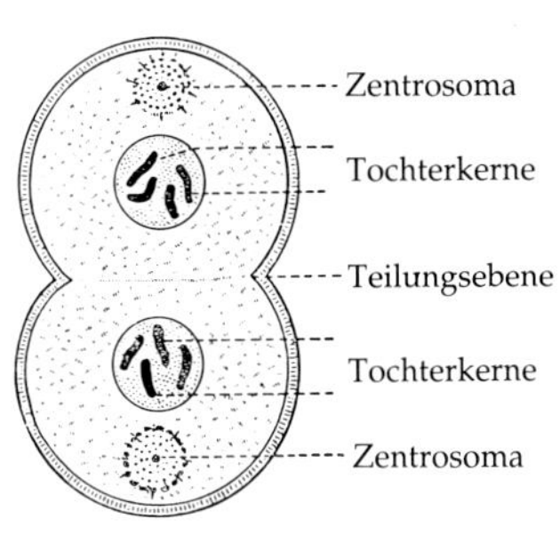

* *Theodor Boveri Prof. der Biologie, 1862-1915*

Die Zellvermehrung

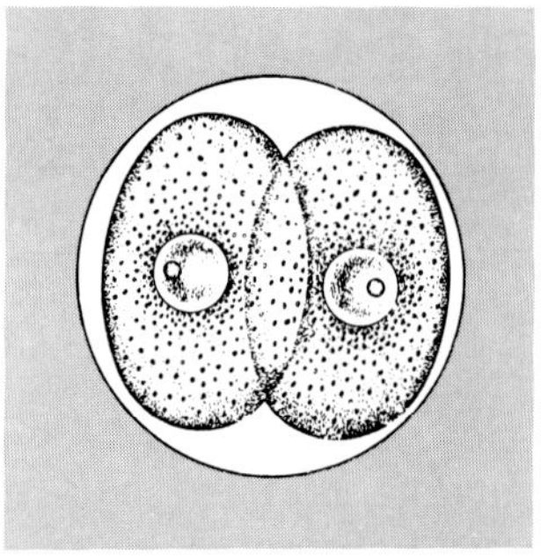

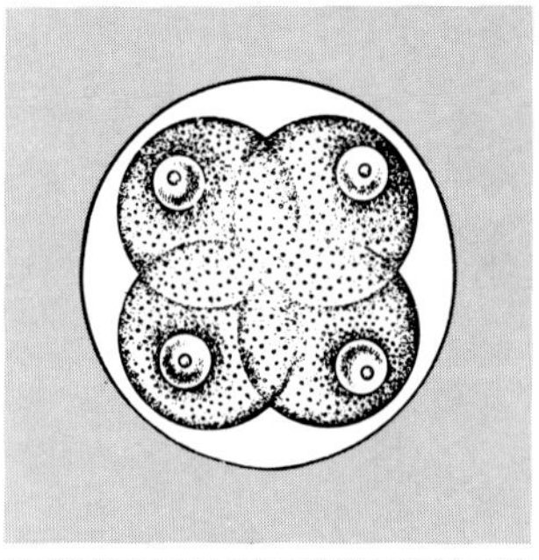

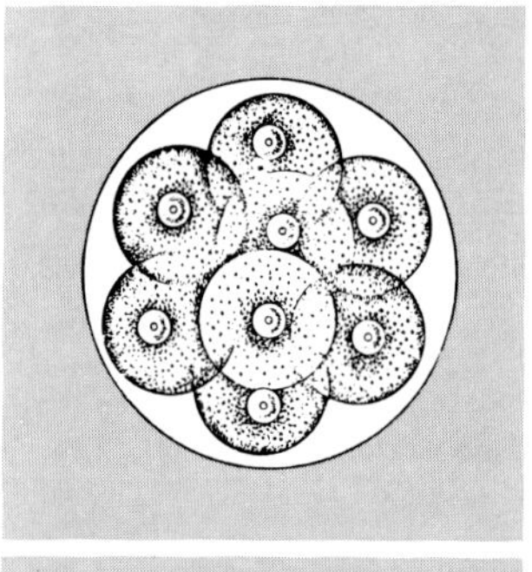

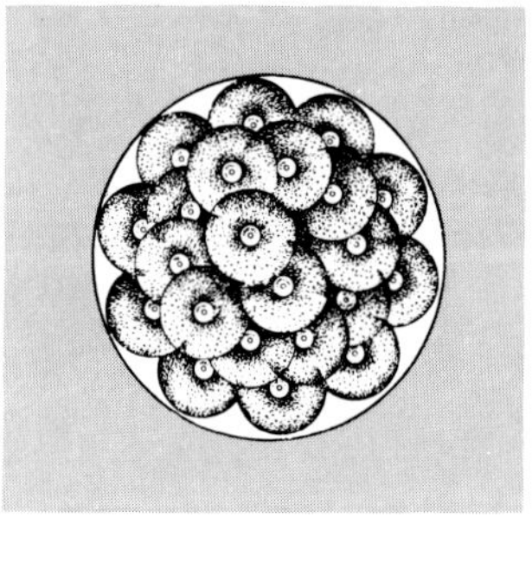

Mit der Befruchtung der Eizelle im Mutterleib beginnt das Werden des neuen Menschen. Die befruchtete Mutterzelle wächst und teilt sich durch Spaltung des Zentrosomas aus eigener Initiative wie es **Abb. 63, 64, 65** und **66** veranschaulichen. Dabei wirkt, wie der ganze Vorgang zeigt, die Strahlkraft im Zentrosoma des Samens stark positiv strahlend, während das Zentrosoma des Eies negativ aufnehmend ist und die Strahlung daher nicht sichtbar wird.

*Prof. Max Clara** schildert die Rolle des Zentrosomas bei diesem Vorgang so, dass es *"wie eine Strahlensonne dem Samenkern auf seiner bogenförmigen Bahn gegen die Eimitte zu vorauswandert"*, alle Kernveränderungen- und bewegungen verursachend.

Aus einer Zelle werden 2, aus 2 werden 4, aus 4 werden 8, aus 8 werden 16 Zellen usw. In **Abb. 63, 64, 65** und **66** schematisch dargestellt.

**Dr. Med. Max Clara Prof. der Anatomie " Entwicklungsgeschichte des Menschen" Quelle und Meier Heidelberg 1949*

Anatomische Grundlage für die Hutersche Naturell-Typenlehre

Schon kurze Zeit nach der Befruchtung bildet sich durch diese Zellvermehrung die sog. Keimblase oder Blastula, eine durch Absonderung von Flüssigkeit innen hohle Zellanhäufung, aus welcher durch Einstülpung nach innen drei Keimblätter hervorgehen. Dieses Drei-Keimblätter-Stadium des Embryos zeigt schematisiert **Abb. 67.**

Aus den drei Keimblättern entwickeln sich die drei Grundorgansysteme des Menschen für die Empfindung, Ernährung und Bewegung. Aus dem äusseren Keimblatt, dem Ectoderm, entsteht das Empfindungssystem, aus dem inneren Keimblatt, dem Endoderm, das Ernährungssystem und aus dem mittleren Keimblatt, dem Mesoderm, das Bewegungssystem. Bei der Knochenentwicklung bildet die Entstehung des Schädelknochens eine Ausnahme. Dieser entwickelt sich aus dem Ectoderm, woraus wir schliessen können, dass der Geist sein Werkzeug, das Gehirn, selber schützt.

Wie die weitere embryonale Entwicklung der drei Organsysteme verläuft, zeigt in einem weiter fortgeschrittenen Stadium **Abb. 68.**

Abb. 69 zeigt die anatomische Gliederung der drei Organsysteme im erwachsenen Menschen. Die drei Körperbausysteme gliedern sich in der Hauptsache wie folgt:

1. das Ernährungssystem in den Verdauungs-, Atmungs-, Blutgefäss-Apparat und die Haut, soweit diese als Atmungs- und Drüsen-Apparat in Frage kommt;

2. das Bewegungssystem in den Knochen-, Muskel-, Bindegewebe-, Bänder- und teilweise auch den Blut- und Lymphgefäss-Apparat;

3. das Empfindungssystem in den Haut-, äusseren Sinnesorgan-, Leitungsnerven- und Zentralnervenapparat (Rückenmark und Gehirn).

Das Dreiteilungsprinzip wirkt zuerst in Form von Stoff, Kraft und Empfinden in der lebenden Zelle, dann in der embryonalen Keimblattentwicklung und zuletzt im Organbau des menschlichen Körpers.

Das Geschlechtssystem, an dessen Ausbildung Zellen aus allen drei Keimblättern beteiligt sind, gliedert sich in den männlichen und den weiblichen Geschlechts-Apparat.

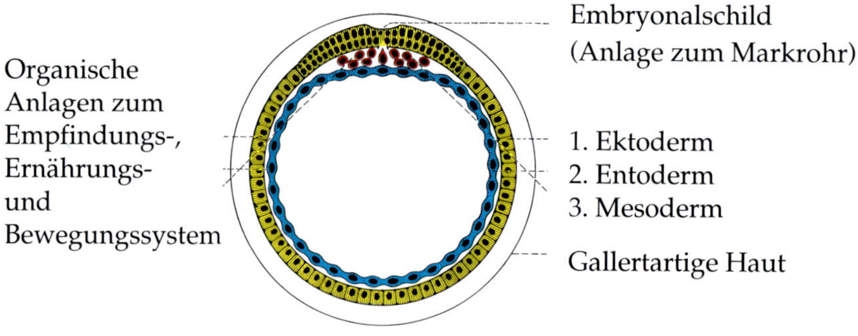

Abb. 67 Die Keimblase im Drei-Keimblatt-Stadium.

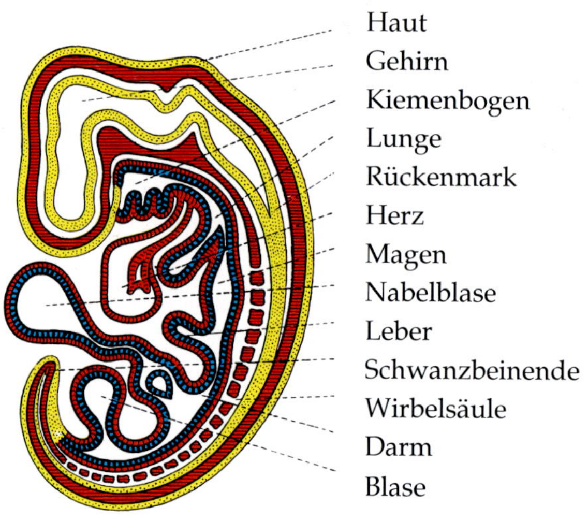

Abb. 68 Die organische Entwicklung des Embryos.

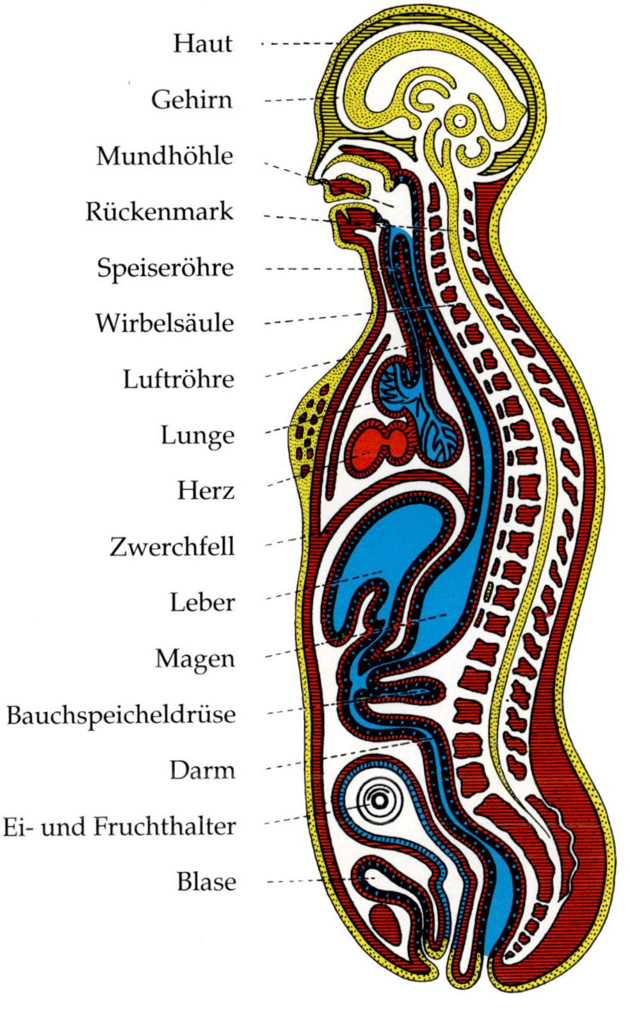

Abb. 69 Der Bau des menschlichen Körpers mit dem Ernährungs-, Bewegungs- und Empfindungssystem.

Vorherrschen des Ernährungssystems.

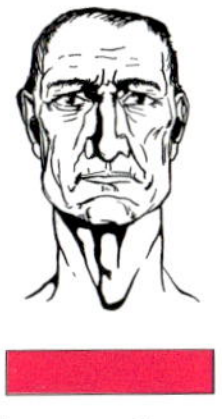

Vorherrschen des Bewegungssystems.

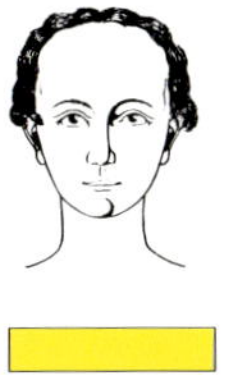

Vorherrschen des Empfindungssystems.

Die durchschnittliche Entwicklung vom Neugeborenen bis zum erwachsenen Menschen

In den verschiedenen Lebensaltern durchläuft der Mensch zunächst mehr oder weniger stark die einzelnen Naturellformen. Dies beruht auf der zeitlich begrenzten Vorherrschaft je eines der drei Grundorgansysteme während der Wachstumsperiode.

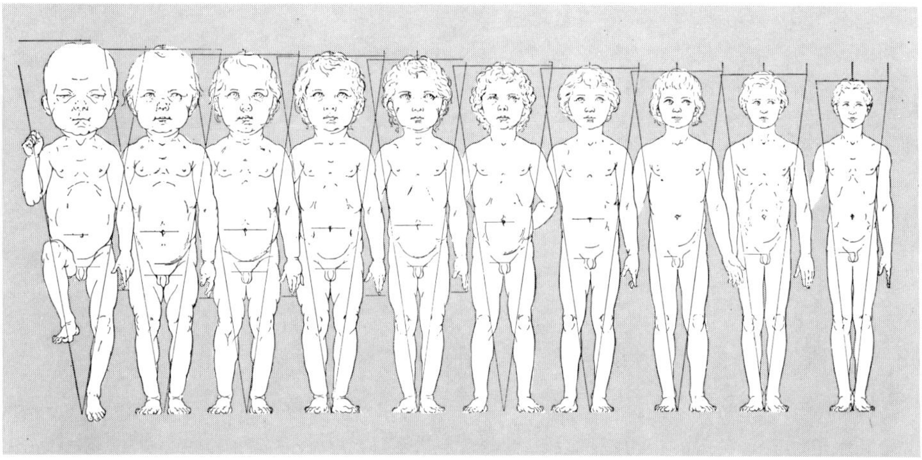

Empfindung Ernährung Bewegung Richtung zur Harmonie

Abb. 70 Wachstum und Körperform bei gleich grossen Körpermassen. Der Mensch durchläuft in seinem Wachstum ungefähr die Naturelltypen.

1. Gleich nach der Geburt bis etwa zur Vollendung des 2. Lebensjahres herrscht das Empfindungsleben vor. Das Kind hat einen zarten Rumpf und Gliederbau mit Übergewicht der Gehirnmasse. Das intelektuelle Bewusstsein ist aber noch nicht entwickelt.

2. Etwa vom 2. bis zum 3. Lebensjahr kommt das Ernährungssystem zur Vorherrschaft, d.h. der Rumpf wird zum dominanten Körperteil, während die Glieder und der Kopf in der Energie und Betätigung zurücktreten.

3. Etwa vom 4. bis zum 17. Lebensjahr bekommt das Bewegungssystem die Vorherrschaft. Das Kind ist grazil gebaut, der Rumpf ist schlank, die Glieder treten hervor, die Energie im oberen Hinterhaupt entfaltet sich, Gesicht und Hals erhalten eine längliche Bildung. Die Tat- und Bewegungsliebe tritt auffallend in den Vordergrund.

Gleichzeitig mit dieser Entwicklung können wir beobachten, wie sich entsprechend dieser körperlichen Veränderung die Persönlichkeitsstruktur des Kindes gestaltet.

Auch die intensive Entfaltung des Nervensystems und Gehirns hat eingesetzt, das Denk- und Erinnerungsvermögen und die schöpferische Gestaltungskraft wachsen, das Kind wird klüger, lernt, sammelt Erfahrungen und sucht die Lebensprobleme zu ergründen. Trotzdem darf jetzt vom Kind noch nicht die Leistung eines Erwachsenen erwartet werden. Vor allem ist es wichtig, in diesem Alter nicht nur das rationale Denken zu fördern.

4. Etwa vom 16. Lebensjahr an beginnt das bereits mehr oder weniger entwickelte Geschlechtssystem starken Einfluss auf das gesamte Erscheinungsbild des Menschen zu nehmen. Unter diesem Einfluss strebt der Körper in der Jugendzeit, nach den sog. Flegeljahren, vielfach zur Harmonisierung aller Formen und Kräfte. Die Bedeutung des 4. Organsystems, des Geschlechtssystems, für die Harmonisierung der drei Grundorgansysteme wird damit ersichtlich.

Durch eine zu starke (seltener auch durch zu schwache) triebhafte Entfaltung der Geschlechtsanlage und die damit einhergehenden Begierden, Härten und Unausgeglichenheiten kann in dem gekennzeichneten Alter statt Harmonisierung aber auch eine mehr disharmonische Entwicklung begünstigt werden. Viele Fälle von sogenannter Jugendkriminalität hängen damit zusammen. Daher ist eine auf die harmonische Entfaltung des Geschlechtssystems gerichtete Erziehung der heranwachsenden Jugend von grosser Wichtigkeit. *Huter* möchte die natürlichen Grundlagen der Entwicklung von der Erziehung berücksichtigt wissen. Er geht u.a. in einer Abhandlung über "Physiognomik als Elementarwissenschaft"* darauf näher ein.

Mit dieser natürlichen Körperentwicklung, welche in etwa die Grund-Naturelltypen durchläuft, kann man die fortwährend eintretenden Änderungen im Wesen des Kindes und Jugendlichen erklären, sie beobachten und sich danach richten. Daraus entsteht eine wesentliche Erziehungshilfe. Jedes Kind kann aufgrund des physiognomischen Erscheinungsbildes in seiner Entwicklung individuell beobachtet und geführt werden.

Neben dieser allgemeinen Körperentwicklung, kann eine schon im Kindesalter erkennbare, angeborene, individuelle Bevorzugung eines der Organsysteme vorhanden sein. Dies erkennen wir am Körperbau, im Gesicht und an der spezifischen Interessenlage, die schon beim Kinde erkennbar ist.

Die Entstehung des Naturells

Huter hatte, wie erwähnt, schon in seiner Jugend durch exaktes Beobachten und sachliches Vergleichen drei differenzierte Menschentypen gefunden. Später hat er für das Vorhandensein dieser drei Typen, die sich durch ihren Körperbau und ihr Verhalten wesentlich unterscheiden, die wissenschaftliche Begründung durch die Keimblatt-Theorie geliefert.

Die Keimblätter können sehr verschieden stark entwickelt und miteinander verbunden sein. Demgemäss verschieden sind die daraus hervorgehenden menschlichen Formen. Sie entsprechen in ihrer äusseren Gestalt den drei inneren Hauptorgansystemen.

Das gesamte seelische und geistige Gefüge ist als Einheit mit der aus der

** Enthalten im grossen Bilderatlas "Physiognomik und Mimik" von und nach Carl Huter. Carl-Huter-Verlag CH Arlesheim.*

embryonalen Anlage hervorgegangenen Körpergestalt verbunden. Das ergibt die Wechselwirkung zwischen Körperform, innerer Disposition und Persönlichkeitsstruktur.

Könnte man das Verhältnis der drei Organsysteme eines Menschen gewichtsmässig festlegen, dann könnte auf die eine Waagschale das Ernährungssystem, auf die andere das Empfindungs- und Bewegungssystem zusammen, gelegt werden. Würde sich die Schale mit dem Ernährungssystem neigen, dieses also schwerer sein als die beiden anderen Systeme zusammen, dann hätten wir das primäre Ruhe- und Ernährungs-Naturell vor uns. Durch ein gleiches Überwiegen des jeweils in Frage kommenden Organkomplexes erklärt sich die Entwicklung des primären Bewegungs- und des primären Empfindungs-Naturells. Zu erkennen ist das Vorherrschen des einen oder anderen Körpersystems aus der gesamten Körpergestalt, den Kopf- und Gesichtsformen. Jedes Naturell ist durch einen besonderen Formtypus im körperlichen Organismus und im Gesicht geprägt. Hierbei ist natürlich vor allem die qualitative Dotierung eines Organsystemes zu berücksichtigen.

Ist die angeborene Naturellanlage Lebensschicksal?

Die Naturellanlage und das damit verbundene Erscheinungsbild, die körperliche, seelische und geistige Struktur und die sich daraus entwickelnde Ausrichtung ist für die meisten Menschen lebenslang gleichbleibender primärer Faktor und damit Schicksal.

Den grössten Gewinn - für sich und andere - erreicht der Mensch, wenn er seine Persönlichkeitsstruktur akzeptiert und mit den daraus resultierenden positiven, spezifischen Werten arbeitet und gleichzeitig eine bessere Integrationsfähigkeit und Ausgeglichenheit innerhalb seines Typus anstrebt.

Die Naturellanlage kann auch verändert werden. In einem Menschenleben von ca. 70-80 Jahren lässt sie sich zu etwa drei Vierteln umbilden. Die Natur lässt dem Menschen also einen grossen Spielraum innerhalb der Entwicklung der eigenen Persönlichkeit. Nie kann aber aus einem Menschen im Ernährungsnaturell mit kürzeren Gliedern und runden vollen Formen, ein grosser, schlanker Bewegungstyp entstehen. Um seinem Charakter und der Gesundheit nicht zu schaden, braucht es zur Umbildung der Gestalt und der Persönlichkeitstruktur eine angemessen lange Zeit.

C.G.Jung: *" Wo eine durch äusseren Einfluss bedingte Verfälschung des Typus stattfindet, wird das Individuum später meistens neurotisch."**

Sicherlich verfolgt die Natur mit der Differenzierung der Körperbausysteme auch einen Zweck.

Jede Versteifung und Vereinseitigung führt zur Erstarrung des natürlichen Lebens mit all den schwerwiegenden Folgen, die ein Eingriff in die Natur haben kann. Durch die vielseitige Naturelldifferenzierung erreicht die Natur viele ver-

** Carl Gustav Jung, 1875 -1961 "Psychologische Typen" Rascherverlag Zürich - Stuttgart.*

schiedene Denkrichtungen und Arbeitsfähigkeiten, die sich gegenseitig anregen und befruchten. Damit ist die Höherentwicklung des Menschen, mag sie noch so viele Neben- und Umwege gehen, letzten Endes am besten gewährleistet.

Daraus können wir erkennen, dass die Menschen sich, aus den Naturgegebenheiten heraus, gegenseitig ergänzen sollten. So könnte jeder seine Anlage möglichst optimal entfalten.

Gemäss diesem der Natur abgelauschten Ziel hat *Huter* seine Naturellharmonielehre geschaffen und die natürliche Ordnung der Persönlichkeiten nach ihren ethischen Dispositionen aufgezeigt. Durch die Anwendung dieser Grundlagen könnte das Zusammenleben glücklicher gestaltet und die Zusammenarbeit der Menschen in kleinen und grossen Bereichen wesentlich verbessert werden.

9. Die primären Naturelle

Der Körperbau der primären Naturelle

Wir wollen nun den Körperbautypus der drei primären Naturelle (Grundnaturelle) beschreiben und vergleichend betrachten.

Abb. 71 und **72** Das Ernährungs-Naturell ist von mittelgrossem Körperbau. Bei der primären Vorherrschaft des Ernährungssystems sind die Energien Od, Medioma und physiologische Elektrizität besonders wirksam. Dies bewirkt ein Wachstum in die Breite. Entsprechend sind die Formen breit, korpulent, rundlich und voll ausgebildet.

Der Leibumfang ist infolge des vorwiegend betonten Ernährungssystems grösser als der Brustumfang, der Rumpf herrscht vor, der Hals ist kurz und füllig.

Ebenso sind die Arme und Beine kurz und füllig, da das Knochen- und Muskelsystem zurücksteht; Hände und Finger sind weich und massig, die Finger laufen konisch zu. Die Hand- und Fussgelenke sind dabei im Verhältnis zum

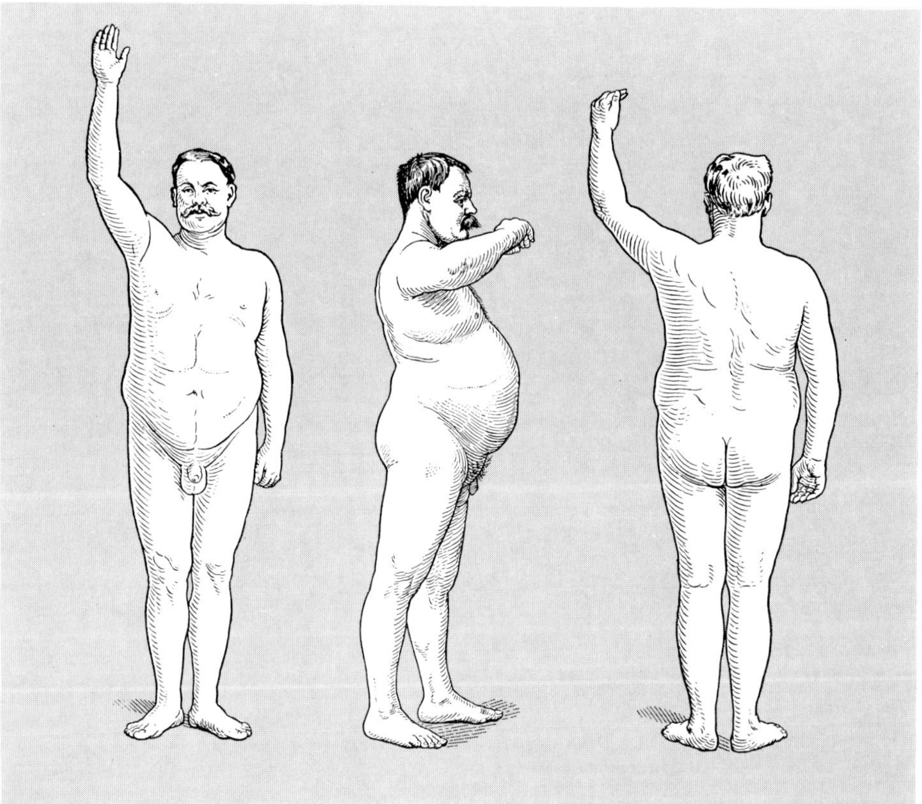

Abb. 71 Der Körperbau des Ernährungs-Naturells.

vollen Rumpf-, Arm- und Beinbau fast zierlich zu nennen. Die Haut spannt sich weich über die mit Fettgewebe gepolsterten Muskelteile, welche sich nur undeutlich erkennen lassen. Adern sind kaum sichtbar.

Das sind die wesentlichen äusseren Merkmale dieses Körperbaus und der damit einhergehenden Lebenseinstellung und Charakteranlage.

Diesen äusseren Formen entspricht auch der Aufbau der inneren Organe. Das Ernährungs- und Verdauungssystem hat in der bei der Keimblattlehre gekennzeichneten Weise die Vorherrschaft. Gut entwickelte Fettschichten, kurze und breite Knochen und mittelweite Blutgefässe sind typisch.

Diese Menschen stärken ihre Lebenskraft durch viel Ruhe, reichliches Essen und Trinken bei entsprechend mässiger körperlicher und geistiger Arbeit.

Das Auftreten ist ruhig, gewichtig und imponierend. Diese Naturelle können wesentlich schwerer sein, als dies auf Gewichts-Normtabellen angegeben ist. Sie befinden sich dabei äusserst wohl. Die Korpulenz macht ihnen nicht die geringsten Beschwerden, sie ist Naturveranlagung und nicht krankhaft. Sie können unter Umständen gut marschieren oder bei festlichen Gelegenheiten ausdauernd tanzen, sind lustig und fidel. Sie können grosse Nahrungsquantitäten zu sich nehmen und diese auch gut verdauen.

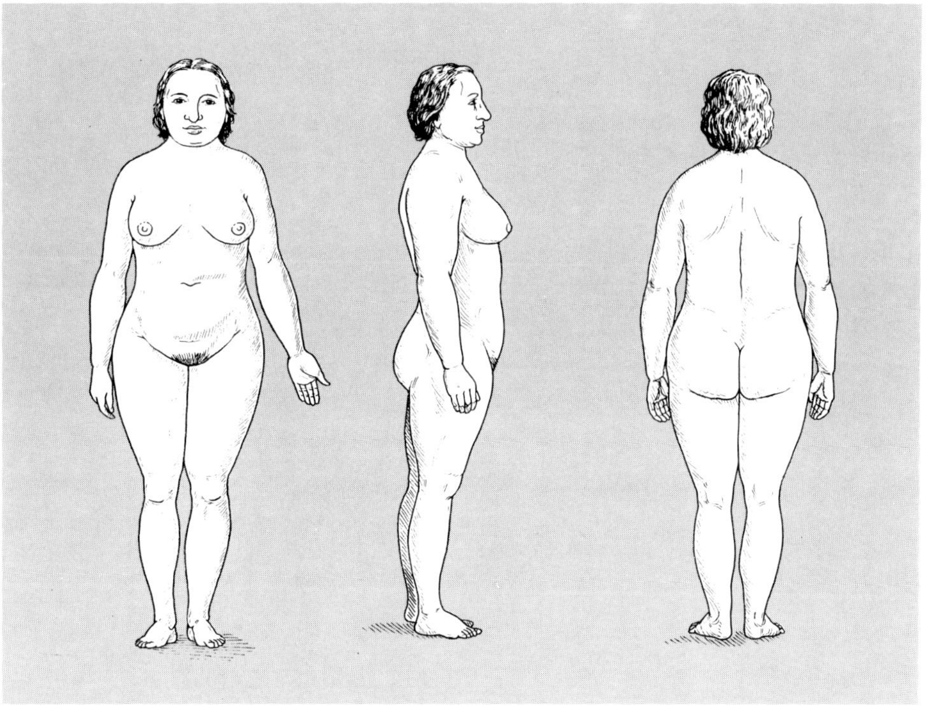

Abb. 72 Der Körperbau des Ernährungs-Naturells.

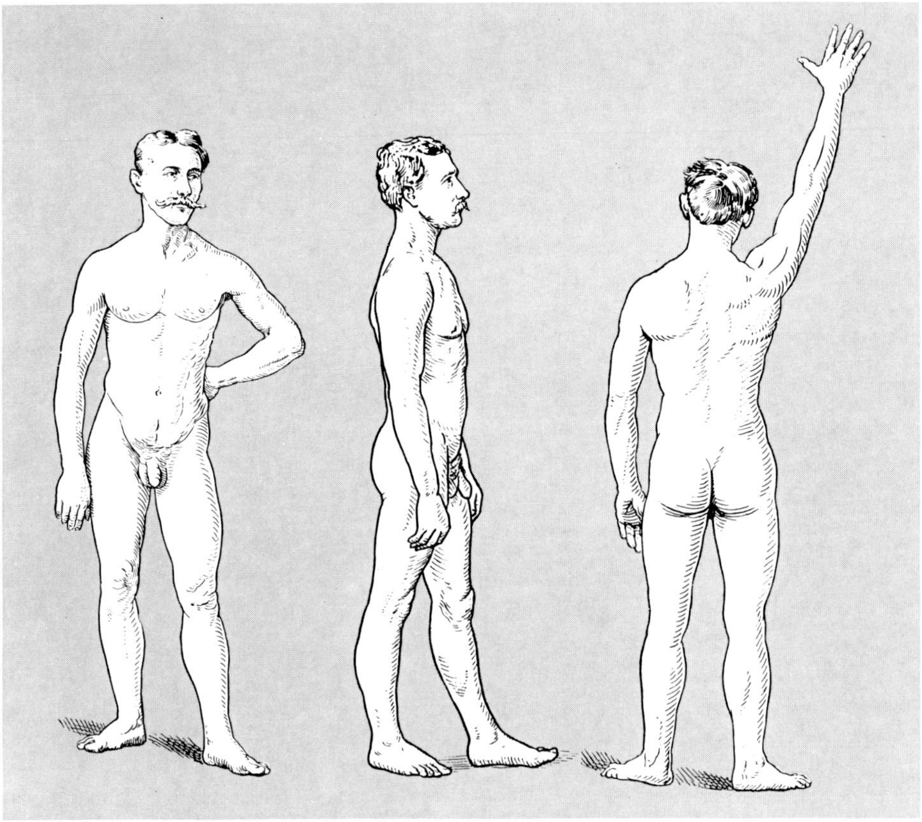

Abb. 73 Der Körperbau des Bewegungs-Naturells.

Abb. 73 und **74** Das Bewegungs-Naturell hat meist einen grossen und langen, schlanken, knochigen und muskulösen Körperbau, der beinahe athletisch zu nennen ist. Der physiologische Magnetismus herrscht vor, die physiologische Elektrizität ist ebenfalls stark.

Bei Bewegungs-Naturellen sind Arme und Beine lang, muskulös und kräftig, knochig und markant, ebenso Hände, Finger und Füsse.

Der Brustumfang ist grösser als der Leibumfang. Die Schultern sind breit und stark, die Brust hoch und kräftig gebaut. Das Knochige, Markante, Sehnige und Muskulöse tritt in der ganzen Gestalt hervor. Da das Ernährungssystem zurücktritt, ist der Leib schlank. Die Haut spannt sich straff und ist mit kräftigen Adern durchzogen, dicke Venen sind besonders bei starker körperlicher Anstrengung zu erkennen. Bei allen Organen ist der Fettansatz zugunsten der Muskelmasse eingeschränkt.

Die äussere Körpergestalt entspricht auch hier dem inneren Organbau. Das Bewegungssystem mit dem Knochen-, Sehnen- und Muskelapparat herrscht in der schon bei der Keimblattlehre erläuterten Weise vor. Die ganze Haltung des Körpers, besonders des Kopfes und Nackens, zeugt von starkem physiologischen

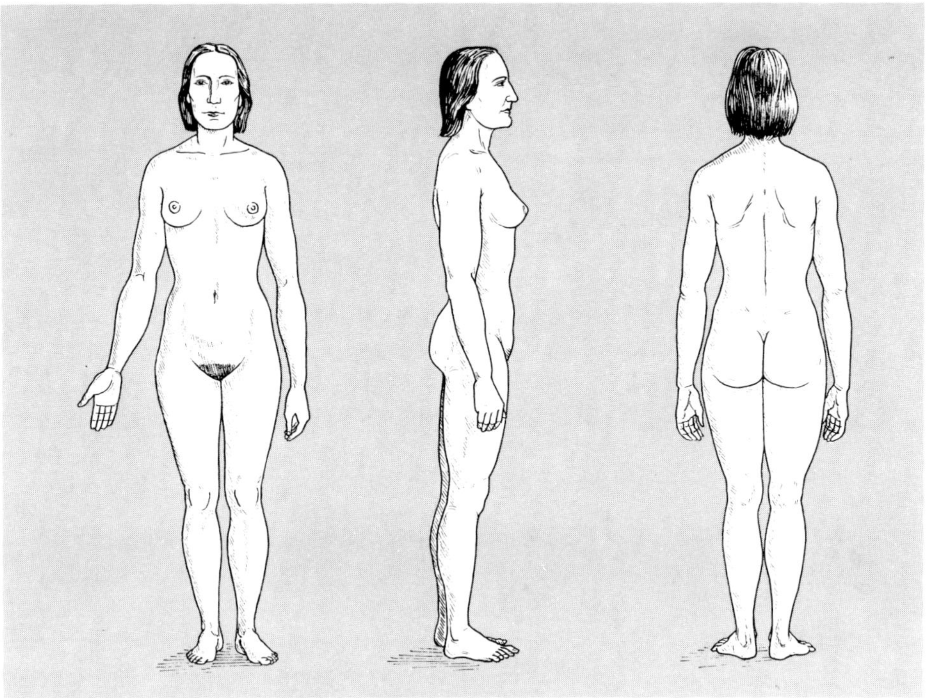

Abb. 74 Der Körperbau des Bewegungs-Naturells.

Magnetismus und grosser Körperkraft; sie ist gerade, aufrecht, fest, straff und voll Spannung.

Das sind die wichtigsten Merkmale für das primäre Vorherrschen des Knochen-, Sehnen- und Muskelsystems, woraus die entsprechende Lebenseinstellung und Charakteranlage hervorgeht.

Bewegungs-Naturelle stärken ihre Lebenskraft durch mässige, oft auch sehr einseitige Nahrung, bei wenig geistiger, aber starker körperlicher Arbeit und Bewegung.

Ihr Auftreten ist aufrecht, energisch, fest, bestimmt und selbstbewusst. Das Hagere und Markante der Gestalt ist typisch und ein Ausdruck der Gesundheit und der inneren Disposition.

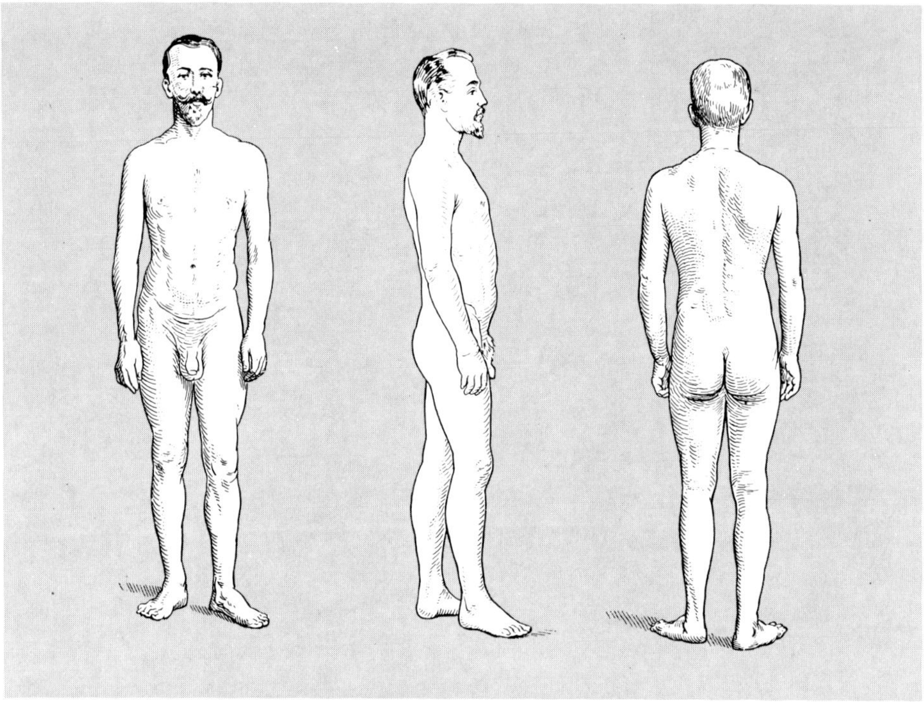

Abb. 75 Der Körperbau des Empfindungs-Naturells.

Abb. 75 und **76** Das Empfindungs-Naturell besitzt ebenfalls einen schlanken, aber zierlichen, kleinen bis mittelgrossen Körperbau. Die Gestalt ist zart, verfeinert mit dünnem Knochenbau und zarten Muskeln. Die Bewegungen sind leicht, flink und grazil. Die aufnehmende und strahlende Helioda sowie das Od bewirken diese zierlichen, verfeinerten Formen und den lebhaften Ausdruck derselben.

Es fehlen sowohl die massigen Formen des Ernährungs-Naturells wie auch die harten Formen des Bewegungs-Naturells. Der Rumpf ist zart und schlank, ebenso die Glieder. Brust- und Leibumfang sind nur mässig. Die körperliche Energie ist in ihrer Spannkraft schwächer. Arme, Hände und Finger sind nicht stark, sondern fein gebaut, die Beine passen sich diesen Proportionen an, sie sind schlank, aber nicht schwächlich gebaut.

Eine nervenreiche, zarte, dünne Haut, die in der Regel eine blasse, gelbliche, wie von innen durchschimmernde Farbe aufweist, ist typisch für die Disposition des Empfindung-Naturells und keineswegs krankhaft. Die Organe sind zart entwickelt. Besonders stark ausgeprägt sind die Sinneswahrnehmungen und die seelische Empfindsamkeit. Das Gewicht ist meist geringer als dies auf Normtabellen angegeben ist.

Diesen äusseren Formen entspricht der innere Aufbau des Körpers. Es herrschen das Nerven- und Empfindungssystem und die Sinnesorgane in der schon bei der Keimblattlehre beschriebenen Weise vor. Das Muskel-, Knochen- und Ernährungssystem stehen entsprechend zurück.

Das Empfindungs-Naturell ist aber nicht ein Menschentyp, der vorwiegend

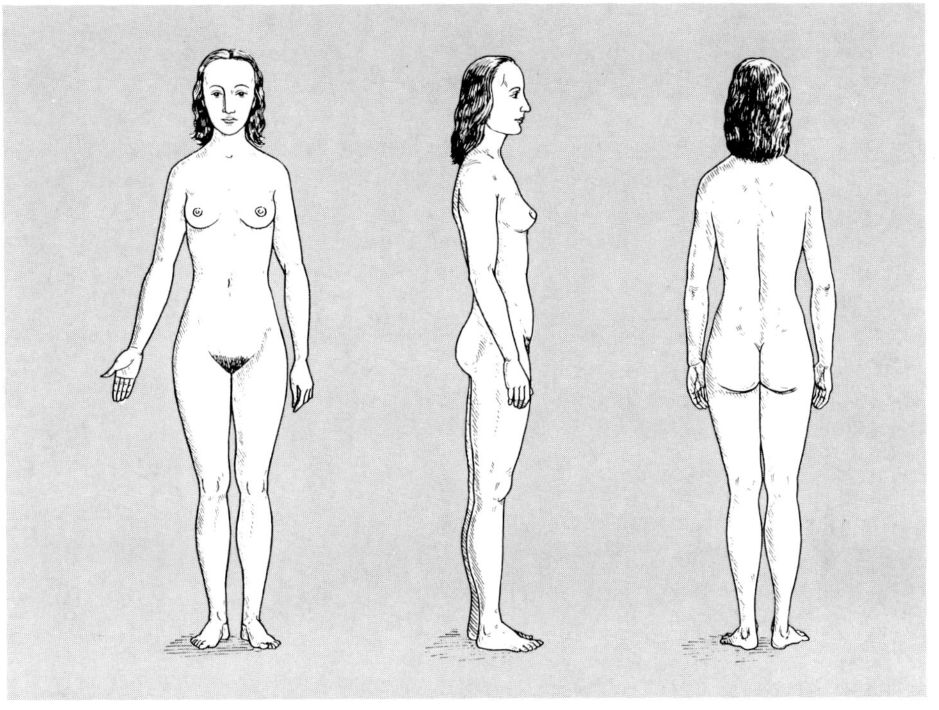

Abb. 76 Der Körperbau des Empfindungs-Naturells.

aus "Gehirn" besteht und dem der übrige Körper nur als Überbleibsel einer vergangenen Entwicklung anhängt. Der Empfindungsmensch steht ebenso mit beiden Füssen auf der Erde wie die übrigen Menschen. Aus der Keimblattlehre geht hervor, dass die Ernährungs-, Verdauungs- und Bewegungsorgane gegenüber der Empfindungsanlage lediglich zurückstehen, aber in der beschriebenen verfeinerten Art voll leistungfähig sind.

Der zarte und feine Körperbau darf nicht für schwächlich und krank gehalten werden. Er ist Naturveranlagung und gleichbedeutend mit Gesundheit, Arbeits- und Schaffenskraft innerhalb der Persönlichkeitsstruktur. Er hat aber auf der geringsten Körperoberfläche (im Verhältnis zu den anderen Naturellen) das sensibelste und tiefste Empfindungsvermögen.

Die Leistungfähigkeit dieser zarten Menschen ist dann erstaunlich gross, wenn sie sich in einer ihnen zusagenden Umgebung bewegen können.

Empfindungs-Naturelle stärken ihre Lebenskraft durch mässige, sorgfältig gewählte Nahrung und mässige körperliche, aber starke geistige Tätigkeit.

Man kann beim Erkennen der primären Naturelle kaum fehlgehen. Die Unterschiede sind so handgreiflich, dass sie jedermann leicht erkennen und verstehen kann.

Der Körperbau zeigt die grundsätzliche Disposition in grossen wesentlichen Zügen, ist daher wichtig und bildet, nebst der Kraftrichtungsordnung, die Grundlage der Menschenkenntnis. Erst danach sind die weiteren individuellen Charaktermerkmale aus Schädel-, Kopf-, und Gesichtsform zu bestimmen.

Die Schädel- und Gesichtsformen der primären Naturelle

Der charakteristische Körperbau hat eine ebenso typische Schädel- und Gesichtsbildung zur Folge. Wie schon dargelegt, gehen mit den verschiedenen Formen des Körperbaus auch verschiedene Charakteranlagen einher, die Denken, Fühlen und Wollen massgebend beeinflussen. Daraus ersehen wir die durch die Psycho-Physiognomik nachgewiesene Einheit von Leib, Seele und Geist.

Deshalb hat der Kopf in der Regel die dem Körperbau entsprechenden typischen Merkmale. Durch dieselbe Energien die den Körperbau bilden, wächst auch das Haupt hervor.

Bei den nun folgenden Naturell-Betrachtungen ist eine Verallgemeinerung unumgänglich. Der Leser beachte dabei stets, dass das Naturell zwar die entscheidende Grundlage ist für die Richtung, die ein Mensch in seinem Leben einschlägt, dass darüber hinaus aber erst die Berücksichtigung der speziellen, individuellen Charakterstrukturen ein dem ganzen Menschen gerecht werdendes Bild ergibt.

Ohne die Korrespondenzen zwischen Merkmal und Charakter im Detail darzustellen (dies ist Inhalt des zweiten Bandes), werden im Folgenden, wo es sinnvoll ist, solche Beziehungen beschrieben.

Das primäre Ruh- und Ernährungs-Naturell

Abb. 77 und **78** Der Kopfbau des Ernährungs-Naturells ist breit, das Gesicht hat volle und dicke Gewebsmassen. Der Hals ist kurz und füllig. Die Gesichtsstruktur ist kräftig, das Gesicht verhältnismässig gross, da die Arterien, die Venen und die Lymphgefässe, die aus den fülligen Rumpforganen aufsteigend hier verlaufen, voll, kräftig und reich verzweigt sind.

Unterhalb einer durch beide Augen gezogen gedachten waagerechten Linie (dem sog. Augendurchmesser) liegt mehr an Formmasse als oberhalb derselben.

Die Nasenform ist füllig und oft auch derb, das Kinn voll, breit und gerundet.

Wenn wir den Menschen als Ganzes - d.h. Leib, Seele und Geist als Einheit - betrachten, so erscheint es uns selbstverständlich, dass die Betonung des Ernährungssystems auch eine entsprechende Gedanken-, Geistes- und Seelenwelt zur Folge hat. Damit kommen wir zu einer auf natürlichen Gegebenheiten aufgebauten Charakterkunde und praktischen Psychologie.

Das Vorwiegen des Ernährungssystems beim Ernährungs-Naturell zeitigt einen entsprechenden Gehirnbau. Der obere Gehirnschädel und damit die Gehirnmasse treten gegenüber den weicheren, breiten und vollen Gesichtsmassen zurück. Der untere Teil der Stirn ist breit und plastisch gerundet, dasselbe gilt auch für das untere Seitenhaupt. Es spiegeln sich hier die Talente des praktischen Denklebens, des Erwerbs- und Wirtschaftslebens wieder. Diese sind vorzüglich entwickelt. Im Verhältnis zu den unteren treten die oberen Schädelpartien zurück. Daraus erklärt sich das typische Geistesleben. Ernährungs-Naturelle sind für idealistische Lebensbereiche weniger interessiert. Es sind mehr realistische, nüchterne, praktisch denkende Menschen.

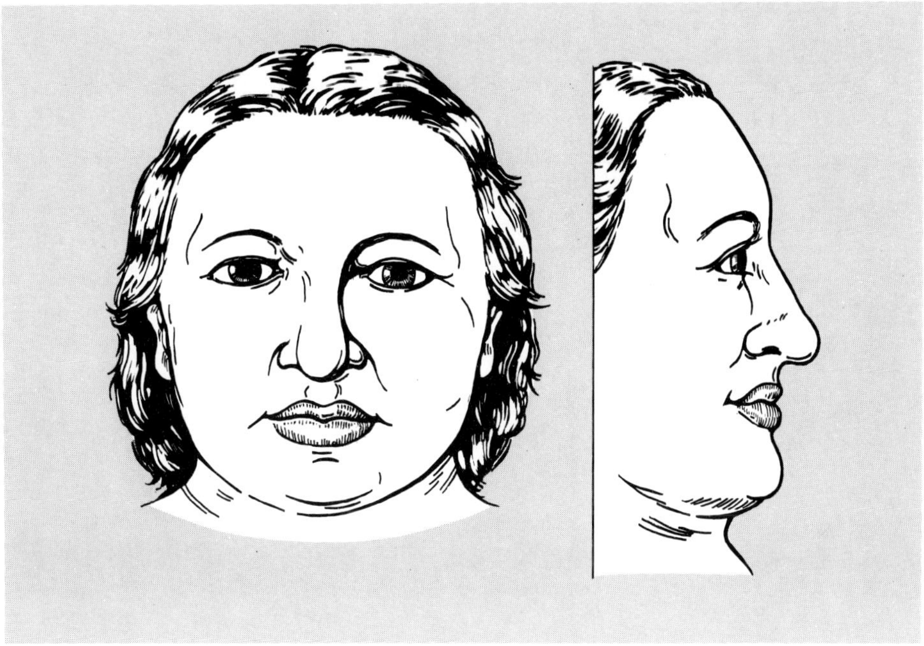

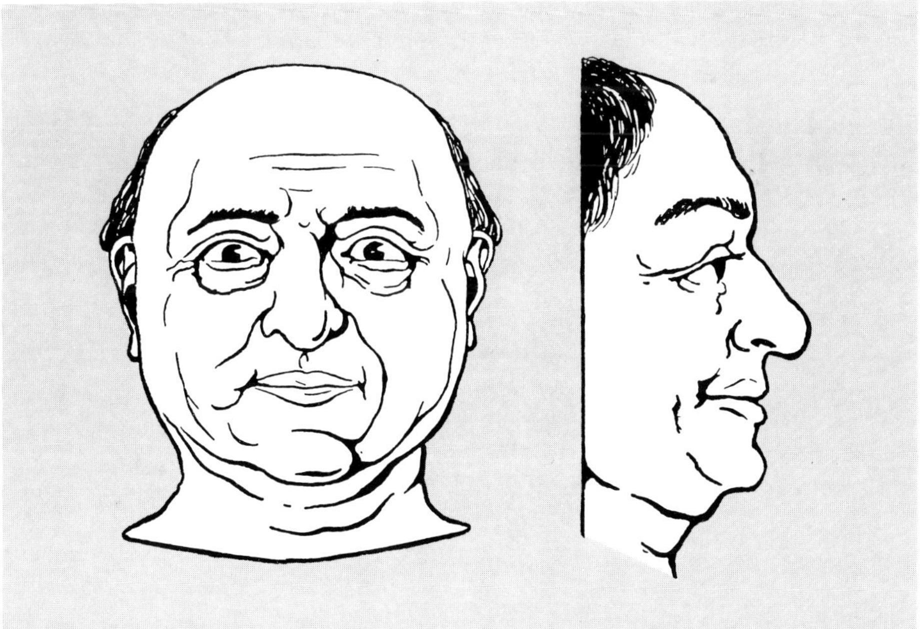

Abb. 77 und **78** Das primäre Ruh- und Ernährungs-Naturell.
Von *Huter* auch als das *"chemische Naturell"* bezeichnet.

Abb. 79 Das Ruh- und Ernährungs-Naturell. Zeichnung nach dem Leben. Das Erscheinungsbild der ruhigen, selbstzufriedenen Wesensart. Die Grundlebensrichtung ist stark auf das sinnliche Genussleben eingestellt. Das praktische und wirtschaftliche Denken herrscht vor.

Der Knochenbau ist nicht so kräftig. Entsprechend ist die Nasenform im oberen Teil, wo sich die Kraft des Knochensystems zeigt, wenig ausgebaut und verhältnismässig schmal, dagegen im unteren Teil voll, rund und dick. Dies zeigt den Charakter von Menschen die körperliche Genüsse lieben. Der Sinn ist mehr auf Ruhe, Bequemlichkeit und den Erwerb all der Dinge gerichtet, die zur Befriedigung des starken Ruh- und Ernährungsbedürfnisses benötigt werden. Sie verstehen, mit geringstem Kraftaufwand und grossem Geschick in gute Vermögensverhältnisse zu kommen und neigen zu Wirtschaftlichkeit, Besitzdenken und Häuslichkeit.

Die breiten und vollen Wangen und der ruhige Blick dieses Ernährungs-Naturells zeigen so recht das Überwiegen des praktischen und handfesten Denkens.

In diesem Sinne kann der Ernährungsmensch egoistisch sein, aber immer ist seine Devise: *"Leben und leben lassen"*. Er hat ein grosses Verständnis für die praktischen Lebensbedürfnisse, wobei er das eigene Wohlergehen zuerst befriedigt sehen will. Wenn es ihm gut geht und er selbst noch einen reichlichen Vorrat besitzt, lässt er auch andere an seinem Wohlergehen teilhaben. Wenn der Ernährungsmensch beim Essen sitzt und es ihm gut schmeckt, kann man bei ihm am ehesten etwas erreichen. Er entwickelt beim Essen und Trinken leicht das sanguinische Temperament. Nach dem Essen wird er eher gleichgültig und will seine Ruhe haben: das phlegmatische Temperament kommt zum Tragen.

Das Ernährungs-Naturell hat ein wirtschaftliches Talent und ist aus Veranlagung sehr klug und lebenspraktisch. Daher sagt eine alte Volksweisheit mit

Recht: *"Umgib dich mit einem Kreis dicker Menschen, und du kommst gut durchs Leben."*

Der Mund mit den vollen und weichen Lippen zeigt den starken Sinn für körperliche Genüsse, für gutes und reichliches Essen und Trinken. Dieser Lebensbereich nimmt einen wesentlichen Teil seines Denkens in Anspruch. Eine reichliche Kost, die leicht verdaulich ist, bekommt ihm am besten, da schwer verdauliche Speisen Unpässlichkeit verursachen.

Man darf den Mund nicht als ein Organ für sich betrachten, denn er steht durch die Speiseröhre mit dem Magen- und Darmtrakt in unmittelbarem Zusammenhang und zeigt deshalb den gesunden Appetit, den gesunden Magen und Darm, die gesunden Lymphe und den gesunden Stoffwechsel dieses Naturells. In diesem Sinne, fliessen Anatomie, Physiologie und Psychologie immer ineinander über.

Das Ohr ist im unteren Teil besonders stark entwickelt. Hieran erkennen wir die reiche Bildung von Lymphflüssigkeit und anderen Körpersäften. Die Aufnahme durch das Gehör ist vorzugsweise auf das Reale und Praktische eingestellt.

Das Auge blickt meist ruhig und spiegelt die Behäbigkeit des Gedankenlebens wieder. Der Blick ist auf das Naheliegende gerichtet, auf die Bedürfnisse, die das Vorherrschen der Ernährungsanlage mit sich bringt. Es ist ein praktischer, nüchterner Blick, aus dem Ruhe spricht.

Öfters ist auch eine Verfeinerung der Formen festzustellen. Diese wirkt sich in ausgleichendem Sinne aus.

Das Haar ist weich, glanzvoll und oft fettig.

In allen Teilen des äusseren und inneren Körpers erkennen wir das Typische, das aus der Energie der vorherrschenden Ernährungsanlage herauswächst.

Der Ernährungsmensch sitzt, isst und denkt in Ruhe; er spricht wenig, aber was er sagt, ist praktisch und durchdacht, es hat Hand und Fuss. Im Umgang mit einem solchen Menschen sollte man daher darauf achten, dasss man ihm mit Höflichkeit begegnet und ihm, wenn es möglich ist, eine Sitzgelegenheit anbietet. Darüber hinaus sollte man in seiner Gegenwart nicht viel sprechen: ein Gespräch interessiert das Ernährungs-Naturell vor allem dann, wenn es sich auf Dinge des praktischen Lebens bezieht. Redet man daher zu viel und zu theoretisch von Philosophie, Psychologie und Ethik, dann wird es leicht teilnahmslos und unwillig.

Das Kinn ist weich, voll und rund und zeigt den ruhigen körperlichen Impuls. Entsprechend ist das untere Hinterhaupt mit dem Kleinhirn gut entwickelt: hier werden Häuslichkeit und Familiensinn sichtbar. Das schwächere obere Hinterhaupt erklärt die Neigung, die Beintätigkeit zu vernachlässigen. Schwere und andauernde körperliche Arbeit liegen diesem Typus nicht. Solche lässt er gerne durch andere für sich besorgen.

Das Ernährungs-Naturell erfüllt durch seine speziellen Fähigkeiten eine sehr wichtige Aufgabe. Es sorgt in hohem Masse für das Lebensnotwendige. An Orten und in Ländern, wo die Ernährungs-Naturelle schwach vertreten sind, mangelt es an Ruhe, Bequemlichkeit, Gemütlichkeit, kluger Wirtschaftlichkeit, Lebensannehmlichkeit usw. In München z.B., wo es viele Ernährungs-Naturelle gibt, gibt es auch das beste Bier; für gutes Essen und Trinken und für stimmungsvolle Gemütlichkeit ist reichlich gesorgt.

Die Ernährungs-Naturelle sind sesshaft und konservativ, sie suchen das Bestehende zu erhalten und stehen dem Fortschritt eher abwartend gegenüber. Sie

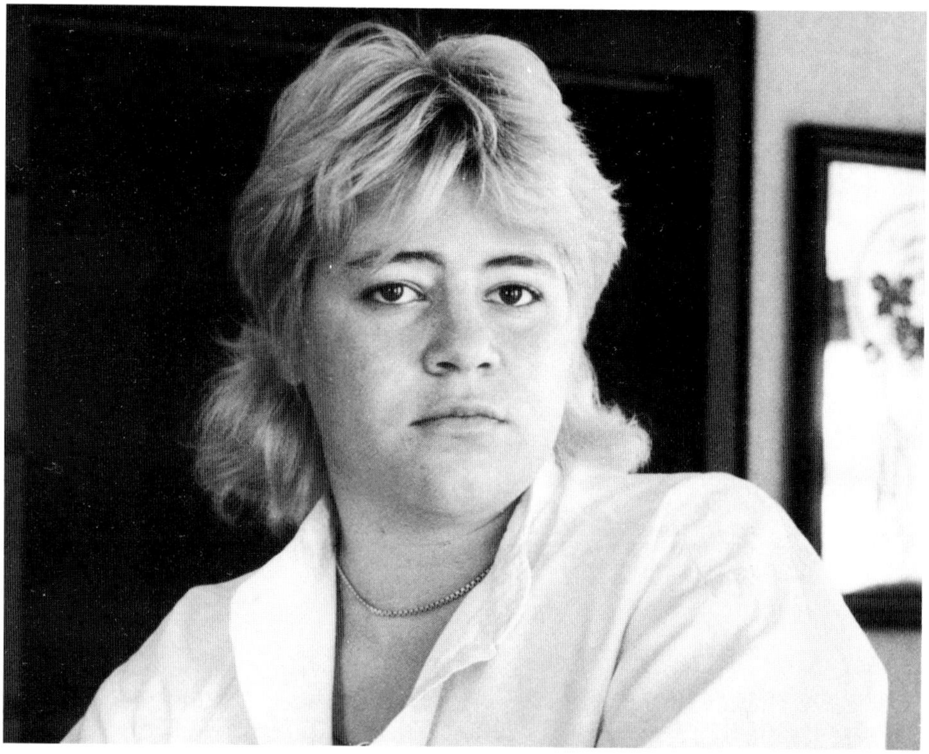

Abb. 80 Das Ruh- und Ernährungs-Naturell.
Bildbeschreibung siehe Abb. 82 und 83.

pflegen den materiellen Lebensgenuss auf Kosten des Ideellen.

Primäre Ernährungs-Naturelle haben weniger Kunst und Schönheitssinn, geringeres ethisches Interesse und lieben meist eine eher oberflächliche Lektüre. Sie lassen sich nur schwer aus der Ruhe bringen und bilden daher einen guten Gegenpol zu Menschen, die zu Extremen neigen.

Der Kopfbau zeigt physiognomisch den Grund für das mässige Interesse an ethischen und religiösen Fragen, das joviale Fühlen und die eher nüchterne und reale Denkweise.

Ernährungs-Naturelle eignen sich für das Kleingewerbe, für Handel und Handwerk, für Büro- und Beamtendienste, zur Viehzucht, für die Gastronomie und alle Berufe, die mit der Nahrungsmittelbranche zusammenhängen. Für Berufe, die zu viel Bewegung erfordern, z.B. als Briefträger oder Bauarbeiter, sind sie nicht geeignet.

Sie neigen zu bestimmten Erkrankungen und bedürfen wie alle anderen Naturelle in Krankheitsfällen eine ihrer Veranlagung entsprechende Heilbehandlung.

Der Mensch im Ernährungs-Naturell schätzt alle Dinge des Lebens seiner

Abb. 81 Das Ruh- und Ernährungs-Naturell.
Kaminfegermeister im Ruh- und Ernährungs-Naturell. Dieser Mensch schätzt ruhige, geordnete Verhältnisse, einen festen Freundeskreis für geselliges Zusammensein und unterstützt auch gerne andere mit seinem praktischen Talent.

Veranlagung gemäss ein. Auch in der ihm anerzogenen Religion, an welcher er meistens festhält, bleibt er Realist. Er sorgt zuerst für sich und sein zukünftiges Wohlergehen, und erst dann stützt er die Religionsgemeinschaft, welcher er angehört und beteiligt sich seiner Anlage nach in bequemer Weise an ihren Einrichtungen und Gebräuchen.

Etwas von seinem ganzen Wesen überträgt sich, wie bei den anderen Naturellen, auf seine Umgebung. In seinen Wohnräumen herrscht eine Atmosphäre der Behaglichkeit, Beschaulichkeit und Ruhe.

Da bei jedem Menschen die naturelltypischen inneren Energien und Kräfte vorherrschend sind und bestimmte Wirkungen entfalten, ergibt sich daraus ein gesetzmässiges Sympathie- und Antipathieverhältnis zwischen den verschieden disponierten Menschen. Nach dem von *Huter* aufgestellten Naturellharmonie-Schema (S. 176 und 177) lassen sich solche Verhältnisse berechnen.

Im allgemeinen sind die vorhandenen Ideen bei den Ruh- und Ernährungsmenschen schwer zu beeinflussen. Ein Empfindungs-Naturell beispielsweise gilt in ihren Augen wenig und wird oft als minderwertig angesehen. Die eher theoretischen Gedanken des Empfindungs-Naturells können daher auch nur wenig beeinflussend auf das Ernährungs-Naturell einwirken. Dagegen gelingt es den Tat–, Kraft- und Bewegungs-Naturellen leichter, das Ernährungs-Naturell momentan zu beeinflussen und zu Änderungen zu bewegen.

Diese von Mensch zu Mensch wirkenden Gesetze der unterschiedlichen Beeinflussbarkeit wirken sich selbstverständlich, wenn auch zumeist unbewusst und noch vielfach unbeachtet, sowohl im Familien- und Gesellschafts-, Geistes- und Wirtschaftsleben wie auch in der Politik und im Zusammenleben der Völker aus. Oft ist es, als ob einer den anderen nicht verstehen könne. Es ist dies die Befangenheit im eigenen Typus, wie er auch von *C.G.Jung* beschrieben wird.

Die richtige, einfühlsame Menschenbehandlung ist ausserordentlich wichtig, wenn eine Zusammenarbeit erfolgreich gestaltet werden soll.

Völker mit vielen Ernährungs-Naturellen, wie die Bewohner des früheren russischen Kaiserreiches und des Chinas der Vorrevolutionszeit, sind konservativ, Reformen schwer zugänglich, sie treiben Ackerbau und Viehzucht und halten jahrhundertelang am Alten fest. Entsprechend der Mehrheit der konservativen Menschen bleibt ihre Geschichte und die Rechts-, Religions- und Staatsform lange unverändert und bewegt sich im allgemeinen in ruhigen Bahnen. Wird das Prinzip der Ruhe durch Bewegung und Disharmonie stark gestört, dann gestaltet sich Neues - was man während Revolutionsperioden in solchen Ländern verfolgen kann.

Mit der Kenntnis der Naturell-Lehre sind solche Entwicklungen der Menschheit besser zu verstehen. Daher ist die Naturell-Lehre für alle Lebensgebiete von grosser Bedeutung, denn sie entspricht der natürlichen und praktischen Lebenswirklichkeit. Die Naturellehre beschreibt im Grunde ein Natursystem. Wer sie erlernt, verbindet das natürliche Gefühl, welches intuitiv immer wieder zur Beurteilung von Körperform und Erscheinung anregt, mit der gesicherten Erkenntnis und gewinnt damit eine praktisch anwendbare Menschenkenntnis.

Die vorliegende Beschreibung gilt für das primäre Ruh- und Ernährungs-Naturell, dessen Typus in den **Abb. 80** und **81** dargestellt ist. Auf Menschentypen, welche zwar eine starke Anlage zum Ernährungs-Naturell haben, deren primäres Naturell jedoch ein anderes ist, soll später noch eingegangen werden.

Auch die **Abb. 82** bis **91** zeigen Männer und Frauen im primären Ruh- und Ernährungs-Naturell. Man erkennt leicht, dass hier die Masse, der Stoff, die Fülle und ein auf Ruhe, Ökonomie und auf die Praxis gerichteter Sinn im Vordergrund stehen. Man betrachte aufmerksam und in Ruhe jedes einzelne Bild und stelle sich die Wirkungen dieser Persönlichkeitstrukturen im täglichen Leben vor. So vergleicht man das Gelernte mit den eigenen Erfahrungen und kann diese praktisch umsetzen.

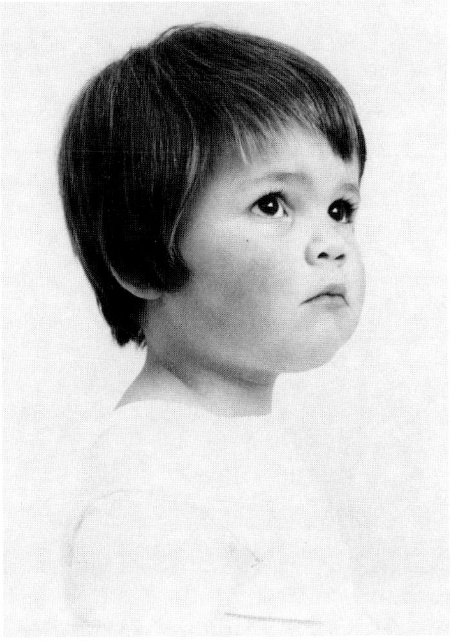

Abb. 82
Ernährungs-Naturell als Kind.

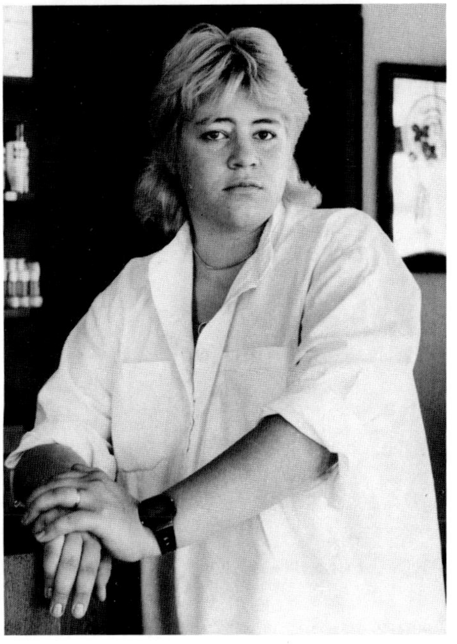

Abb. 83
Ernährungs-Naturell als Erwachsene.

Abb. 82 und **83** zeigen denselben Menschen als Kind und als Erwachsenen. Auf dem Kinderbild sehen wir schon die runden Formen, welche die Anlage zum Ernährungs-Naturell zeigen. Solche Menschen sind schon als Kinder lebensklug und praktisch denkend, was sich hier auch im Augenausdruck spiegelt. Sie zeigen schon früh Interesse am Essen und sie sind viel in der Küche anzutreffen. Die starke Ernährungsanlage zeigt sich ebenfalls bei der erwachsenen Frau. Das Gesicht ist rund und weich geblieben und die Nase ist eingebuchtet. Solche Menschen verstehen es ausgezeichnet, ihre Arbeit praktisch einzuteilen, so dass diese mit möglichst wenig Aufwand gut erledigt werden kann.

Die Aufgewecktheit, welche schon aus den Kinderformen ersichtlich ist, ist voll erhalten geblieben. Das bedeutet, dass diese Frau in der Kindheit ihre Talente voll entfalten konnte. Sie hat schon als Kind einen prüfenden, fragenden Mundzug, der uns zeigt, dass sie nicht mit allem einverstanden war und ihre Umgebung kritisch prüfte. Diese Anlage hat sich erhalten und ist auf dem Erwachsenenbild ebenfalls gut sichtbar. Alle Formen sind ausgewogen und verfeinert. Dies zeigt Anlage zur harmonischen Entwicklung in ihrem Naturell.

Abb. 84 Gesund, natürlich und lebensfroh steht diese Frau mit beiden Beinen fest auf dem Boden der Wirklichkeit. Es ist das Erscheinungsbild der ruhig aktiven, praktisch klugen und talentierten Frau, die menschlichen Kontakt braucht. Ihre Talente hat sie der Öffentlichkeit zur Verfügung gestellt. Das weiche Mittelgesicht zeigt, wie sehr sie Menschen mag und ihnen auf ihre herzliche, liebenswürdige, bescheidene Art hilft. Solche Persönlichkeiten bringen die manchmal fehlende, ausgleichende Ruhe in die Welt.

Abb. 85 Dies ist das Erscheinungsbild des lebensfrohen, aber immer praktisch überlegenden, gesunden Ernährungs-Naturells: ein tüchtiger Bäckermeister im richtigen Beruf, der in sanguinischer Art den Kontakt mit anderen Menschen sucht und findet. Alle Formen seines Körpers sind kräftig und rund. Aus den Augen spricht die realistische, in erster Linie auf seinen Lebensbereich gerichtete Denkweise.

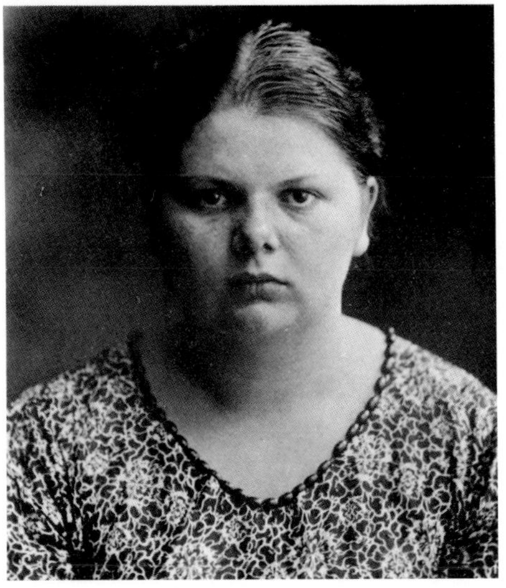

Abb. 86 Eine junge Frau im Ernährungs-Naturell. Der kurze und volle Hals, die runden, fülligen Formen sowie der ruhige Gesichtsausdruck sind typisch für das Vorherrschen der Ruhe- und Ernährungsanlage.

Abb. 87 Erscheinungsbild des vielseitig interessierten, feineren Ernährungs-Naturells. Die Gewebestruktur, die Nasen- und Mundformen sind feiner, die Augen offener. Hieran sehen wir, dass dieser Mensch Wert auf Kulturelles legt. Als junger Gastwirt, fleissig und zufrieden in seinem Beruf, versucht er Neues zu kreieren und einzuführen.

Abb. 88 Dieses Bild zeigt eine aufgeweckte, aktiv vorwärtsstrebende, innerlich ausgeglichene Frau im Ernährungs-Naturell. Es sind einfache, im Rahmen des Naturells jedoch feine Formen an Nase, Mittelgesicht und Mund sichtbar. Die Augen sind gross und haben einen freundlichen Ausdruck. Entsprechend wach ist das Geistesleben. Das praktische Denken verbindet sich mit einem guten Sinn für Kultur und Schönheit.

Abb. 89 Hier sehen wir das Erscheinungsbild des wohlwollenden Ernährungs-Naturells. Dieser Mann fühlt tiefer und denkt menschlicher als dies bei derberen Ernährungs-Naturellen der Fall ist. Die Formen sind feiner und haben einen weicheren Ton.
Der Augenausdruck ist realistisch beobachtend, und gleichzeitig zeigt sich darin etwas Freundliches. Der Mann arbeitet in der Lebensmittelbranche und versucht darüber hinaus immer wieder anderen Menschen zu helfen. Er legt weniger Wert auf sein Äusseres als z.B. der Bäckermeister (Abb. 85) oder der junge Gastwirt (Abb. 87).

Abb. 90 Königin *Mary von England*, ein Ernährungs-Naturell mit viel Würde und Geschmack. Sie trägt ihre runde Form mit königlicher Würde und zeigt damit, dass Menschsein nicht vom Körpergewicht abhängig ist. Aus ihrem Erscheinungsbild spricht viel Wärme und Herzlichkeit und eine charmante Gelassenheit.

Abb. 91 Hier sehen wir eine lebhafte, kultivierte, anpassungsfähige, komplex denkende und vielseitige Frau im Ernährungsnaturell. Es ist die Sängerin *Elliott*, die einen guten Schönheitssinn (Nasenwurzel), einen ausgeprägten Sprachsinn (plastische Form zwischen dem oberen Augenlid und den Augenbrauen) und eine ausgezeichnete Darstellungsgabe (lebhafte Plastik im ganzen Gesicht) besitzt.

Das primäre Tat- und Bewegungs-Naturell

Der Kopf- und Gesichtsbau des Bewegungs-Naturells geht in die Länge, nicht in die Breite; seine Formen sind hager, knochig und muskulös. Auch der Hals ist lang, sehnig und muskulös.

Unterhalb des Augendurchmessers liegt mehr an Formmasse als oberhalb desselben, (siehe **Abb.92** und **93**). Die Masse des Gehirnschädels tritt gegenüber den knochigen und markanten Gesichtsformen zurück. Die Nasenform ist nach aussen gebogen, das Kinn kräftig und vorspringend.

Da das Knochen- und Muskelsystem primär entwickelt ist, tritt in den markanten Gesichtsteilen die harte Knochenmasse überall hervor. Die Gesichtsteile sind, wenn auch hager, kräftig entwickelt. Die Kopfhaltung ist kühn, voll Spannkraft und Energie, der Nacken stark und kräftig gebaut, das robuste, gesunde Körperleben anzeigend.

Das Auge ist klar und scharf geschnitten, der Blick fest, realistisch und nüchtern und zeigt die ganz auf die Realitäten eingestellte Geistesrichtung und die unbeugsame Willensanspannung.

Der Stirnknochen unmittelbar über den Augen ist stark entwickelt und vorspringend und kennzeichnet die starke Naturbeobachtungs- und Auffassungskraft, den Orientierungs- und Realitätssinn. Der Schädel ist lang und im oberen hinteren Teil sehr kräftig ausgebaut. Auch das übrige Hinterhaupt ist kräftig und plastisch, was von der Spannkraft des Kleinhirns und hinteren Grosshirns und des motorischen Nervensystems zeugt, einer Spannkraft, die sich teils mechanisch, teils psycho-physiologisch auf die knochigen Gesichtsteile, Jochbeine, Nasenknochen, Oberkiefer und die Kinnlage überträgt.

Die Oberstirn ist bei den Bewegungs-Naturellen oft noch weniger entwickelt als bei Ernährungs-Naturellen. Das Seitenhaupt, welches die wirtschaftlichen Triebe wiederspiegelt, ist nur mässig breit, und es ist leicht einzusehen, dass Tat- und Bewegungs-Naturelle in gleichem Masse unökonomisch werden können wie die Ernährungs-Naturelle ökonomisch sind.

Dem Gesichts- und Schädelbau entspricht eine typische Persönlichkeitsstruktur. Das Recht des Stärkeren gilt oft als Ideal. Ethische und religiöse Bestrebungen werden zuweilen als Weichheit, Schwachheit oder gar Entartung gewertet. Im religiösen Bereich wirkende Tatnaturelle sind andersdenkenden Menschen gegenüber vielfach hart und unerbittlich. Sie verlangen Zucht und Strenge, sind konservativ herrschend und auch selber bereit, grosse körperliche Kasteiungen auf sich zu nehmen. Die Schamanen der Indianer nahmen beinahe unvorstellbare Leiden auf sich, um zu neuen, tieferen Erkenntnissen zu gelangen.

Primäre Bewegungs-Naturelle sind harte Naturen und scheinen beinahe aus Eisen zu sein, das nicht biegt und bricht. Sie handeln daher nicht nach dem Gefühl, auch nicht nach ethischen Idealen, sondern oft nach übernommenen Grundsätzen. Werden sie Gewohnheits- und Gesetzesmenschen, dann sind sie leicht fanatisch, herrschsüchtig und rücksichtslos. Sie neigen zu Überheblichkeit und zu harter Herrschaft über andere. Sie sind entschlossen, kühl und berechnend; nüchterne und realistische Aufgaben, selbst wenn Strapazen damit verbunden sind, führen sie tatkräftig und mit Freude durch. Sie lieben die Freiheit und Unabhängigkeit,

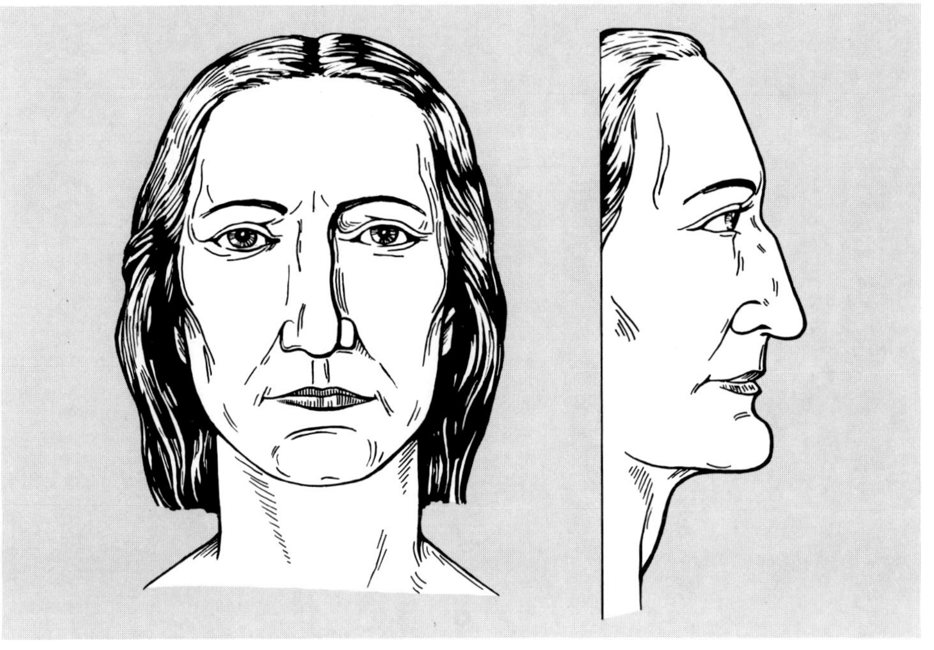

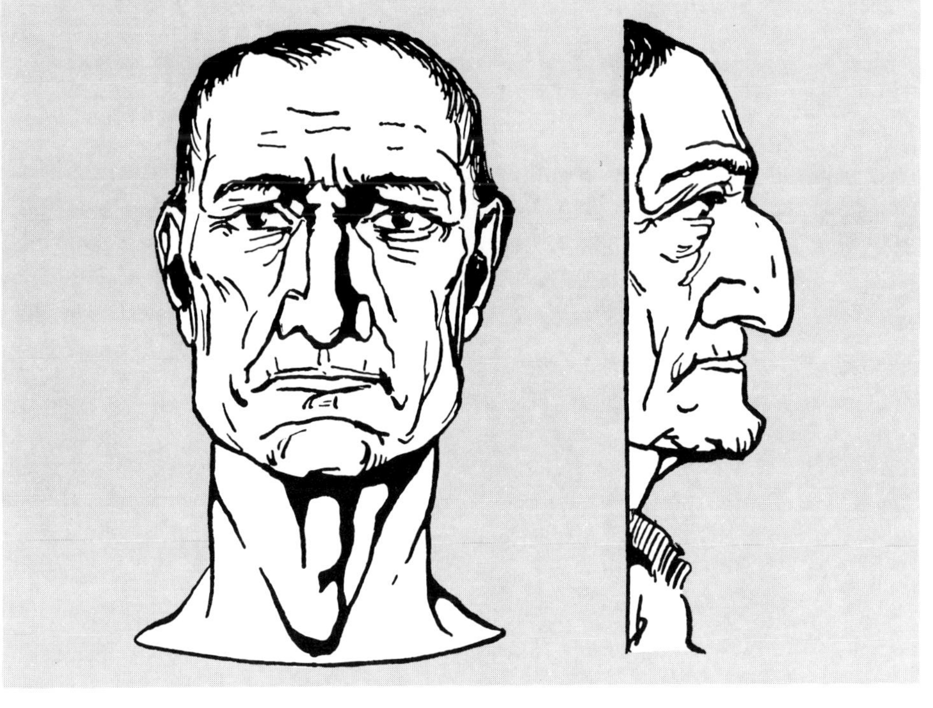

Abb. 92 und **93** Das primäre Tat- und Bewegungs-Naturell.
Von *Huter* auch als *"physikalisches Naturell"* bezeichnet.

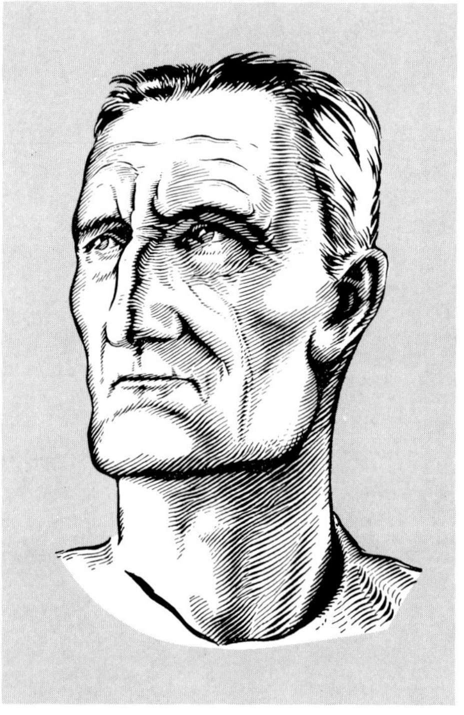

Abb. 94 Das Tat- und Bewegungs-Naturell. Zeichnung nach dem Leben. Das Erscheinungsbild des entschlossenen, tat- und freiheitsliebenden Menschen. Die Grundlebensrichtung ist stark auf tatkräftiges Wirken eingestellt. Das kühle, sachliche und verstandesmässige Denken herrscht vor.

neigen zu körperlicher Überanstrengung und zur Vernachlässigung von Ökonomie, Ruhe und Ernährung.

Das starke, vorspringende Kinn zeigt die körperliche Impulskraft, der lange und starke Unterkieferbogen die Beharrlichkeit bei der Verwirklichung von Ideen und Absichten, die sich markant abhebenden Jochbeine deuten auf Angriffs-, Überwindungs- und Widerstandskraft.

Das Mittelgesicht um Nase und Mund ist straff gespannt, da das Empfindungs-Nervensystem gegenüber dem Knochen- und Muskelbau zurücktritt.

Das Haar ist dick und oft widerspenstig, ein Zeichen für robuste, kräftige Nerven. In den eher grob geformten Ohren spiegelt sich das weniger fein abgestimmte Seelenleben, die kältere Natur.

Der Mund hat einen energischen Ausdruck , die Lippen sind schmal und scharf geschnitten; entsprechend dem schwächeren Ernährungsleben ist auch die Nasenspitze weniger voll, und die Wangen sind hager. Hier kommt die Bedürfnislosigkeit und Einfachheit, aber auch die diesem Naturell eigene Strenge und Gefühlsarmut zum Ausdruck.

Bewegungs-Naturelle begnügen sich mit einfacher, derber, oft sehr einseitiger Nahrung und sind meist der Bequemlichkeit abgeneigt. Das Hagere, Markante und Knochige ist nicht etwa krankhaft, sondern Ausdruck von Gesundheit und Kraft.

Körperliche Anstrengung, Muskelarbeit, Bewegung in frischer Luft - man

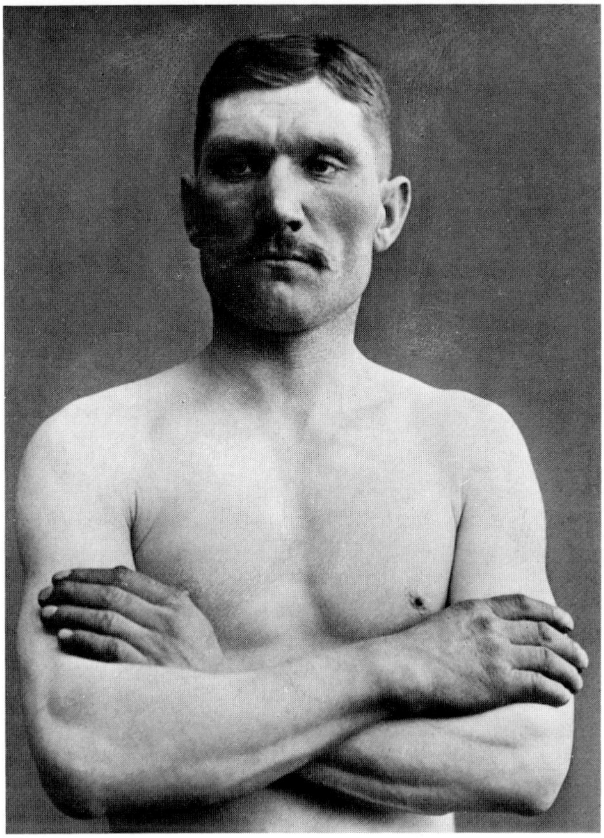

Abb. 95 Das Tat- und Bewegungs-Naturell. Das langförmige Gesicht mit der vorgebauten Unterstirn, den starken Jochbeinen, der kräftigen Nase und dem starkknochigen Untergesicht, die breiten Schultern und der kräftige Oberkörper lassen das primäre Tat- und Bewegungs-Naturell erkennen.

beachte die Nasenflügel, welche die kraftvolle Atmung zeigen - gefahrvolle, strapazenreiche körperliche Verausgabung und jeglicher Sport -Bergsteigen, Reiten, Schwimmen, Laufen, Fussball, Turnen, Skifahren - ist ihnen freudiges Lebensbedürfnis. Reine Büroarbeit und Mangel an körperlicher Bewegung macht sie unzufrieden, nervös und krank.

Alle Berufe, die viel Bewegung erfordern, wie im Bau-, Forst- und Jagdwesen, in Feldarbeit und Strassenbau, ferner im Verkehrswesen, sind für sie bestens geeignet. Auch Berufen, die Kühnheit erfordern und Gefahren mit sich bringen, wie See- und Luftfahrt und alle militärischen Berufe, wenden sie sich erfolgreich zu - Mut, Ausdauer und Tatendrang suchen nach Betätigung.

Bewegungs-Naturelle können durch ihre Tat- und Willenskraft unter harmonischem Einfluss sehr viel Gutes stiften, aber unter disharmonischemEinfluss auch Unheil und Unterdrückung verursachen. Durch positive Einflüsse und geistige Anregung werden sie motiviert, entsprechend ihrem inneren Tat- und Verwirklichungsdrang tatkräftig Reformen durchzuführen. ***Denken sie konservativ, wirken sie beherrschend, denken sie fortschrittlich, wirken sie revolutionär.***

Sie sind das Zünglein an der Waage und ihr Einfluss ist oft von entscheidender Bedeutung. Bewegungsnaturelle verachten im Grunde jede Weichheit und zartere

Abb. 96 Die Wasserski-Weltmeisterin. Das Tat- und Bewegungs-Naturell erkennt man an den langen und kraftvollen Gliedern, den muskulösen kräftigen Formen, an den breiten Schultern und dem sehnigen Hals, an dem langen Gesicht mit der mässig hohen Stirn, der kraftvollen Nase und dem starken Kinn und Untergesicht. Es tritt hier die Härte des Knochensystem nicht so hervor wie bei Abb. 95, weil bei der Frau die Formen allgemein mehr Weichheit besitzen.

Gefühlsregung; das Empfindungssystem steht bei ihnen stark zurück, und das Gefühl wird daher leicht zu Gunsten des Willens ausgeschaltet.

Mitunter haben sie auch, wenn ein entsprechender Einfluss von aussen stark genug ist, idealistische Vorstellung; sich selbst überlassen fällt es ihnen jedoch schwer, an diesen Vorstellungen festzuhalten. Sie sind voll unbeugsamer Willensanspannung. Disharmonische Naturelle beeinflussen mit Vorliebe Tat- und Bewegungs-Naturelle, weil diese am schnellsten und ohne Rücksichtnahme ihre Pläne durchführen.

Völker, die vornehmlich aus Tat- und Bewegungs-Naturellen bestehen, führen grosse politische und kulturelle Unternehmungen durch, wie einst die Römer und die Juden der vorchristlichen Zeit. Die im Bewegungs-Naturell liegenden Spanier und Portugiesen des Mittelalters waren Kolonial- und Welthandelsvölker, ebenso wie es die Engländer der Neuzeit sind. Diese Völker haben eine bewegte Geschichte und eine kurze und knappe Sprache.

Die nordamerikanischen Indianer, welche mehrheitlich ausgesprochene Bewegungs-Naturelle waren, lebten einfach, waren hart und liebten die Jagd, die Natur, die Freiheit und den Kampf. Sie konnten sich infolge einseitiger Entwicklung stark veränderten Lebensbedingungen nicht mehr genügend anpassen. Von der weissen Rasse verfolgt und bedrängt, starben sie fast aus.

Die Sikhs, eine nordindische Völkergruppe, sind mehrheitlich Bewegungs-Naturelle. Sie wollen Freiheit und Unabhängigkeit und sind bereit dafür zu sterben. Ihre militärischen Fähigkeiten sind bekannt.

Auch die afghanischen Freiheitskämpfer sind mehrheitlich Bewegungs-Naturelle. Zum Erreichen ihrer Unabhängigkeit und Freiheit nehmen sie grosse Strapazen und Leiden auf sich.

Das Tat-Naturell ist hervorragend geeignet, in einem weiten Umkreis nach aussen wirksam zu sein.

Die bisherigen Beschreibungen beziehen sich auf das primäre Tat- und Bewegungs-Naturell, welches von *Huter* auch als *"physikalisches Naturell"* bezeichnet wurde. Die **Abb. 95** und **96** zeigen diesen zweiten Grundtypus des Körperbaus an Beispielen nach dem Leben. Der Mann, Abb. 95, ist ein tüchtiger Bauhandwerker. Obwohl die Frau, Abb. 96, als Weltmeisterin in einem exklusiven Sport in einer ganz anderen Umgebung lebt, bestehen doch grosse Ähnlichkeiten im Körper-, Kopf- und Gesichtsbau; diese beiden Beispiele verdeutlichen, dass es typische Erscheinungformen der verschiedenen Naturelle gibt. Selbstverständlich müssen wir bei der obigen Beschreibung des Bewegungs-Naturells auch die natürlichen Unterschiede der Geschlechter berücksichtigen.

Die **Abb. 97** bis **106** zeigen Männer und Frauen im primären Tat- und Bewegungs-Naturell. Die Körper- und Muskelkraft, die energischen Gesichtszüge, das grosse und starke Kinn, die kräftigen Jochbein- und Kieferpartien, die markante Nasenform und die insgesamt länglichen, mageren und festen Formen fallen hier auf, ebenso der beobachtende Blick, der die Realitäten fest ins Auge fasst.

Abb. 97 Spanierin im Bewegungs-Naturell. Das Erscheinungsbild der selbstbewussten, kraftvollen Persönlichkeit. Das sichere Auftreten und die stolze innere Einstellung kommt in der aufrechten Haltung zum Ausdruck. Das sanguinisch-cholerische Temperament ist bei ihr innerhalb ihres Naturells vorherrschend.

Abb. 98 Einfacher Mann im Bewegungs-Naturell. Fleissiger und naturliebender Mann, dessen ruhiger Ausdruck der Formen die Vorherrschaft des phlegmatischen Temperaments innerhalb des Bewegungs-Naturells kennzeichnet.

Abb. 99 Kranführerin eines schweren Betriebskranes im Bewegungs-Naturell. Aus der schlanken kräftigen Körpergestalt, der kräftigen Gesichtstruktur mit der markanten Nase erkennen wir das Bewegungs-Naturell. Ausgezeichnete Beobachtungsfähigkeit und dauernde Geistesgegenwart zeichnen diese Frau aus. Bestimmt und gleichzeitig bescheiden ist ihre Art, selbstbewusst und sicher ihr Auftreten. Es ist deshalb kaum verwunderlich, dass sie bei ihren Arbeitskollegen und ihren Vorgesetzten wegen ihrer Art, ihrer Beherrschheit und der geleisteten ausgezeichneten Arbeit sehr beliebt ist.

Abb. 100 *Dudley Ward*, englischer General. Das Bewegungs-Naturell mit grosser Festigkeit und Charakterstärke. Alle Formen, sowie der Ausdruck des Gesichtes zeigen die grosse Planmässigkeit, Durchhaltekraft und Verlässlichkeit dieses Menschen.

Abb. 101 Eine Frau im Bewegungs-Naturell. Es ist das Erscheinungsbild einer modernen, dem Leben zugewandten Frau mit sehr viel Körperkraft, Willensenergie und Einsatzfreudigkeit. Sie liebt sowohl die Bewegung in Wind und Wetter und die Unabhängigkeit im Denken und Tun, als auch die schönen Formen in der Natur und der Kunst. Letzteres sehen wir an der ausgeprägten Nasenwurzel, die den guten Formensinn erkennen lässt. Die blitzenden Augen lassen erkennen, dass diese Frau vielseitigere Interessen hat als ein primäres Bewegungs-Naturell.

Abb. 102 *Dr. Walter von Krannichfeld,* Betriebschemiker. Es ist das Erscheinungsbild des planmässigen, vorausschauenden, organisierenden Menschen. Er ist ein energisch führender und bestimmender Gestalter. Nicht das Forschen ist seine Stärke, sondern das Verwirklichen vorgegebener Produktionsziele. Das Resultat seines wendigen Denkens wird schnell in eine Einheit gebracht und mit Bestimmtheit und klarer Formulierung dem Partner eröffnet. Die Stirnform,die ausgeprägte Nasenwurzel, Nase und Mund zeigen, dass ihm Ränkespiele und Verstellungen nicht liegen. Das Auge hat den beobachtenden, juristischen Blick. Ihm entgeht nichts. Schnell erfasst er, was in seiner Umgebung vorgeht.
Er trifft seine Entscheidungen und vermittelt diese konziliant, aber sehr bestimmt seinen Mitarbeitern. Die Ohren sind oben etwas abstehend, der Kopf über den Ohren von guter Breite. Er bleibt nicht beim Alten stehen, sondern sucht stets Neues, Besseres. Es ist der aktiv bestimmende Mensch, mit starkem Selbstbewusstsein.

Abb. 103 Die Turnierreiterin *Anneliese Küppers.* Haltung und Gesichtsausdruck verraten grosse Beherrschung, Willenskraft und ausgeprägten Körperimpuls. Sie liebt Disziplin und Organisation, Wendigkeit und Eleganz. Das Turnierreiten entspricht deshalb ihrer Wesensart.

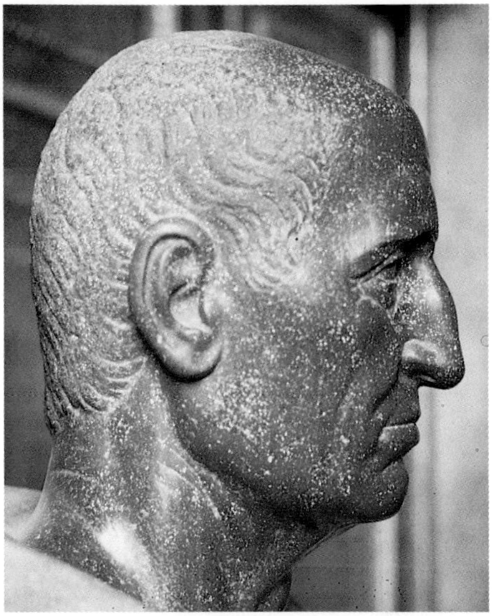

Abb. 104 Antike Römische Büste. Es ist das Erscheinungsbild des tatkräftigen und willensstarken Menschen.
Das Bewegungs-Naturell ist klar ersichtlich. Diese Abbildung zeigt, dass die Naturell-Lehre unabhängig von der Zeit gültig ist. Dieser Mann wirkte zu seiner Zeit in seiner Umgebung genau so, wie dies dem Bewegungs-Naturell entspricht. Der Unterschied seiner Lebensgestaltung im Vergleich zu einem heute lebenden Bewegungs-Naturell liegt lediglich darin, dass das Wissen seiner Zeit mit dem heutigen nicht mehr in allen Teilen übereinstimmt. Die Art und Weise der Lebensbewältigung entspricht aber unabhängig davon voll und ganz seinem Naturell.

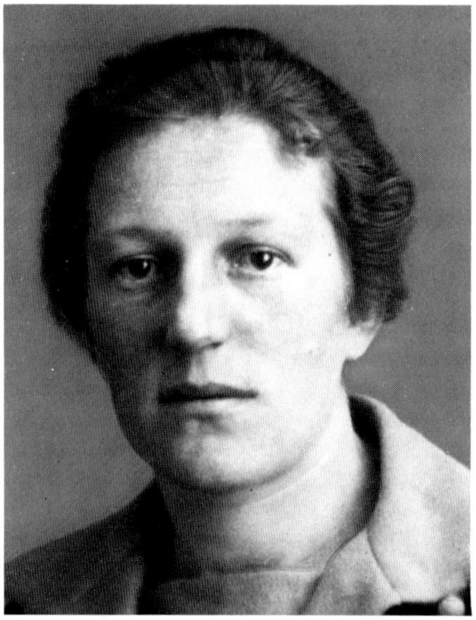

Abb. 105 Einfache Frau im Bewegungs-Naturell, sehr arbeitsam, mit viel körperlicher Ausdauer und Zähigkeit, was in den kompakten, kräftigen Formen zum Ausdruck kommt. Mund- und Augenausdruck zeigen, dass sie nicht ganz zufrieden ist. Die Ruhe, die im Erscheinungsbild dieser Frau zum Ausdruck kommt, ist ihrem ruhigen, phlegmatischen Temperament zuzuschreiben.

Abb. 106 Bewegungs-Naturell. Diese Abbildung zeigt einen kraftvollen Menschen, der voller Freude seinen Beruf der Gartengestaltung ausübt. Er besitzt grosse Körperenergie und ist ausgezeichnet geeignet, Arbeiten, welche eine grosse Kraft erfordern, auszuführen.

Das primäre Denk- und Empfindungs-Naturell

Das primäre Denk- und Empfindungs-Naturell nach Körperbau und Grundlebensrichtung zu verstehen ist leicht, wenn man sich vor Augen hält, wie das Empfindungssystem in der Proportion der qualitativen und quantitativen Ausprägung über die beiden anderen Hauptkörpersysteme vorherrscht. Aus dem zarten Körper- und Organbau mit dem reich entwickelten Nervensystem wächst der entsprechende Kopf-, Gehirn- und Gesichtsbau mit den besonders differenziert gebildeten Sinnesorganen hervor. Oberhalb des Augendurchmessers liegt hier bedeutend mehr an Formmasse als unterhalb desselben, so dass Gesicht und Vorderhaupt eine auf den Kopf gestellte Eiform ergeben. Denken wir uns bei den Profilbildern 107 und 108 vom unteren Stirnrand eine Senkrechte gezogen, so treten Oberkiefer und Kinn merklich hinter diese zurück. Auch die Jochbeine sind eher schmal, weil der Knochenbau und die Motorik schwächer entwickelt sind.

Es herrschen grundlegend andere Kopf- und Gesichtsproportionen vor, als bei den beiden schon besprochenen primären Naturellen, dem Bewegungs-Naturell und dem Ernährungs-Naturell.

Das schwache, zurückstehende Untergesicht ist dem eher tatenschwachen, aber gefühlsreichen und geduldigen Menschen, das starke und vorstehende Untergesicht dagegen dem aktiven Tatmenschen, dem Draufgänger, der nicht nach Gefühlen fragt, eigen. Mit dem Erkennen von naturellspezifischen Formen sind bereits Grundwesenszüge eines Menschen zu erfassen.

Der Hals des Empfindungs-Naturells ist zart und dünn, der Nacken ebenfalls zart gebaut und edel geschwungen.

Der Gesichtsknochenbau ist zart und fein, es fehlt sowohl die Derbheit wie auch die Fülle der unteren Gesichtspartien. Die Gehirnmasse herrscht vor, die Stirn ist meist hoch und breit, das Oberhaupt voll ausgewölbt, die Haut an Gesicht und Stirn von einer besonderen Zartheit, sehr nervenreich und dünn - auch das Haar ist entsprechend dem feinen Nervensystem seidenweich, dünn und meist natürlich gewellt.

Das Geistesleben herrscht bei Empfindungs-Naturellen vor. Sie sind Gefühls- und Ideenmenschen, nehmen innerlich grossen Anteil, daher können sie sich stark mitfreuen und auch mitleiden. Bei entsprechender Bildung und Differenziertheit sind sie geistig schöpferisch.

Sie neigen nicht zu robuster Tat- und Kraftentfaltung, auch meist nicht zu praktischem und wirtschaftlichem Erwerbsleben. Sie pflegen die ideellen Lebensgüter oft auf Kosten der materiellen. Das untere Seitenhaupt, welches die Anlagen für das praktische Wirtschaftsleben zeigt, ist in der Regel nur schwach oder mässig stark ausgebildet. Sie vernachlässigen daher vielfach den praktischen Erwerb, sind selbstlos und können finanziell abhängig werden. Ihr Sinn ist auf Ideale gerichtet, welche aus ihrer seelischen Eigenart, ihrer inneren Geisteswelt wachsen. Während sie materielle Werte gering achten, darauf verzichten und sie hingeben können, halten sie an ihren Idealen fest, diese opfern sie nicht.

Das Hinterhaupt, welches die motorische Kraft zeigt, ist zwar schön, aber zarter, auch leichter und feiner ausgewölbt als bei den anderen Naturellen, entsprechend zierlich geformt sind Jochbein-, Ober- und Unterkieferbau. Das Kinn ist klein und schön geformt, es zeigt einen feinen, oft auch lebhaften körperlichen Impuls und Sensibilität.

Entsprechend dem vorherrschenden Geistesleben (Grosshirnbetonung) ist die Nasenwurzel breit und fein geformt, tritt gegenüber dem mittleren und unteren Nasenteil hervor und zeigt die Beherrschung des Materiellen durch das Geistige. Die Nasenspitze ist dünn, zierlich und zeigt Feingeschmack.

Die Augen sind im Verhältnis zum Gesicht gross und haben einen leuchtenden und seelenvollen Ausdruck. Die Iris liegt in der Augumrahmung eher im oberen Teil, was die reiche Phantasie und Ideenwelt wiederspiegelt. Die Augenbrauen sind mässig stark, das Gewebe der Ober- und Unterlider ist weich und zart, das obere Augenlid (Ausdruck geistiger Reservekraft) herrscht gegenüber dem unteren (Ausdruck körperlicher Reservekraft) in der Qualität des Formausdruckes, der Spannung und Strahlung vor.

Die Ohren sind wohlgeformt, in ihrem unteren Teil schwächer, im oberen Teil jedoch schön ausgerundet; daraus spricht die ganze seelische Sensibilität und das Überwiegen geistiger Impulse.

An der mittleren Gesichtspartie, unterhalb der Augen, um Nase und Mund, ist die Qualität des Ausdrucks sehr differenziert, die Gewebe sind hier zart, weich und quellend, was ein feines Empfinden offenbart. Entsprechend sind die Wangen schmal, zart und fast durchsichtig. Die meist blass-gelbliche Tönung der Haut ist nicht krankhaft, sondern Naturellveranlagung.

Die Oberkieferpartie (zwischen Nase und Mund), welche besondere Eigenheiten der Persönlichkeit zum Ausdruck bringt, ist beim primären Empfindungs-Naturell klein und schön geformt; diese Menschen sind sehr bescheiden, auch lieb und gut und stets zum Wohltun geneigt.

Der Mund ist klein und differenziert in der Form wie auch im mimischen Ausdruck. Die Einbuchtung unter der Unterlippe ist fein. Dies zeigt die natürlich-vornehme Lebensart.

Die gesamte Formbildung ist beim Empfindungs-Naturell von hoher Qualität und Ausdruckskraft. Die Körperbewegungen sind leicht, graziös und meist flink.

Es ist eine Differenziertheit der gesamten Form zu beobachten und eine vornehmliche Entwicklung der Organe, welche in psychischer Hinsicht die differenzierungsfähigeren sind. Man beachte die Betonung des Oberhauptes gegen-über dem Untergesicht, die Dominanz der Oberstirn über die Unterstirn, die Betonung des oberen Augenlides, der oberen Nase, des oberen Ohres; die Oberlippe ist fein, die Unterlippe und das Kinn treten zurück.

Den Empfindungs-Naturellen fehlt die robuste Körper- und Tatkraft, um sich selbständig und kraftvoll zu behaupten. Sie verlieren leicht die feste Lebens- und Erwerbsgrundlage, wodurch sie in Not und in der Folge in tragische Stimmungen und gänzliche Tatunlust kommen können. Sie sind aber auch in der Lage, Leiden auf sich zu nehmen, da sie darin göttliche Fügung sehen und im Sichopfern eine tugendhafte Leistung. Oft vermögen sie sich jedoch nach Schicksalsschlägen kaum mehr emporzuraffen.

Empfindungs-Naturelle sind sehr bescheiden in der Nahrungsaufnahme, sie kommen mit wenig aus, aber das Wenige sollte ausgewählt und dem eigenen Empfinden gut angepasst sein. Süsse Speisen und Getränke, Fruchtsäfte, reifes

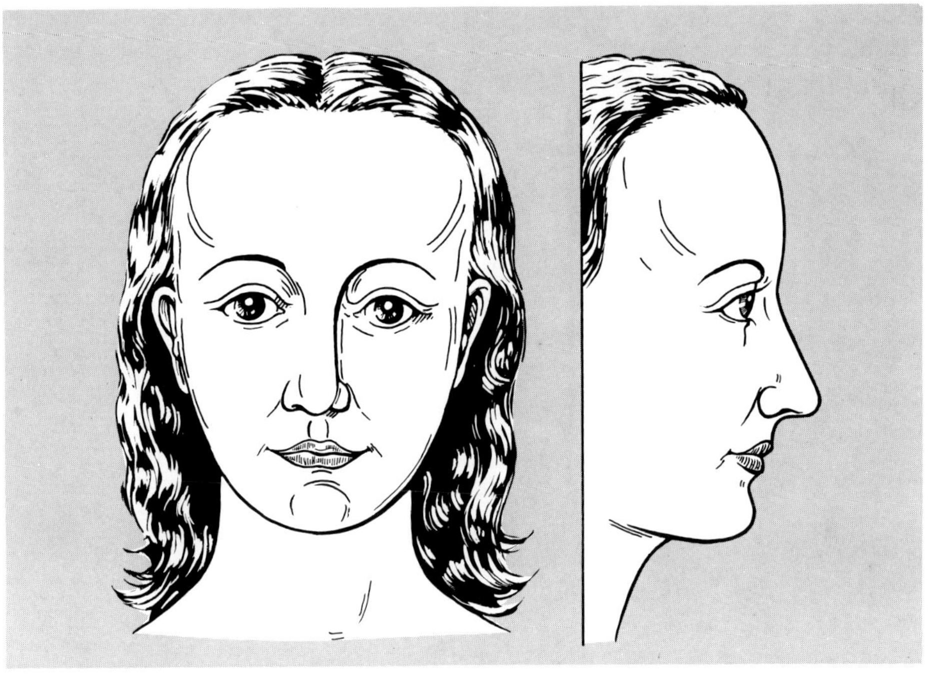

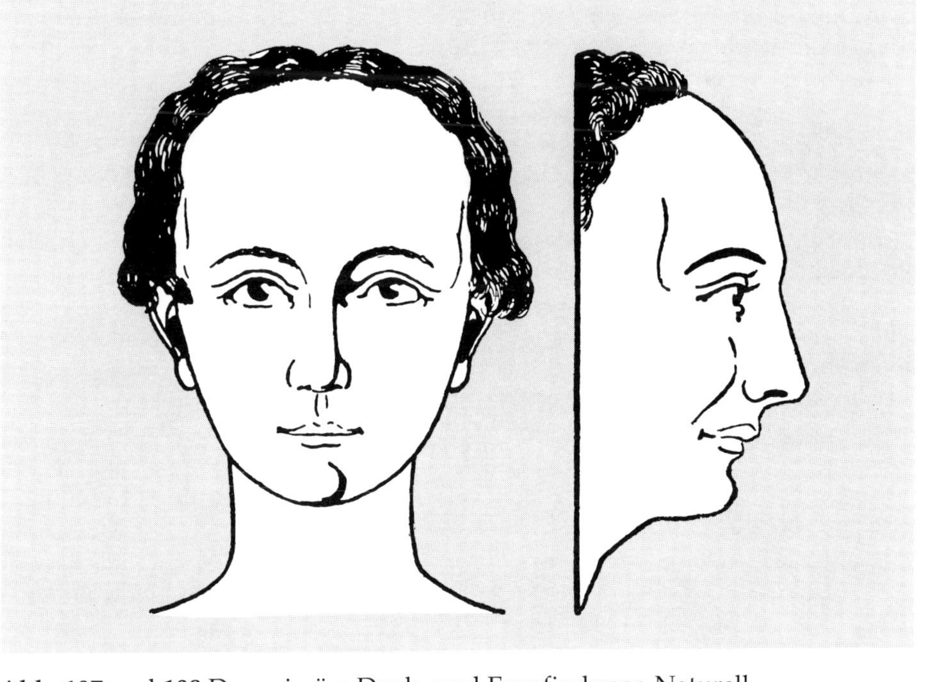

Abb. 107 und **108** Das primäre Denk- und Empfindungs-Naturell .
Von *Huter* auch als *"psychisches Naturell"* bezeichnet.

Abb. 109 Das Denk- und Empfindungs-Naturell. Zeichnung nach dem Leben. Das Erscheinungsbild des differenzierten, empfindungs- und geistreichen Menschen. Die Grundlebensrichtung ist auf die verfeinerte Lebenskultur eingestellt. Das gefühlvolle, phantasiereiche Denken herrscht vor.

Obst, Südfrüchte, Salate, auch rohe Milch und alles in allem eine abwechslungsreiche, feine Nahrung bekommen ihnen gut.

Oft herrscht der irrige Glaube vor, man könne diese zarten Menschen durch vieles Essen und Trinken robuster und kräftiger machen. Kinder im Empfindungs-Naturell werden, da sie besonders zart, schlank und fein gebaut sind, von besorgten und falsch beratenen Eltern zum Essen und Trinken gezwungen, was zur Qual für diese Kinder wird und seinen Zweck vollständig verfehlt, denn sie werden dadurch nicht kräftiger; aber ihre Verdauungsorgane werden überlastet, sie büssen ihre Lebensfreude ein und werden krank und leistungsunfähig.

Die Erkenntnis, dass das Zarte und Feine beim Empfindungs-Naturell Veranlagung und gesund ist, sollte sich mit dieser Naturellehre durchsetzen. Oft wird geglaubt, Empfindungs-Naturelle seien wegen ihres zarten Körperbaues minderwertig. Dies ist nicht der Fall. Ihr Leistungsbereich liegt lediglich nicht im körperlich kraftvollen, sondern im seelisch-geistigen Bereich. Schon das Kind sollte entsprechend seiner Naturellanlage behandelt und erzogen werden; um sich glücklich entfalten zu können, muss es später auch einen angepassten Beruf ausüben können.

Infolge des differenziert ansprechbaren Gefühls-, Empfindungs- und Ideenlebens übersteigert sich das Empfindungs-Naturell leicht. Schliesst es sich einem harmonischen Naturell an, dann hat es die beste Lebenshilfe, denn der harmonische Mensch versucht aus natürlicher Veranlagung das Empfindungs-Naturell zu unterstützen und notfalls zu schützen.

Das Ernährungs-Naturell mit seiner robusten Körperfülle betrachtet den zarten und feinen Empfindungstypus, ohne dabei etwas Böses zu denken und rein aus Gegensätzlichkeit in der Naturellveranlagung, als krank, schlecht ernährt und minderwertig. Infolge dieser Gegensätze ist auch eine Ehe zwischen zwei Menschen so extremer Naturellveranlagung verfehlt, denn in einer solchen Ehe bleibt das Empfindungs-Naturell der leidende Teil.

Zum Tat- und Bewegungs-Naturell kann das Empfindungs-Naturell in eine fruchtbare Beziehung treten; es findet hier die Energie und das Kraftgefühl, welche es schwächer ausgeprägt hat. Umgekehrt erhält der Tatmensch durch das reiche Ideenleben des Empfindungs-Naturells die Anregung zu neuen Unternehmungen und deren Durchführung.

Aus der Entwicklung der Keimblätter entsteht bei gleichmässiger Verteilung der inneren Energien das integrationsfähige harmonische Naturell. Ergänzen sich die durch unterschiedliche Kräftekombinationen gekennzeichneten Naturelle, so entsteht in den zwischenmenschlichen Beziehungen ebenfalls ein harmonischer Zusammenklang. In der Keimblattentwicklung erkennen wir die naturgegebene Möglichkeit, für jede Veranlagung eine passende Ergänzung zu finden.

Frauen im Empfindungs-Naturell, die in einer passenden, glücklichen Ehe leben, haben trotz ihrer Zartheit, gesunde und begabte Kinder.

Kommen Empfindungs-Naturelle in medizinische Behandlung nach alter Schule, so lautet die Diagnose: Schwächlichkeit, schlechte Ernährung, Blutarmut - und die Kur: reichhaltes Essen, eiweisshaltige Kost, Fleisch, Eier, Lebertran usw. Diese, auf die individuelle Veranlagung keine Rücksicht nehmende Behandlung wird sich ändern, da die Medizin beginnt, an die Probleme der Individualisierung in der Krankenbehandlung auf Grund der Körperkonstitution heranzutreten - und damit die Bahn der *Huterschen* Naturellehre zu beschreiten.

In Krankheitsfällen bedürfen solche psychischen Naturelle ganz besonders einer ihrer Anlage angepassten Behandlung; sie erlangen dann am ehesten ihre Gesundheit wieder, wenn der Körper wenig belastet wird und die individuelle Behandlung das Seelische wohltätig beeinflusst und damit die Lebenskraft stärkt.

Es lohnt sich, die Empfindungs-Naturelle recht verstehen und behandeln zu lernen. Es sind im Grunde ihres Wesens duftige und blumige Menschen, die in sich den Himmel tragen, und wenn sie geistig gebildet sind, ihre Umgebung in feiner und oft unauffälliger Art beglücken.

Sie sind für verfeinerte Lebenskultur, kunst- und schönheitsliebend, für Wissenschaften interessiert und oft zum Studium geneigt. Für die Beschäftigung mit Musik, Literatur, Poesie und Dichtung, für Kunstgewerbe und Luxusarbeiten, für Feinmechanik, Optik, verfeinerte Technik und ähnliches sind sie bestens geeignet.

Schwere und rohe körperliche Arbeit macht sie mit der Zeit vollkommen unglücklich. Rauhen Witterungseinflüssen und unhygienischen Lebensverhältnissen bieten sie nur wenig Widerstand. Sonnige und schöne, angenehm durchwärmte Räume sind ihnen Bedürfnis und steigern ebenso wie freundliche, liebe- und verständnisvolle Behandlung ihre Arbeits- und Leistungsfähigkeit.

Deshalb ist es verständlich, dass *Huter* sagt: Im Zukunftsstaat sollen diese

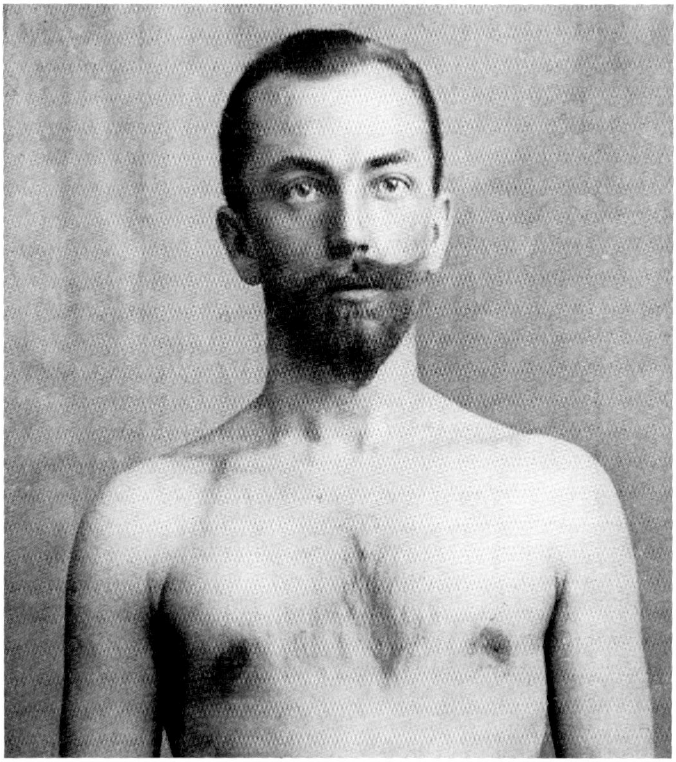

Abb. 110 Das Denk- und Empfindungs-Naturell. Das Naturell wurde bei dem Mann, den diese Abbildung zeigt, noch von *Huter* selbst festgestellt, und sie hat insofern einen wissenschaftlichen Wert. Dieser Mann ist frisch, gesund und lebensfreudig, lebt in guten, seiner Anlage entsprechenden Verhältnissen und neigt stark zu wissenschaftlichem Studium und Beruf.

Naturelle in die Mitte, in den Schutz der physisch stärkeren Naturen genommen werden, ähnlich wie die zarten Staubfäden der Blumen im Schutz von Kelch und Blütenblättern in der Mitte getragen werden - dann wäre die Entwicklung zum Wahren, Guten und Schönen gewährleistet.

Viele hochbegabte Naturelle mit starkem Empfinden, die für einen wissenschaftlichen oder künstlerischen Beruf geschaffen sind, verkümmern am unrichtigen Platz bei schwerer körperlicher Arbeit. Die Roheit und der Unverstand ihrer Eltern, Angehörigen und ihrer ganzen Umgebung, die ihre Natur nicht verstehen, machen solche Menschen oft zu wahren Märtyrerinnen und Märtyrern. Es bringt tausendfachen Segen, diese empfindsamen Naturelle aus einer unglücklichen Lage zu befreien, indem man ihnen zu einem passenden Beruf verhilft.

Empfindungs-Naturelle sind sehr dankbar; ein gutes Wort allein schon kann sie ausserordentlich glücklich machen und erfreuen. Sie lieben Blumen, zierliche Gegenstände, feines Geschirr, einen schön gedeckten und mit Blumen geschmück-

Abb. 111 Das Denk- und Empfindungs-Naturell. Nach dem Gemälde "*Der zerbrochene Krug*" von *Greuze*, Musée du Louvre, Paris. Hier zeigt sich das helldurchstrahlte, zarte Gewebe. Die Haut ist sehr fein, nervenreich, dünn und sammetweich. Das grosse, schöne und seelenvolle Auge, der feine Mund und die zarte Nasenform zeigen den Gemütsreichtum dieses Naturells, in dessen charakteristischen Formen die Lebensverfeinerung zum Ausdruck kommt.

ten Tisch, feingemusterte Stoffe (Ernährungsfrauen bevorzugen grossblumige Stoffmuster), anmutige Umgebung, Sonnenschein, den Frühling und Sommer, aber nicht den Winter; sie erkälten sich leicht, frieren schnell, scheuen kaltes Wasser und bitteres Bier und sind meist sehr kinder- und tierliebend; Ehen mit einem Empfindungs-Naturell können mit die glücklichsten sein, weil das Empfindungs-Naturell viel Glück aus sich selbst entfalten kann, wenn es in den passenden Verhältnissen lebt.

Empfindungs-Naturelle sind geistig interessiert und, wenn sie die *Hutersche* Naturellehre kennenlernen, fast ausnahmslos beglückt und wie erlöst, da sie sich auf Grund der Menschenkenntnis zunächst selbst richtig verstehen und würdigen lernen, oft bestehende Minderwertigkeitsgefühle überwinden und sich dadurch in allen Lebenslagen besser helfen können und den praktischen Weg zur Verwirklichung ihrer Ideale erkennen.

Völker bei denen Empfindungs-Naturelle vorherrschen, wie z.B. bei den Indern, haben nicht nur eine stark religiös geprägte Kultur, sondern sind meist auch natürliche Vegetarier und Abstinenzler. Sie haben eine wohlklingende und empfindungsreiche Sprache. In ökonomischen Dingen und in der Befriedigung der elementarsten Lebensbedürfnisse sind sie aber oft erstaunlich hilflos.

In den alten Kulturzentren Rom, Florenz, Paris, Madrid u.a., gab es - neben anderen Naturellen - viele Empfindungs-Naturelle.

Empfindungs-Naturelle - entsprechend gebildet und nicht dem rohen Existenzkampf unterworfen - sind bahnbrechend in der Schaffung verfeinerter und künstlerischer Kulturgüter und edler Lebensart.

Die **Abbildungen 112-121** zeigen Männer und Frauen im Empfindungs-Naturell, bei welchen das psychische Prinzip hervortritt. Charakteristisch sind kleine, feine und edle Gesichtsformen und -organe, weiches Haar, zarte Haut, schmale und zarte Wangen, zarter Hals, grosse, feine und weiche Augenformen. Mild sind die Formen abgestimmt, ein zarter Hauch liegt über den Geweben, die rohe Kraft und die Fülle treten gänzlich zurück; es ist das Naturell der Innerlichkeit, besonders befähigt, die ideelen Güter des Lebens zu pflegen.

Abb. 112 Ein Kind im primären Denk- und Empfindungs-Naturell. Dieses Kind hat das Glück, in einer ihm zusagenden Umgebung aufzuwachsen. Es ist lebhaft, voller Lebensfreude und sehr begabt. Alle Formen zeigen den feinen, zarten Menschen.

Der sehr starke Sinn zum Erfassen von menschlichen Problemen, philosophischen und ethischen Zusammenhängen ist trotz der Jugendlichkeit dieses Mädchens schon in diesem Gesicht abzulesen. Die Differenziertheit der Formen, die hohe und breite Stirn und die lebhaften Augen sind Ausdruck dieser Disposition.

Abb. 113 Empfindungs-Naturell. Die betonten Sinnesorgane sowie die Proportionsverhältnisse des Gesichts- und Schädelbaus lassen das Empfindungs-Naturell erkennen.

Aufmerksam betrachtet dieser Mann die Welt, nimmt innerlich regen Anteil und setzt sich für seine Ideale ein. Es ist das Erscheinungsbild des feinen, prüfenden, tief und differenziert empfindenden Menschen.

Abb. 114 Empfindungs-Naturell. Schönheitsliebende, kunstsinnige junge Frau im Empfindungs-Naturell. Die fein gerundeten belebten Formen und die wie von innen durchleuchteten Gewebe, lassen ihr tiefes Empfindungsvermögen erkennen. Sie hat viel Sinn für alles Zarte und Feine.

Abb. 115 Empfindungs-Naturell. Das Erscheinungsbild des geistig regen Empfindungs-Naturells, welches sich intensiv mit weltanschaulichen Fragen auseinandersetzt. Der sprechende Augenausdruck zeigt sprachliche Begabung, die Stirnbildung die Fähigkeit für umfassendes, ganzheitliches Denken.

Abb. 116 Empfindungs-Naturell. Stark verfeinertes Empfindungs-Naturell, begabt für Philologie und vergeistigte Naturwissenschaften. Das Auge hat den Ausdruck des *"fühlenden Sehens"*. Der feine Mund verrät die grosse Sensibilität dieses Menschen.

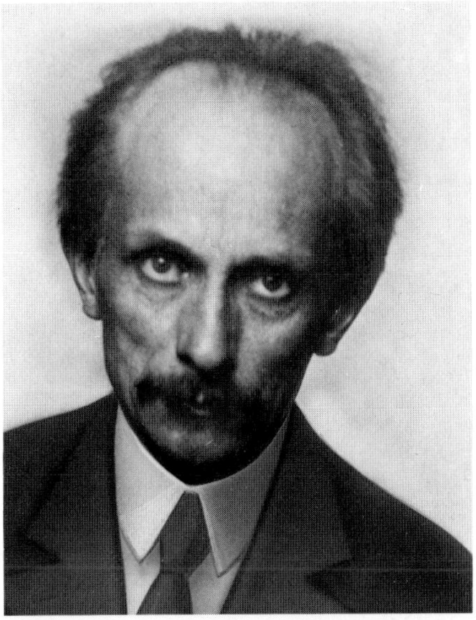

Abb. 117 Empfindungs-Naturell im Lebenskampf. Diesem Menschen fällt es schwer, sich zu behaupten. In rohem Lebensumfeld leidet der feinempfindende Mensch oft, ohne dass es von der Umgebung beachtet wird. Bei diesem Mann lassen die Gewebe der Wangenregion und unter den Augen erkennen, dass er kräftemässig überfordert ist. Die Augen haben nicht den freudvollen, heiteren Ausdruck, wie er sonst den Empfindungs-Naturellen eigen ist.

Abb. 118 *Yukio Ozaki* (1858-1954), japanischer Staatsmann. Dies ist das Erscheinungsbild des innerlich zufriedenen älteren Menschen, der es verstand, trotz seinem grossen gesellschaftlichen Engagement sein tiefes Empfinden unverbittert bis ins hohe Alter beizubehalten. Die feindurchfurchten Gewebe spiegeln etwas von dem bewegten, innerlich tief empfundenen Lebensweg *Yukio Ozaki's* wieder.

Abb. 119 Empfindungs-Naturell mit künstlerischer Begabung und feiner Darstellungs- und Gestaltungsfähigkeit. Aufmerksamkeit und Einfühlsamkeit prägen das ganze Erscheinungsbild.

Abb. 120 Empfindungs-Naturell. *Yasunari Kawabata* (1899-1972) Nobelpreis für Literatur 1968.
Was uns bei diesem Manne auffällt, ist die feine und zarte Struktur des Körpers und des Gesichtes, welches von den offenen, staunenden Augen und den grossen abstehenden Ohren beherrscht wird. Es ist das Erscheinungsbild des intensiv aufnehmenden und umsetzenden, feinfühlenden, seelenvollen Menschen. Dieser Mensch ist ein in seiner Differenziertheit und Feinheit grossartiges Empfindungs-Naturell, das prädestiniert ist, in einsamer Stille zu denken, zu fühlen und zu arbeiten. Der für ein Empfindungs-Naturell breite Schädel über den Ohren und die abstehenden Ohren zeigen uns, dass *Yasunari Kawabata* mit einer aussergewöhnlich starken Veränderungsenergie ausgestattet ist, die ihn dazu treibt, all seine Kräfte ohne Unterlass einzusetzen und schöpferisch zu sein. Er hat dabei wohl auch seine ganze Reservekraft eingesetzt und seinem Körper dauernd die letzten Energiereserven abgerungen, was in den eingefallenen Wangen sichtbar wird. Wohl aus diesem Grund sehen wir in seinen Augen auch etwas Gehetztes, Sinnfragendes und am Mund pessimistische Gefühle. In seinem Werk hinterliess er tiefe, feine, differenzierte Gedanken über das menschliche Sein.

Abb. 121 Eine interessante Gruppe von geistig ausgerichteten, hochtalentierten Menschen im Empfindungs-Naturell. Die amerikanischen Physikprofessoren chinesischer Abstammung *Yang Chen-Ning* und *Lee Tsung-Dao* mit ihren Frauen. Das hohe Niveau aller Abgebildeten erkennen wir an den differenzierten und prägnant ausgebildeten Formen. Gemeinsam haben alle den zierlichen Körperbau und die entsprechenden Gesichtsformen, das gleich hohe Niveau und die Männer arbeiten im gleichen Wissenschaftsbereich. Wesentliche Unterschiede der individuellen Formen kennzeichnen trotzdem spezifische Wesensarten. *Prof. Yang*, stehend links, und seine Frau, sitzend rechts, zeigen Eigenwilligkeit und Ehrgeiz. Sie sind angriffsfreudig, kritiklustig und kämpferisch (Backenknochen und Unterkieferbogen, Frisur). Ihr Leben wird deshalb auch mehr auf den äusseren Erfolg ausgerichtet sein. *Prof. Yang* kann seine Person gut zur Geltung bringen(Längere Oberlippen). Bei Herr und Frau *Lee* erkennen wir den eher ausgeglichenen Kräftecharakter, was auf eine grössere Integrationsfähigkeit deutet. Ihr Leben wird deshalb durch ausgeglichene Menschlichkeit gekennzeichnet sein. Fremdländische Menschen machen auf uns oft einen gleichförmigen Eindruck. Im erstem Moment erkennen wir wenig Unterschiede. Bei genauem Hinsehen erkennen wir aber bald die Vielfalt der Formen und eine ebenso grosse Charakterdifferenzierung wie bei den uns gewohnten Menschenrassen. Unser Bild zeigt dies und ebenso die Vielseitigkeit der individuellen Charaktereigenschaften innerhalb eines Naturelles.

Die Naturelle innerhalb verschiedener Rassen

Wer die Naturellabbildungen 80 bis 121, welche Menschen aus verschiedenen Ländern und verschiedenen Volks- und Berufsschichten darstellen, aufmerksam betrachtet, wird zu der Überzeugung kommen, dass die Grundtypen des Körper- und Gesichtbaues bei aller Vielgestaltigkeit des Lebens klar und deutlich hervortreten.

Da dieser Formtypus, das Naturell, wie wir noch sehen werden, sich auch in der Pflanzen- und Tierwelt nachweisen und ebenso leicht erkennen lässt, besteht kein Zweifel darüber, dass es sich um ein Naturprinzip handelt, welches sich in allen lebenden Organismen in einer stets wiederkehrenden Formung und Gestalt kundgibt. Die Naturell-Lehre erschliesst ein natürliches System innerhalb der Arten, welches in dieser Klarheit und in seiner umfassenden Bedeutung vor *Huter* unbekannt war.

Die Begriffe Rasse und Naturell bezeichnen etwas Grundverschiedenes

Während sich die Rasse des Menschen von Generation zu Generation konstant vererbt, entsteht das Naturell erst durch die Differenzierung der Keimblätter im Embryonalstadium und mit dem fortschreitenden Wachstum des Individuums. Daher gibt es Ernährungs-Naturelle (Innenkeimblatt- oder endodermale Typen), Empfindungs-Naturelle (Aussenkeimblatt- oder ectodermale Typen) und Bewegungs-Naturelle (Mittelkeimblatt- oder mesodermale Typen) und die entsprechenden Mischnaturelle unter allen Rassen und Völkern.

Wenn die Häufigkeit einzelner Naturelle in verschiedenen Rassen und Völkern unterschiedlich ist, so erklärt sich daraus der unterschiedliche Volkscharakter und die Leistungsfähigkeit einzelner Völker auf bestimmten Gebieten. Es wird daher auf Grund der Naturellehre eine neue Völkerausgleichs- und Völkerwirtschaftslehre möglich, welche die körperlichen und geistig-seelischen Eigenarten und Möglichkeiten berücksichtigt und fördert.

Gerade diese Beispiele von den Naturellen bei verschiedenen Rassen zeigen den bedeutenden Fortschritt, welchen die Naturellehre gegenüber allen bisherigen anthropologischen (vornehmlich Rassen-) Forschungen und Messungen bringt, weil der einzelne Mensch - gleich welcher Rasse - nach seiner Persönlichkeit bewertet und erkannt wird. Niemand ist uns mehr fremd: alle Menschen, gleich welcher Hautfarbe, vermögen wir nach ihrer Grundlebensrichtung zu erkennen und entsprechend zu würdigen und zu verstehen.

Abb. 122-124 Die drei Grundnaturelle bei Japanern. Das Runde, Weiche, Füllige des Ernährungs-Naturells beherrscht bei Abb. 122 ebenso unverkennbar den Kopf- und Gesichtsbau wie bei Abb. 123 das Lange, Hagere und Markante denjenigen des Bewegungs-Naturells.
Abb. 124 zeigt die Eiform des Gesichts, in welcher das Zarte und Feine des Empfindungs-Naturells zum Ausdruck kommt.

Abb. 122 Das primäre Ernährungs-Naturell.

Abb. 123 Das primäre Bewegungs-Naturell.

Abb. 124 Das primäre Empfindungs-Naturell.

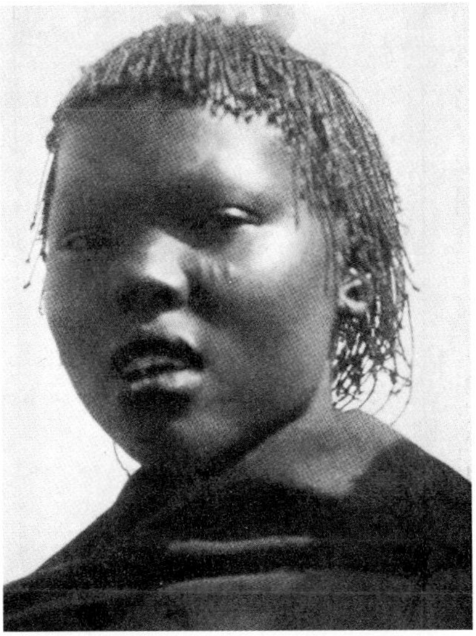

Abb. 125 Das primäre Ernährungs-Naturell.

Abb. 126 Das primäre Bewegungs-Naturell.

Abb125 - 127 Die primären Naturelle bei Afrikanern.
Auch hier erkennen wir die typischen und charakteristischen Kopf- und Gesichtsformen, die aus der entsprechenden Körperform und Gestalt hervorwachsen.
Dass auch in diesen Fällen mit dem jeweils typischen Gesichts- und Körperbau eine entsprechende Lebenseinstellung und Charakterrichtung verbunden ist, ist nach dem bisher Dargelegten selbstverständlich.

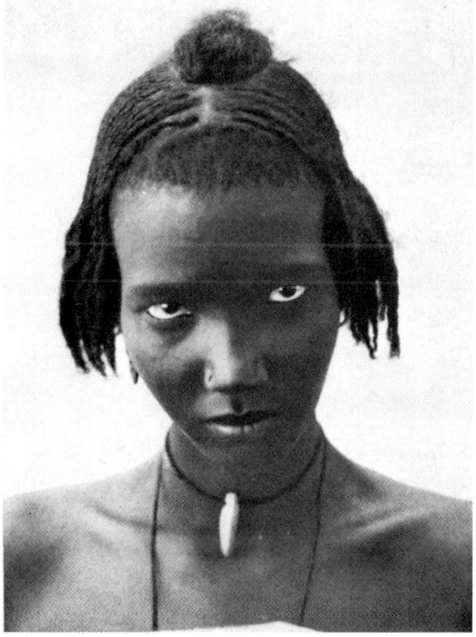

Abb. 127 Das primäre Empfindungs-Naturell.

Die Wertigkeit der Naturelle

Über die Wertigkeit der drei Grund-Naturelle gibt ein Gleichnis aus der Antike eine gute Anschauung.

Als einst im römischen Staat die Volksmasse der Plebejer sich empörte, da sandten die Patrizier den Volksfreund *Menenius Agrippa* zu ihnen. Er führte sie auf einen Berg und legte ihnen folgendes Gleichnis dar: *"Die Glieder des Leibes (Bewegung) wollten dem Magen (Ernährung) nicht mehr dienen, die Beine wollten nicht mehr laufen, die Hände nicht mehr arbeiten, der Kopf (Empfindung) nicht mehr denken usw., weil sie glaubten, nur der Magen lasse es sich auf ihre Kosten wohl sein. Aber siehe da - als sie ihren Dienst einstellten, wurde nicht nur der Magen welk und schlaff, sondern auch die Glieder und der Kopf, der ganze Körper wurde kraftlos und lebensunfähig."*

Das Gleichnis lehrt sehr trefflich, dass ein Organsystem ohne das andere nicht bestehen kann und dass ein Staat nicht ohne verschiedene Stände auskommt, dass vielmehr eine harmonische Ergänzung und Arbeitsteilung stattfinden muss.

Ebenso stellen die drei Grundnaturelle mit ihrer Einseitigkeit nichts Minderwertiges dar, sondern nur von der Natur hervorgebrachte unterschiedliche Wertigkeiten.

Jedes Naturell ist wertig, aber anderswertig, und offenbar hat die Natur diese Differenzierung geschaffen, um durch das Zusammenwirken oder den Wettstreit aller Kräfte eine fortschreitende Entwicklung zu gewährleisten, mag sie noch so viele Nebenwege gehen.

Die Natur bringt scheinbar die Vielfalt der Naturelle zur Entfaltung, um die Differenzierung, die Vielseitigkeit und den Ausgleich zu sichern. Die gegenseitige Ergänzung der verschiedenen Konstitutionstypen mit ihren spezifischen Talenten ist Naturgewollt. Wir sollten die Möglichkeiten zur Ergänzung bewusst anwenden. Damit könnten wir die Entwicklung mehr und mehr dem Zufall entreissen. Eine sinnvolle, zielgerichtete Entfaltung durch sinnvolle Betätigung der individuellen Anlagen könnte damit in Zukunft selbstverständlich werden.

Verfolgt man die Menschheits- und Völkergeschichte mit dieser Sicht, werden viele bislang verborgene Ursachen der Ereignisse klarer. Die Psycho-Physiognomik, die praktische Lebensformen-Psychologie, wird dabei immer bestätigt.

10. Die polaren Naturelle

Durch die klare Kennzeichnung der drei primären Naturelle haben wir erfasst, dass die Organveranlagung des Menschen in hohem Masse wesens- und charakterbestimmend ist. Das Vorherrschen des einen oder anderen der drei Keimblatt- oder Organsysteme bedingt die primäre Naturellveranlagungen bei einem Menschen.

Ebenso besteht aber auch die Möglichkeit, dass alle drei Grundanlagen in einem Menschen zu ausgeglichener, gleich starker, gut aufeinander abgestimmter Entwicklung kommen, also harmonisch miteinander verbunden sind. Wir haben dann eine sehr vielseitige und glückliche Körperbauentwicklung vor uns, in welcher die Harmonie der Kräfte und Charakteranlagen zum Ausdruck kommt.

Jedoch ist auch eine dieser Ausgeglichenheit entgegengesetzte Entwicklung möglich; die Organsysteme der Ernährung, Bewegung und Empfindung sind dann unausgeglichen, in sich zerfahren und mehr oder weniger stark zersplittert. Es ist die disharmonische Verbindung der drei Grundwesensanlagen, die den überall aneckenden, mit sich und der Welt in Zwiespalt lebenden, unausgeglichenen Verhaltens- und Formtypus zur Entwicklung bringt.

Der ausgeglichene und der unausgeglichene Wesenscharakter liegen sich polar gegenüber und zeichnen sich durch entsprechend polar liegende Formen, Strahlungen und Körperhaltungen aus.

Steigert sich bei einem Menschen im harmonischen Naturell die Intensität in qualitativer Richtung, so geht das Naturell in das universell geniale Naturell über.

Nimmt die innere Zerissenheit eines im unausgeglichenen Naturell liegenden Menschen zu, so dass der innere Kräftehaushalt zerrüttet wird, so kann körperliche, seelische und geistige Krankheit die Folge sein. Auch die Geneigtheit zu kriminellen Handlungen steigert sich mit der verstärkten Zersplitterung der inneren Energien.

Für Menschen mit der Anlage des unausgeglichenen Naturells ist deshalb eine den Kräftehaushalt regulierende und ausgleichende Lebensweise von grosser Wichtigkeit. So können mit der Zeit Disharmonien überwunden und die Integrationsfähigkeit erhöht werden.

Das harmonische Naturell

Die körperlich, seelisch und geistig ausgeglichene Natur.

Die Harmonisierung der Kräfte, die durch die gleiche oder doch annähernd gleich starke Entwicklung der drei Organsysteme beim harmonischen Menschen eintritt, findet sichtbaren Ausdruck in den entsprechenden Körper-, Kopf- und Gesichtsformen.

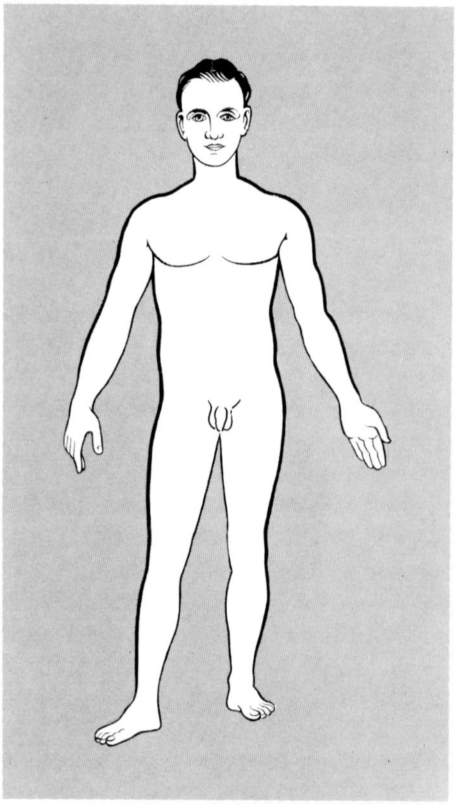

Abb. 128 Körperbau des harmonischen Naturells.

Der Körperbau des ausgeglichenen und ausgleichenden Naturells ist ebenmässig, wohlproportioniert, von edler Symmetrie und Fülle. Männer und Frauen in diesem ausgeglichenen Naturell sind meist mittelgross, von voller, starker und gleichzeitig fein durchgebildeter Gestalt.

Bei diesem Körperbau sind alle Formen aufeinander abgestimmt. Die Haltung zeugt von innerer Freiheit, Ausgeglichenheit und gesundem Selbstwertgefühl. Die Gewebe sind von grosser Elastizität. Die Haut hat eine frische Farbe und weist eine angenehme Ausstrahlung und Spannung auf. Die Fülle und Kraft der feinen Formen geben dem ganzen Erscheinungsbild den Ausdruck der ausgleichenden Wesenart.

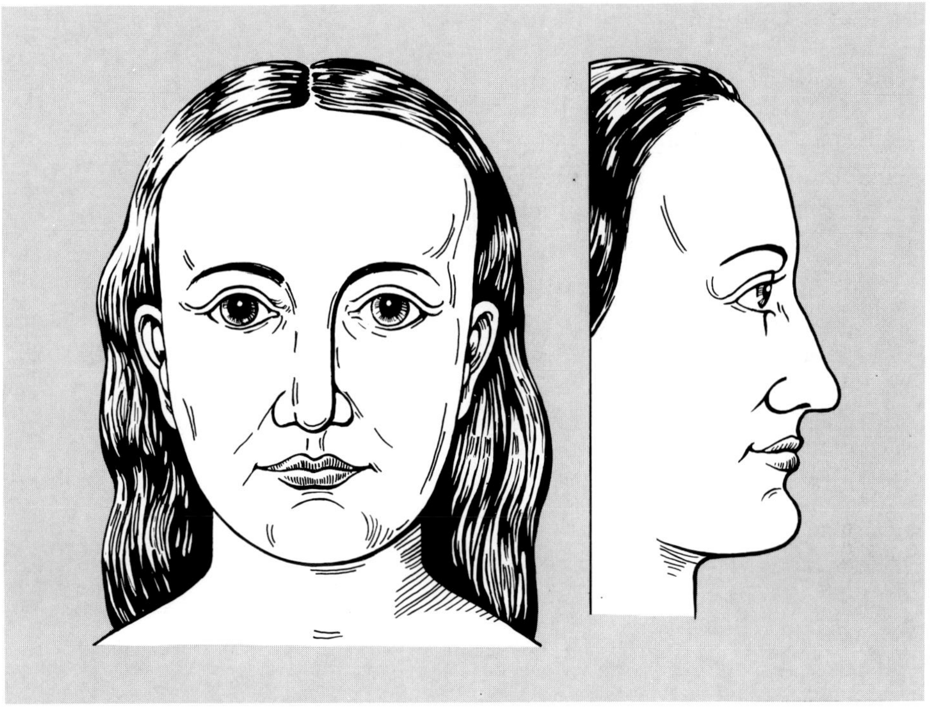

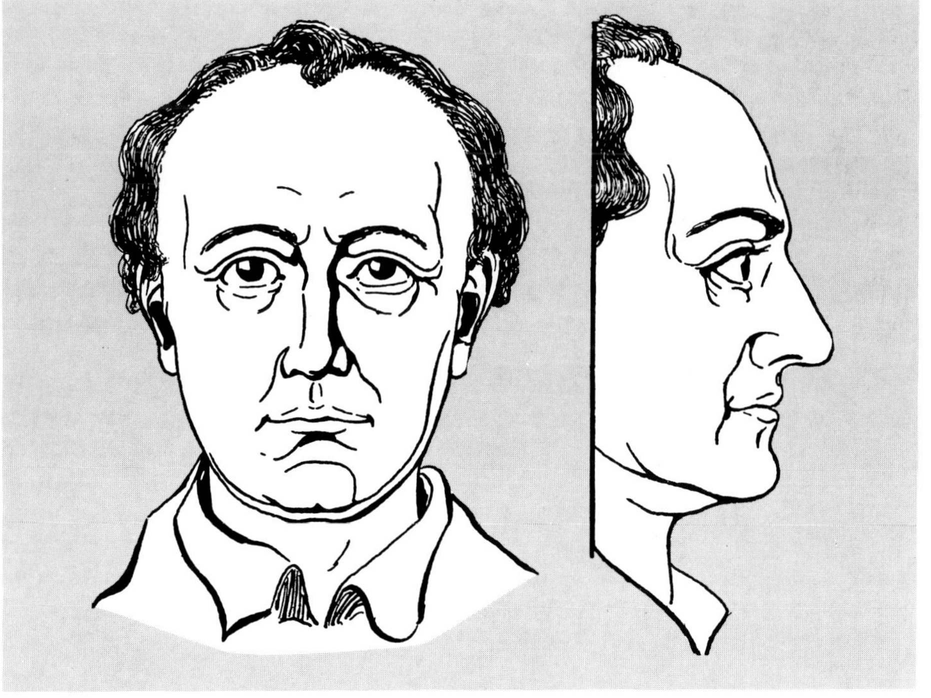

Abb. 129 und **130** Das harmonische Naturell.

Abb. 131 Das harmonische Naturell. Zeichnung nach dem Leben. Das Erscheinungsbild der ausgeglichenen und ausgleichenden Wesensart. Die Grundlebensrichtung ist auf die vielseitige geistige und körperliche Tätigkeit ausgerichtet. Das umfassende, humanitäre Denken herrscht vor.

Ebenfalls zeigen Hals-, Kopf- und Gesichtsbau dieses Naturells die vorzügliche Ausgeglichenheit der gesamten körperlichen Organisation in den sehr schönen und ebenmässigen Formen und dem harmonischen Ausdruck; man vergleiche hierzu die **Abb. 129, 130** und **131**.

Unterhalb des Augendurchmessers liegt ungefähr so viel an Formmasse wie oberhalb desselben. Die Entfernung von der Kinngrenze bis zur Nasenspitze, von dieser bis zum oberen Teil des Auges und die Stirnhöhe bis zur Haargrenze sind ungefähr gleich gross. Daraus ersehen wir, dass die körperlichen und geistigen Anlagen sich die Waage halten. Das Gesicht ist ausserdem von guter Breite und daher sehr ebenmässig gebaut.

Die Formen nähern sich den Massen des Goldenen Schnittes, ein von *Prof. A. Zeising** wiederentdecktes Proportionsgesetz, welches schon in der klassischen Antike den Mathematikern und bildenden Künstlern bekannt war. In den Massen des Goldenen Schnittes findet die Vervollkommnung und Höherentwicklung aller Natur- und Kunstformen ihren Ausdruck.

Entsprechend kommt in diesen Körper–, Kopf- und Gesichtsformen die Harmonie der inneren formbildenden Energien zum Ausdruck; die primären Naturellanlagen sind zu einer wohlproportionierten Einheit verschmolzen.

**Prof. A. Zeising, "Neue Lehre von den Proportionen des menschlichen Körpers nach einem bisher unerkannt gebliebenen die ganze Natur und Kunst durchdringenden morphologischen Grundgesetz." Leibzig 1854.*

Die Stirn ist mittelhoch, die Kopf- und Oberhauptbildung breit und allseitig abgerundet. Der Schädel ist von mittlerer Länge und Breite, das Hinterhaupt voll und schön ausgewölbt; Nacken und Hals sind kräftig gebaut, elastisch und schön geformt. Das Seitenhaupt ist sowohl in seinem unteren wie auch mittleren und oberen Teil von guter Breite, Rundung, Plastik und Höhe.

Die Geistesanlagen des Verstandes-, Gemüts-, Tat-, Willens- und Wirtschaftslebens, die in dieser Schädelform zum Ausdruck kommen, sind gleichmässig und in keiner Richtung extrem entwickelt.

Die Ohren sind wohlgeformt, weder zu gross noch zu klein, stehen mässig ab und sind ebenmässig am Kopf angesetzt. Entsprechend sind die Organe nach innen gebaut, und die Aufnahme durch das Gehör und das damit in Zusammenhang stehende Gehirn- und Nervenleben ist harmonisch abgestimmt.

Die Nasenwurzel ist kräftig entwickelt, ebenso die Nase selbst in allen ihren Teilen, kennzeichnend für die damit in Zusammenhang stehende gesunden Organsysteme, die kräftige Atmung und Lungentätigkeit. Psycho-physiognomisch prägt sich im obersten Teil der Nase das gute und ausgegliche Geistesleben aus, im Nasenhöcker das kräftige Motorische- oder Bewegungsnervensystem, im unteren weichen Teil das reiche Gemüts- und Empfindungsleben. An der wohlgeformten Nasenspitze erkennen wir das massvolle Genussleben. Die Mittelgesichtspartie seitlich der Nase und an den Wangen ist quellend und lebenswarm getönt und zeigt die starke Empfindungsfähigkeit und menschliche Wärme.

Der Mund ist schön geformt, edler Schwung ziert Ober- und Unterlippe; es äussert sich hier eine Sinnen- und Genussfreude, die weise Mass zu halten weiss. Das Kinn, ein Merkmal der Körperkraft, ist kräftig und wohlgerundet, der Unterkiefer markant geschwungen. Der Hals, in dem die Körpersäfte - zum Kopf aufsteigend - zusammenlaufen, ist kraftvoll, füllig und wohlproportioniert.

Das Auge ist gross und schön, es blickt klar, offen und fest; die Augenumrahmung und die Brauen zeigen in allen Teilen schönen Schwung und ebenmässige Ausbildung. Man erkennt daraus die vielseitige und glückliche Art des geistigen Erkennens und Wollens und die Intensität der Widerstands- und Tatkraft.

Die Wangen, die Gewebe, die Stirn und der gesamte Gesichtsausdruck sind sehr ausdrucksvoll. Die Haut ist rein und von innen heraus gut durchstrahlt und durchspannt, die Gewebe sind gesund, frisch und ausgeprägt in Form, Farbe und Ausdruck.

Das weder zu starke noch zu schwache Kopfhaar ist meist schön gewellt, es symbolisiert das freie Geistesleben und eine ausgeglichene, vielseitige Gedankenwelt.

Das gesamte Erscheinungsbild ist offen und klar, geistesgegenwärtig und würdevoll, aber auch fest und bestimmt, woraus ein kraftvoller und gesunder Lebensgeist spricht. Wir haben den harmonischen *Goethetypus* vor uns. Bei *Goethe* war nebst der vielseitigen, ausgeglichenen Veranlagung auch das geniale Naturell vorhanden. Auch *Königin Luise*, der *Philosoph Leibniz* und andere hervorragende Persönlichkeiten, aus jüngster Zeit z.B. *Maria Montessori*, *Albert Schweitzer*, *Rabindranath Tagore* lagen im ausgeglichenen und ausgleichenden Naturell, mit ins geniale gesteigerten Fähigkeiten.

Menschen im harmonischen Naturell wirken vorzugsweise ausgleichend, grosszügig und vornehm - sie zeigen würdevolle Noblesse und universelles Denken und Handeln.

Der harmonische Mensch hat einen hohen, natürlichen körperlichen und geistigen Adel. Die Ausgeglichenheit, die er in sich selbst trägt und lebendig verkörpert, überträgt er auch auf die Aussenwelt und ist in allen Lebenslagen bestrebt, das Gleichgewicht und das Gleichmass zu erreichen und zu bewahren.

Das harmonische Naturell ist nach keiner Richtung hin extrem - das liegt seiner Veranlagung fern; es ist stets nach allen Seiten hin verbindlich, aussöhnend, auch dann noch, wenn die Umwelt diesem Bestreben entgegensteht; es meistert das Leben kraftvoll und findet den Ausgleich in sich selbst.

Bei alledem ist dieses Naturell sehr vielseitig veranlagt und von hoher Begabung; es bekundet ein allseitiges Interesse, überschätzt und unterschätzt nicht den Wert geistiger und materieller Güter und geht aus natürlicher Veranlagung den goldenen Mittelweg des Lebens.

Demgemäss sucht dieser Typus das gute Alte zu erhalten, aber auch das gute Neue zu fördern - er ist für den Fortschritt, aber in dem Sinne, dass vom alten Zustand nichts Gutes zerstört wird, sondern dass dieses gewürdigt, ausgebaut und stetig verbessert wird.

Der harmonische Typus hat eine glückliche Veranlagung, und er ist in seiner Art vorbildlich, dabei meist lebensfroh und heiter; er ist auch meist nur selten krank, behält lange die gesunde Zeugungskraft und erreicht normalerweise ein hohes Alter.

Frauen in diesem Naturell sind wertvolle Partnerinnen in Beruf, Freundschaft und Ehe und ausgezeichnete Mütter. Auch über den Kreis der Familie hinaus betätigen sie sich erfolgreich und fördern in jeder Hinsicht das Gute.

Diese ausgeglichenen Menschen sind infolge ihrer integrativen Fähigkeit begabte Leitnaturen; es sind verbindliche, einsichtsvolle Führungspersönlichkeiten in allen Bereichen. Auch für verantwortungsvolle Staatsämter sind sie bestens geeignet, da sie infolge ihrer inneren Ausgeglichenheit das gute Alte bewahren und dabei mit aller Kraft und Festigkeit das gute Neue fördern. Würden vor allem diese Menschen in die Parlamente gewählt, die verantwortungsvollen Staatsämter bekleiden und zu Leitern der grossen Wirtschaftsunternehmen gemacht, dann gäbe es eine auf innerer Gesetzmässigkeit beruhende dauernde und aufsteigende Entwicklung.

Aber der harmonische Mensch drängt sich nicht vor, er bleibt oft bescheiden im Hintergrund. Er sollte daher mit Hilfe praktischer Menschenkenntnis gesucht, erkannt und stets überall gefördert werden, denn er ist vielseitig, leistungsfähig und produktiv auf vielen Gebieten, in wirtschaftlicher, technischer und wissenschaftlicher Hinsicht.

Der ausgeglichene Mensch arbeitet fleissig, aber er ist kein Arbeitsfanatiker, er gönnt sich auch Ruhe und Erholung. Er sucht stets sein Wissen zu bereichern und weiterzugeben. Er passt die Wissensvermittlung den Verhältnissen an.

Er schützt die Schwachen und hilft den Armen und Kranken. Er kann schwere körperliche und geistige Arbeiten gleich gut verrichten und anerkennt gute Leistungen anderer. Er ist nicht stolz, nicht kleinlich und neidisch und wahrt die Menschenwürde; er ist tapfer, aber unterdrückt nicht den Geringeren, beutet nicht aus, sondern ist wohlwollend, generös und taktvoll, ohne Anmassung und Überhebung.

Er neigt zu natürlicher, innerer Religiosität, ist dabei duldsam und verbindlich gegen Andersdenkende und gegen andere Sitten und Gebräuche.

Unvernünftige Ideen und Handlungen liegen ihm fern; er ist kein Schreier, Schwätzer und Wichtigtuer. Er verkörpert Menschlichkeit und Gerechtigkeit und macht niemanden für etwas verantwortlich, woran er keine Schuld trägt, z. B. für seine Rasse.

Dieses Naturell hat unter guten Menschen kaum Feinde. Sein grosses Verständnis für alles Menschliche bringt ihm viele Freunde. Es missbraucht seine Macht nicht.

Das Betrachten und Studieren von Kunstwerken ausgeglichener und vielseitiger Personen beeinflusst die eigene Entwicklung günstig, da sie erhebend und wohltuend wirken. Besonders die klassischen Kunstwerke wirken durch solche inneren Gesetzmässigkeiten, die das Geheimnis ihrer unvergänglichen Anziehungskraft sind.

Durch die Naturell-Lehre erhält jeder einzelne die besten Anhaltspunkte zur Selbstentfaltung und erkennt, wie und wohin er sich entwickeln soll; er kann auf Grund dieser Selbsterkenntnis in ganz bestimmter Richtung an sich selbst arbeiten, um sich zu vervollkommnen.

Völker mit vielen ausgeglichenen Naturellen, wie die alten Assyrer und Ägypter, schaffen eine jahrtausendlange Hochkultur; ihre Sprache war harmonisch schön und wohlklingend.

Die **Abb. 131-138** zeigen Menschen im harmonischen Naturell. Bei der Betrachtung derselben sollte man sich Zeit nehmen und sich auch vom eigenen Schönheits- und Proportionsgefühl leiten lassen, um den Adel der Gesinnung, der in den Körper-, Kopf- und Gesichtsformen lebendig verkörpert ist, zu erkennen.

Abb. 131 Das harmonische Naturell. *Maria Montessori* (1870 - 1952), Ärztin und Pädagogin.

Das Erscheinungsbild einer einfach, selbständigen, klaren und ruhigen Menschlichkeit. Schlicht und bescheiden wirkt diese Persönlichkeit, so dass oberflächlich Beobachtende den Wert solcher Personen oft verkennen. Der Stirnaufbau von Frau *Montessori* zeigt ihr umfassendes und ausgeglichenes Denken, die Nasenform die einfühlende Planmässigkeit, der Mund die optimistischen Gefühle, das Kinn und die Unterkieferbogen den gut ausgeprägten, steten Körperimpuls. Mit Liebe und festem Willen geht sie unbeirrt den von ihr als richtig erkannten Weg.
Die innere Ausgeglichenheit und Integrationsfähigkeit lässt *Maria Montessori* extreme Werte meiden und trotzdem konsequent für die - für sie so selbstverständliche - Gleichberechtigung der Frau arbeiten. Sie erwarb als erste Italienerin den medizinischen Doktorgrad und beschäftigte sich dann wesentlich mit der Erziehung von Kindern. Ihre Erziehungsmethode stellt in erster Linie auf den inneren ererbten Wesenskern eines Menschen ab, den sie den inneren Bauplan nennt. Dieser soll durch geeignete Schulung gefördert werden. Sie zeigt einen Weg, bei welchem die Selbständigkeit in erster Linie durch Selbsterziehung umfassend gefördert wird. Die Erzieher haben dazu in erster Linie die äussere Hilfestellung zu gewährleisten.

Abb. 132 Das harmonische Naturell. *Ludwig Quidde* (1858-1941), Historiker und Politiker. Setzte sich schon vor 1900 als Pazifist für die militärische Abrüstung ein. Friedensnobelpreis 1927.

Das Erscheinungsbild der grossen menschlichen Liebesfähigkeit, verbunden mit Aktivität und Kraft, eine abgerundete und doch sehr interessante Erscheinung. Augenausdruck und Körperhaltung zeigen uns eine beeindruckende Klarheit, eine grosse Festigkeit ohne Sturheit oder Unbeweglichkeit. Die Stirn ist plastisch gerundet und geht in der ganzen Höhe in das breit ausladende Seitenhaupt über. Diese Form lässt erkennen, dass *Quidde* umfassend realistisch, praktisch, menschlich und ökonomisch denkt. Mit grosser geistiger Ruhe - Form der Nasenwurzel und Augenausdruck- kann er seine Gedanken formulieren und konzentriert zu einer Einheit gestalten. Die Nase zeigt in ihrer Kraft, Breite und Geradlinigkeit den entsprechenden Charakter. Selbstverständlich und bescheiden blickt *Quidde* uns an. Er ist ein harmonisches Naturell, dessen Stärke im umfassenden Erkennen und Umsetzen liegt. *Quidde* ist als Mensch und Charakter ein Vorbild.

Abb. 133 *Berta von Suttner*. Harmonisches Naturell. Schrieb "*Die Waffen nieder*", Friedens-Nobelpreis 1905.

Abb. 134 *Graf Zeppelin*. Harmonisches Naturell. Kraftvolle Männlichkeit, unbeugsame Willenskraft und unerschütterliches ideales Streben.

Abb. 135 Vortragskünstlerin im harmonischen Naturell. Kunst- und idealliebend, stets hilfsbereit; wirkt ausgleichend und höherbildend. Betätigt sich vielseitig körperlich und geistig.

Abb. 136 Handwerksmeister im harmonischen Naturell. Entwickelte sich zum Künstler in seinem Fach. Warme Menschlichkeit und Güte.

Abb. 137 *Rabindranath Tagore.* (1861-1941) Indischer Dichter, Philosoph, Musiker, Zeichner und Sozialreformer. Literaturnobelpreis 1913.

Das Erscheinungsbild des erhabenen, abgeklärten, weisen Menschen.

Er trägt in sich die Würde eines Königs, der vieles überschauen und erfassen kann, was anderen verborgen bleibt. Aus einem solchen Geist wächst das umfassende, universelle Denken hervor, welches die Menschheit zu einer friedlichen Entwicklung dringend nötig hat. Die Stirn ist vollendet in der Breite, im Aufbau und geht rund ins schöne Oberhaupt über. Das Auge zeigt Weisheit, die Nase grosse Planmässigkeit und die Kraft der Lebensgestaltung. Schlicht und schön umrahmen Bart und Haare das Gesicht. *Tagore* ist Weltbürger aus innerer Disposition und Entwicklung. Sein ganzes Fühlen, Denken und Handeln entspricht dem äusseren Erscheinungsbild.

Abb. 138 *Dr. Ralph Johnson Bunche.* (1904-1971), amerikanischer Diplomat, Prof. der Politikwissenschaft. Friedensnobelpreis 1950

Das Erscheinungsbild des einfühlenden und doch selbstbewussten Vermittlers. Er versteht es ausgezeichnet, auf die Menschen zuzugehen, sie aufzuschliessen und mit diplomatischer Argumentation zu überzeugen, was an Mund, Mittelgesicht, Augen und innere Ohrleiste zu erkennen ist.

Leidenschaftlich, aber ehrlich und sauber kämpft er für den Ausgleich.

Die Intergrationsfähigkeit trägt er als Anlage in sich. Es ist das harmonische Naturell. Für seine vermittelnde Tätigkeit im Rahmen der UNO erhielt er den Friedensnobelpreis.

Diese zwei Beispiele zeigen, dass die individuelle Einschätzung eines Menschen und seines Potentials unabhängig von Rasse, Religion und Herkunft möglich ist.

Das disharmonische Naturell

Die körperlich, seelisch und geistig unausgeglichene Natur.

Polar gegenüber dem ausgeglichenen Körperbautypus liegt der unausgeglichene Körperbau des disharmonischen Naturells.

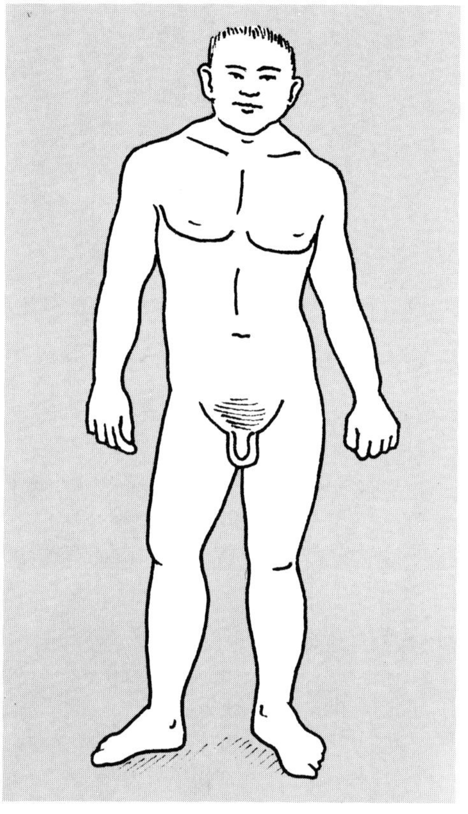

Abb. 139 Körperbau eines disharmonischen Naturells.

Die drei Grundorgansysteme und das Kräfteverhältnis sind hier nicht harmonisch miteinander verbunden. Es kann ein Organsystem mit einem zweiten, oder es können alle drei Systeme in stark ungleichem, nicht aufeinander abgestimmtem Verhältnis stehen. Der unausgeglichenen Naturellanlage liegt daher auch eine innere Zerfahrenheit und Unausgeglichenheit der formbauenden Kräfte (Die Kraftrichtungsordnung) zugrunde. Es kann z. B. die Anlage des Bewegungssystems stark sein, die geistige Neigung aber ebenso stark zu Ruhe und Ernährung tendieren.

Entsprechend der inneren Unausgeglichenheit des Kräftecharakters bildet sich auch die körperliche Form. Es gibt sehr viele verschiedene Erscheinungsbilder dieses Naturells.

Jede Persönlichkeit besitzt entsprechend ihrer spezifischen Eigenart eine individuell zu berücksichtigende Kombination von Eigenschaften. Dies gilt auch für den Menschen im unausgeglichenen Naturell. Diese Menschen sind oft ein psychologisches Rätsel. Da sie in ihrem Wesen stark zu Sprunghaftigkeit und plötzlicher Veränderung neigen, sind ihre Handlungen schwer vorausberechenbar.

Die Anlage kommt auch sehr stark in der Gestik und Haltung zum Ausdruck. Die Bewegungen sind aprupt, ruckartig oder schleichend und lauernd, sie können zögernd oder plötzlich hervorbrechend sein. Eine schiefe Haltung, gewundene, überspannte oder holperige Bewegungsabläufe sind Anzeichen innerer Unausgeglichenheit. Dieser innere Kräftecharakter bewirkt auch überbreite oder extrem dürre Formen. Wichtig zur Erfassung dieses Naturells ist die eingehende Betrachtung des Gewebes und dessen Ausstrahlung. Wirken die Gewebe stark schmutzig, hölzern, ledern oder sind sie wie von Wetterleuchten durchzogen, roh oder in ihrer Farbe und Spannung auffällig unabgestimmt, so liegt auch eine innere Disposition zu körperlicher, seelicher und geistiger Unausgeglichenheit zu Grunde.

Der Körperbau des unausgeglichenen Naturells kann schwerfällig, plump, unelastisch, aber auch verkrampft, verzerrt und unruhig wirken.

Er kann übermässige Weichheit neben sehr harten Formen aufweisen, gleichzeitig unruhig wirken und unbeweglich sein.

Wie erwähnt kann die Erscheinungsform des unausgeglichenen Naturells sehr vielfältig sein. Immer dort, wo die einzelnen Formen untereinander nicht durcheine einheitliche Form und Ausdruck gekennzeichnet sind, haben wir eine Erscheinungsform der Unausgeglichenheit vor uns. Der Leser wird gebeten, diese Uneinheitlichkeit des Ausdruckes an den speziell dargestellten und hervorgehobenen Merkmalen der folgenden Abbildungen zu studieren.

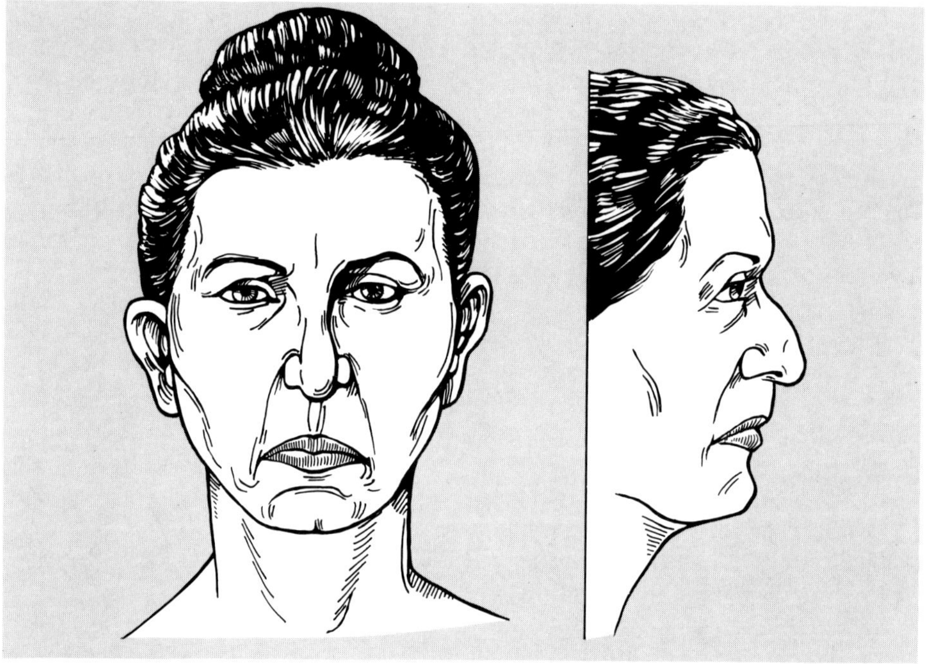

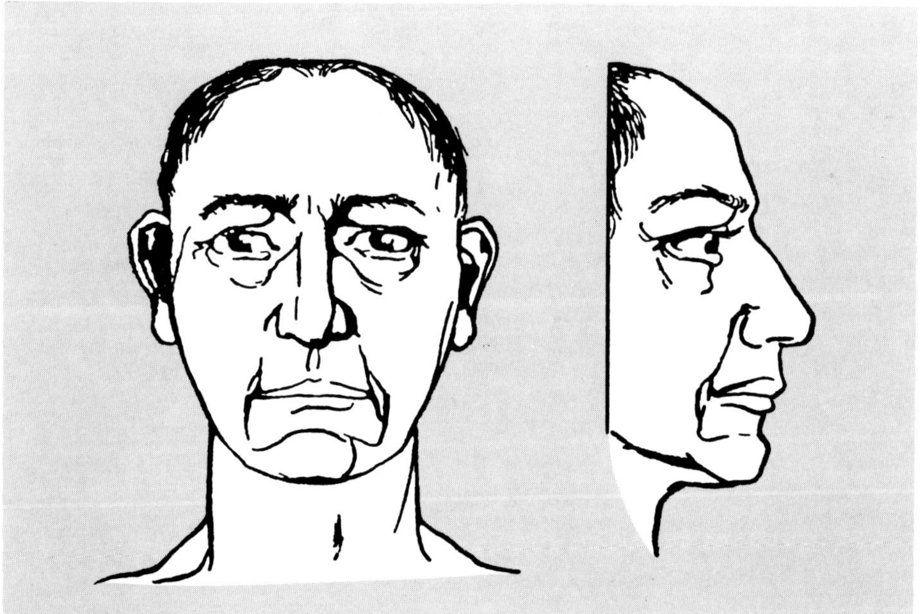

Abb. 140 und **141** Das disharmonische Naturell.

Abb.140 und **141** zeigt den Kopf- und Gesichtsbau des unausgeglichenen, disharmonischen Naturells in schematischer Darstellung. Der Blick ist hart, streng und fixierend. Das Auge drückt eine pessimistische Grundhaltung aus. Es zeigt grosse Starrheit bei gleichzeitig fiebriger innerer Unruhe, was dem Blick etwas unangenehm Stechendes verleiht.

Der breite Mund mit den eckigen Lippen und dem scharf geschnittenen Mundschluss lässt erkennen, dass diese Menschen dazu neigen, ebenso hart und negativ kritisch in ihren Gedanken, ihren Gefühlen und Worten zu sein, wie dies das gesamte Erscheinungsbild zeigt.

Die Gesichtsformen sind grob und schwer, was darauf hinweist, dass diese Menschen nur auf sehr starke psychische und physische Reize reagieren. Die Stirnbildung ist klein und eckig, im oberen Teil abgeflacht, seitlich schmal und eingedrückt, was darauf hinweist, dass solche Menschen zu eher einseitigem, stark schwankendem Denken neigen. Über den Ohren ist die Formbildung ungleich, der Wille und die Schaffenskraft sind also ebenfalls starken Schwankungen unterworfen. Der Schädel ist niedrig, das Gefühlsleben nimmt folglich im Denken weniger Platz ein; er wird nach oben zu schmal, was die Neigung dieser Menschen zu unvorsichtiger Handlungsweise verrät. Die Ohren sind stark vom Kopf abstehend, was auf grosse Innenspannung schliessen lässt. Sie sind hart und grob in der Form und offenbaren die grosse innere Unausgeglichenheit des Seelenlebens.

Die Nase ist hart geformt - betrachtet man das Profil, so erkennt man, das diese, sowie der grobe Mund und der schwere Ober- und Unterkiefer gegenüber dem Stirnbau das Übergewicht haben. Dies zeigt, dass diese Menschen auf Grund ihrer Persönlichkeitsstruktur nur sehr schwer an aufbauenden Gedanken und Handlungen dauerhaften Anteil nehmen können. Vielmehr bricht immer wieder die starke Neigung zu harter Kritik, Pessimismus und egoistischem Verhalten hervor. Lässt sich ein Mensch in dieser Grundhaltung gehen, oder fördert er diese durch eine ihm entsprechende Lebensweise, so neigt er immer mehr zu grober und unwahrer Kritik, zerstört dabei viel Gutes und verbreitet Unfrieden, Zank und Gehässigkeit. Konstruktive, gutgemeinte Hinwendung fällt auf unfruchtbaren Boden. Schafft es ein Mensch im unausgeglichenen Naturell jedoch durch bewusste Lebenshaltung langsam seine innere Zerrissenheit zu überwinden und das stark zur Veränderung neigende innere Potential in positive Bahnen zu lenken, dann kann er für sich und seine Mitmenschen Ansporn zu aktiver und positiver Entwicklung sein.

Wenn im Gesamtbild der Erscheinung eine Unausgeglichenheit hervortritt, sei es in Form, Farbe, Ausdruck oder Bewegung, so hat man deswegen noch nicht das unausgeglichene Naturell vor sich. Zur Kennzeichnung dieses Naturells müssen sich etwa fünf bis sieben Misstöne deutlich abheben und hervortreten. Solange das nicht der Fall ist, handelt es sich lediglich um eine gewisse unausgeglichene Richtung, die bei sonst guter Gesamtveranlagung hervortritt und bei vielen Personen zu beobachten ist.

Kein Mensch hat z.B. genau gleiche Gesichtshälften. Daraus ergeben sich natürliche Innenspannungen und Antriebsimpulse. Jeder Mensch hat mehr oder weniger starke Merkmale von Unausgeglichenheit in Gesicht- und Körperform.

Abb. 142 Das disharmonische Naturell. Zeichnung nach dem Leben. Das Erscheinungsbild der unausgeglichenen Wesensart. Die Grundlebensrichtung ist auf extreme, sprunghafte Tätigkeit ausgerichtet. Das kritische, unstete Denken herrscht vor.

Abb. 142 Zunächst stellen wir fest, dass nicht die Symmetrie, das Angenehme, Freie, Klare und Schöne wie bei Abb. 131, dem harmonischen Naturell, vorliegt.

Wohl ist auch dieser Kopf markant und kräftig gebildet und weist auf einen an sich hohen Entwicklungs- und Kulturzustand des Umfeldes dem er angehört hin. Aber die Kopf-, Stirn- und Gesichtsformen sind uneben, eckig, kantig, unausgeglichen - und so sind auch die geistigen Anlagen und Fähigkeiten und die körperlichen Triebe.

Die Augenformen sind ungleich, die Augen liegen momentan in den Ecken, der Blick ist nicht offen, sondern lauernd und versteckt. Das philosophische und religiöse Erkenntnisinteresse ist nur schwach ausgeprägt, was im flachen Bau des oberen Kopfteiles zum Ausdruck kommt. Die Wirtschafts- und Erwerbsimpulse sind unausgeglichen und sprunghaft, was im höckerigen Seitenhaupt deutlich zu erkennen ist.

In der Ohrengegend geht der Kopf übermässig in die Breite, hier erkennen wir die Wehr- und Widerstandskraft. Diese ist übermässig stark. Die Ohren selbst sind ungleich, nicht fein durchmodelliert, sondern grob und hart geformt, im unteren Teil schwer. Dieser Mensch ist für gute Ratschläge meist unzugänglich, sein Seelenleben ist hart und unsensibel und reagiert entsprechend erst auf stärkere Reize.

Die Nase ist scharf nach aussen gebogen - ebenso scharf und eigengesetzlich ist auch der Charakter. Der Mund ist verzogen, die Oberlippe breit gespannt, die Unterlippe grob, die Mundwinkel herabgezogen, die gesamte Mundbildung nicht locker, frei und natürlich - entsprechend ist der vorherrschende Denk- und

Gemütszustand eher übelwollend, pessimistisch und entwertend.

Die Gedanken- und Willensimpulse können nicht harmonisch ausgeglichen sein, wenn die formbildenden, lebendigen Kräfte und Stoffe es nicht sind; die inneren Antriebe machen sich ungehemmt geltend und die Handlungen sind entsprechend. Ein solcher Mensch hat die Neigung, das gute Zusammenleben und -arbeiten durch unnötige Härten zu durchbrechen, durch zu starkes, unangebrachtes, egoistisches Verhalten und demotivierende Kritik zu stören. Es ist, als ob solche Menschen das Unglück anziehen würden. Immer läuft für sie und ihre Umgebung etwas schief.

Anderseits kann das unausgeglichene Naturell auch in mancher Hinsicht tüchtig sein und Vorzügliches leisten. Daneben treten aber immer wieder Disharmonien, Unvernünftigkeiten und unnötige Härten hervor, so dass kein allgemeines Glücksgefühl in seiner Umgebung, unter seiner Leitung oder gar Herrschaft aufkommen kann. Durch das phlegmatische Temperament können Disharmonien sehr gemildert werden.

Der stark unausgeglichene Mensch kann oft eine rücksichtslose Tatkraft entfalten, für sich alle Rechte und Privilegien in Anspruch nehmen, während er selbst wenig Rücksicht auf andere nimmt. Er neigt dazu, die Rechte anderer zu missachten, das Gute zu unterschätzen und scheut dabei das Offene und Ehrliche. Seine Charakterstruktur kann ihn zur Überschätzung des Äusserlichen und Materiellen führen. Umgekehrt kann die Überschätzung von Äusserlichem und Materiellem jeden Menschen zu innerer Unausgeglichenheit bringen.

Die Lebensweise wird dann häufig extrem und einseitig. Infolge der Zersplitterung und Zerfahrenheit der inneren Kräfte stellen sich oft langwierige körperliche und geistige Leiden, unangenehme und schwer heilbare Krankheiten ein. Es fällt ihm schwer, die Lebensweise zu ändern, da seine innere Zerrissenheit und Zwiespältigkeit immer wieder durchbricht und die mühsam aufgebaute Einsicht und eigene gute Vorsätze beiseite schiebt. Die Geisteshaltung zeigt bei unausgeglichenen Menschen ähnliche Gegensätzlichkeiten. Oft sind sie krasse und rohe Materialisten und starke Egoisten. Sie neigen dazu, den Konflikt um des Konfliktes Willen zu suchen, gewissermassen Oel ins Feuer zu schütten und, wenn alles lichterloh brennt, den Unschuldigen zu spielen. Sind sie von einer Idee begeistert, nehmen sie auf Andersdenkende keine Rücksicht und verfechten sturr und oft dogmatisch ihre Ansichten. Ihrem inneren Schwanken entsprechend können die von ihnen vertretenen extremen Haltungen ebenso plötzlich in ihr Gegenteil verwandelt werden. Es fehlt diesen Menschen an Verbindlichkeit, Liebe und Konsequenz, oft auch an Logik, Vernunft und Toleranz. Ihre Handlungen sind meist übertrieben und sie reagieren nicht den Umständen, sondern ihrer inneren Wesensart entsprechend.

Ihre Unstetigkeit kann sich z.B. darin ausdrücken, dass sie sich einmal freundlich und gut geben, um ein andermal mit dem Abbruch aller Beziehungen zu drohen. Oft suchen sie alle Macht in ihre Hand zu bekommen, um andere von sich abhängig zu machen.

Als Geschäftsmann kann ein Mensch mit dieser Charakterstruktur manchmal sehr freundlich, ein ander Mal jedoch sehr unverbindlich sein. Er kann leicht in Erwerbsfanatismus verfallen, dabei andere ausbeuten, sich über andere erheben und sie herab setzen. Auf der einen Seite kann er musterhaft sein, auf der anderen jedoch das Gegenteil; oft herrscht Zerrissenheit in seinem Betrieb, Zank und Streit, zu grosse Strenge und Härte und eine frostige Atmosphäre.

Ähnlich wie hier beschrieben, verhält sich der Mensch im unausgeglichenen Naturell als Staatsmann, in der Regierung, als hoher oder niederer Beamter, als Theologe und Pädagoge, als Arzt, Jurist, Künstler, Schriftsteller, Handwerker, Industrieller, Techniker, als Arbeiter, im Betrieb und in der eigenen Familie.

Der im unausgeglichenen Naturell liegende Mensch sollte daher bei aller Würdigung seiner im einzelnen oft guten Leistungen nicht dominierenden und ausschlaggebenden Einfluss erhalten.

Abb. 143 und **144** *Richard Nixon* * 1913. 37. Präsident der USA.
Das Erscheinungsbild der unharmonisch aufeinander abgestimmten Formen. Hier kann nicht von einer inneren Integrationsfähigkeit gesprochen werden. Der Augenausdruck, verbunden mit der starken Augenbrauenbildung, zeigt die Tendenz mit heftiger Leidenschaftlichkeit, mit Härte und dem Einsatz aller Möglichkeiten der Macht zu denken und zu handeln. Es ist das Gegenteil eines freien, verbindlichen, den Menschen zugeneigten Denkens.
Ein starker Gegensatz zwischen hartem Durchsetzungswillen und weichem Gefühl zeigt der hart geformte Unterkieferbogen und die weiche aber unschöne Mundform. Das Untergesicht wirkt schwer und hat kein genügendes Gegengewicht in der, im Verhältnis mässig entwickelten Oberstirn. Als Präsident einer Weltmacht ist ein Mensch mit dieser Charakterstruktur ungeeignet. Zunehmend autoritärer Regierungsstil und Manipulationen im Wahlkampf (Watergate-Affäre) zwangen ihn 1974 zum Rücktritt.

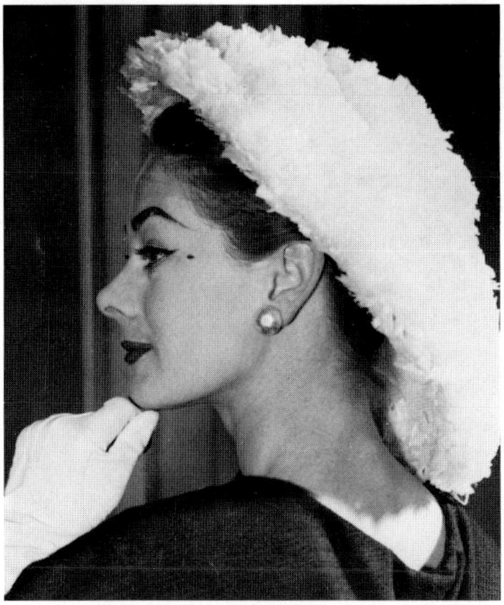

Abb. 145 Hier ist die Unausgeglichenheit feiner, aber gleichwohl vorhanden. Der Kopfbau ist zierlich, und man könnte meinen, ein Empfindungs-Naturell vor sich zu haben. Aber die oben schwache, unten etwas plumpe und hochgehende Nase passt gar nicht zu diesem Typus; sie zeigt einen oberflächlichen, leicht launisch werdenden und sehr genussfreudigen Charakter.
Das Auge zeigt die stark sinnlich eingestellte Denk-und Gefühlswelt. Der zu gross und auffällig geschminkte Mund zeigt die Freude am leichten und möglichst ausgiebigen Lebensgenuss und die Begehrlichkeit für alle Äusserlichkeiten. Kinn und Unterkiefer sind etwas zu schwer, das Ohr oben abgeflacht und nach unten langgezogen, der Hals ist lang. So ist teils das geistig Lebhafte, Geweckte und Interessierte des Empfindungs-Naturells vorhanden, aber es fehlt die ebenfalls wichtige verinnerlichte Lebenshaltung, die das Empfindungs-Naturell auszeichnet.

Abb. 146 zeigt den typischen Ausdruck des unausgeglichenen Naturells. Wenn auch der Kneifer, der Schnurrbart, der steife Kragen heute nicht mehr Mode sind, so ist es doch ein treffliches Lehrbeispiel. Es fällt besonders das lange und schwere Kinn auf, ferner der harte und verbissen verschlossene Mund mit der plump und schwer vorgeschobenen Unterlippe. Die Nase ist lang und grob geformt, die Mittelgesichtspartie wirkt kühl, der Kopf ist in der Ohrengegend breit. Die Ohren selbst sind ungleich angesetzt und abstehend. Die Barttracht, ist typisch für Eigendünkel. Die Stirn zeigt gut entwickelte Verstandeskräfte, die aber auf Grund der übrigen Veranlagung nicht immer im Dienste des Guten stehen.

Abb. 147 Das Untergesicht ist schwer, der Mund verformt, die Nase kurz und hart, die Jochbeine breit vortretend, die Ohren ungleich, gross, lappig und quer abstehend, die Augen blicken unstet. Die Anlage zu vernunftsbetontem Denken (Oberstirn) ist nicht schlecht, kommt aber durch die Unausgeglichenheit, die sich an Augen, Ohren und Gesicht zeigt, nicht genügend und jeweils nur für kurze Zeit zur Geltung. Extreme, unberechenbare Handlungen sind stets zu gewärtigen.

Abb. 148 In den harten und langen Formen äussert sich die Bewegungsanlage; aber der Ausdruck von Augen und Mund ist entwertend, lieblos, nüchtern und destruktiv.

Die mittlere Gesichtspartie um Augen, Nase und Mund - wo sich beim wohlwollenden Menschen das warme, liebevolle Gemüts-, Seelen- und Empfindungsleben in dem lebhaften und natürlichen, Ausdruck widerspiegelt, ist hier lederartig und wie verhärtet. Dabei ist die Aussenspannung vom mittleren Seitenhaupt abwärts bis zum Kinn, einschliesslich der grob geformten, stark abstehenden, unschönen Ohren sehr fest und kräftig bei insgesamt langer Breitenachse des Kopfes. Entsprechend diesen Formen und ihrem Ausdruck bestehen Gefühlskälte und eine starke innere Gespanntheit.

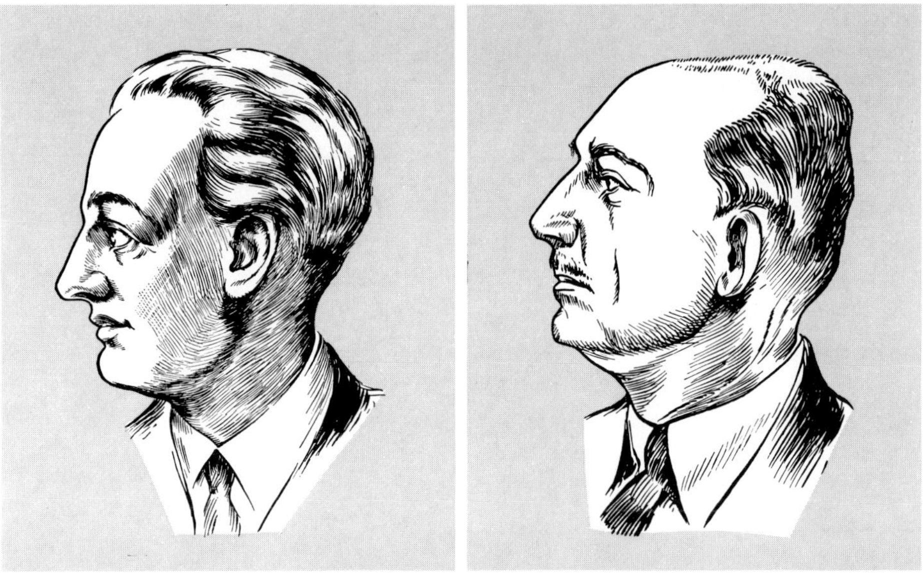

Abb. 149 zeigt sehr deutlich die gegensätzliche Entwicklung von Harmonie und Disharmonie. Links sehen wir eine natürliche, angenehme, gesunde, kräftig-schöne und gut proportionierte Formbildung sowohl des ganzen Kopfes wie aller seiner Einzelteile. Daraus spricht die Ausgeglichenheit der Gedanken, Gefühle und Taten. Ein solcher Mensch sucht und findet den goldenen Mittelweg des Lebens und trägt ihn auch in die Umgebung. Die rechte Zeichnung zeigt das Gegenteil. Die zerfahrene Umrisslinie des Kopfes lässt erkennen, dass die inneren Kräfte und Organsysteme, die Anlagen, Neigungen, Triebe und Fähigkeiten in sich selbst eine starke Gegensätzlichkeit tragen, die sich innerlich und auch auf die Umwelt entsprechend auswirkt. Der Gesichtsausdruck verrät die Überheblichkeit.

Die Unausgeglichenheit kann, wie es die Abb. 145-148 deutlich machen, verschieden stark auftreten. Man kann daher von einer einfachen oder leichten, einer mittleren und einer schweren Unausgeglichenheit sprechen.

Wir können also Abb. 145 als leichte, Abb. 146 als mittlere und Abb. 147 und 148 als schwere Unausgeglichenheit bezeichnen.

Stets zeigt sich die Unausgeglichenheit durch mehr oder weniger starke Gegensätzlichkeiten und Diskrepanzen in Körper-, Kopf- und Gesichtsbau. Auch das Haar, das wirr, aufgebauscht oder ausdruckslos und öde sein kann, oder das mit Vorliebe extrem künstlich hergerichtet wird, ist Ausdruck der Disharmonie.

In allen Lebensäusserungen machen sich Extreme und Widersprüche bemerkbar: übertriebene Mimik und Gebärden, der seltsame exaltierte oder gehemmte Tonfall der Sprache, auch die Handschrift, ferner die Kleidung, die übertrieben gepflegt oder vernachlässigt sein kann, die sich in starken und schreienden Kontrasten gefällt, sowie auffälliges "make-up" von Gesicht und Haar, Händen und Füssen sind Erscheinungsbilder der inneren Unausgeglichenheit. Auch zu grosse Freundlichkeit, scheinbares Entgegenkommen bei gegensätzlicher Haltung und Mimik oder anderen physiognomischen Gegensätzen lassen auf Unausgeglichenheit schliessen.

Dabei können solche Menschen zweifellos eine grosse Energie entfalten. Sie neigen dazu, durch rücksichtslose Durchsetzung ihrer Pläne gehobene Stellungen zu erreichen, in denen sie dann kalt, hartherzig, und mitleidlos handeln, dem Anschein nach korrekt und untadelig, in Wirklichkeit aber oft menschenfeindlich.

Auch die **Abb. 150** und **151** zeigen den starken Gegensatz zwischen Ausgeglichenheit und Unausgeglichenheit.

Abb. 150 Hier fallen vor allem die sehr fein abgetönten Gewebe auf, die so warm und lebensfrisch durchhaucht und durchstrahlt sind und die das starke innere Aufnehmen, Fühlen und Durchdenken zeigen.

Abb. 151 Klar und offen, dabei scharf beobachtend, blickt das Auge - und fest und bestimmt ist das Kinn geformt. Im Auge liegt viel geistige Kraft, Treue und Festigkeit, und das Kinn zeigt, wie stark und fest dieser Mensch zum Guten steht, dafür arbeitet und es entschlossen verteidigt. Der feine Mund zeigt Bescheidenheit und Freundlichkeit, die Nasenform Festigkeit und Zuverlässigkeit des Charakters, die kraftvollen Jochbeine starke Überwindungskraft, das wohlgeformte Ohr ein ausgeglichenes Seelenleben, der Formenreichtum des Haares ideales Streben, die Unterstirn scharfe Beobachtungs- und Auffassungsgabe und ein umfassendes Denkleben - und die prachtvoll offene, hoch, breit und plastisch ausgewölbte Oberstirn die warmen Vernunftkräfte, starkes Wohlwollen, eine bewusste eigene Ethik und angespanntes Nachdenken.

Schön sind die Partien des Untergesichts (vom Kinn bis zur Nase), des Mittelgesichts und der Stirn aufeinander abgestimmt - sie zeigen die höherstrebende Lebenshaltung. Dieser Herr hat die Bedeutung der Huterschen Welt- und Lebenslehre erkannt und fördert diese.

Abb.151 zeigt die Unausgeglichenheit, die sich besonders geistig in zu starker Kritik und Opposition, Verneinung und Destruktion äussern kann.

Abb. 151 Die zusammengekniffenen Augen, die gerümpfte Nase, der schiefe Mund, die schwer vortretende Unterlippe, die herabgezogenen Wangen und deren scharfe Einschnitte zeigen Hang zur Nörgelei - diesem Menschen ist nichts recht zu machen. Das lang und hart nach unten gehende Kinn zeigt Angriffslust und Hartnäckigkeit, das tiefsitzende und stark abstehende Ohr Nüchternheit und Kühle, aber auch Neigung zu Heftigkeit und unnötiger Aufregung.

Die breite Stirn, das hochgehende Seitenhaupt zeigen Intelligenz und Wissensansammlung, die aber nicht im Dienste gütiger, hilfsbereiter, rücksichtsvoller und die Umgebung beglückender Lebensführung steht.

Ist die unausgeglichene Naturell-Anlage Schicksal?

Die zu innerer und äusserer Unruhe führende Lebens- und Geisteshaltung der unausgeglichenen Naturell-Anlage kann auch überwunden werden.

Carl Huter beobachtete an einem seiner Vorträge einen Mann, der sehr unausgeglichene Formen aufwies, aber eine nicht diesen Formen entsprechende Ausstrahlung zeigte. *Huter* sprach den Mann an und fragte, was er getan habe, um eine solche Ausstrahlung zu erhalten. Dieser antwortete: *"Ich habe erkannt, dass eine unglückliche Anlage in mir steckt. Darauf versuchte ich, positive Gedanken und Gefühle zu pflegen, alle destruktiven Gedanken abzuweisen. Ich suchte Freunde, die mir dabei halfen. Diese fand ich im religiösen Umkreis. Mit ihrer Hilfe und bewusstem religiösen Denken und Streben ist es mir weitgehend gelungen, meine Anlagen umzuformen."* Das Resultat dieser Bemühungen hat *Huter* an der dadurch entstandenen Ausstrahlung erkannt. Zur Umformung vorhandener Dispositionen braucht es viel Einsicht, Überwindungskraft und Geduld. Die Bezugspersonen können sehr viel zur positiven Veränderung beitragen, indem sie Erfolge würdigen und Misserfolge nicht vorhalten. Ebenso wie eine positive Entwicklung möglich ist, kann sich ein Mensch auch negativ entwickeln, die innere Ausgeglichenheit zerstören oder die Unausgeglichenheit verstärken.

Das harmonische Naturell mit Disharmonie

Die harmonische und disharmonische Naturellanlage können bei einem Menschen auch zusammen auftreten. In diesen Menschen ist eine starke physiologische Elektrizität und entsprechend grosse seelisch-geistige Innenspannung vorhanden, welche sie stets zur Veränderung des Bestehenden drängt. Diese Wiederstands- und Veränderungsenergie steht bei ihnen aber unter der Leitung der Helioda, was sie veranlasst, nach dem Idealen zu streben und die Veränderungsenergie nicht zur Zerstörrungsenergie werden lässt. Diese Menschen sind ausserordentlich interessante, eigenwillige und schöpferische Naturen. Bei Sokrates, Michelangelo und Beethoven stand diese Naturellveranlagung- nebst der genialen - im Vordergrund.

Abb. 152 und **153** *Michelangelo Buonarroti* (1475-1564). Ausgeglichenheit mit starker Innenspannung und dem Ausdruck inneren Leidens.

11. Die sekundären Naturelle

Die Keimblattlehre gibt uns die Antwort auf die Frage, warum es gerade drei Grund-Naturelle oder Grundkonstitutionen und drei Haupttypen des Körperbaues gibt. Häufig steht aber nicht nur ein Organsystem im Vordergrund der Entwicklung, wie es bei den primären Naturellen der Fall ist, oder es tritt ein Ausgleich oder eine Zersplitterung zwischen den drei Organsystemen auf, wie es bei den polaren Naturellen der Fall ist, sondern es können zwei Naturellanlagen im Vordergrund stehen, während die dritte zurücktritt.

Diese Veranlagung ergibt das sekundäre Naturell (sekundär = in der Aufstellung, nicht in der Qualität, an zweiter Stelle stehend). Bei den sekundären Naturellen sind zwei Systeme gleich stark betont und bilden eine sich die Waage haltende Einheit, das dritte System hingegen tritt in geschwächter Kraft - und Neigungsanlage zurück.

Wir unterscheiden dementsprechend drei sekundäre Naturelle:

1. Das Bewegungs-Empfindungs-Naturell,

2. das Ernährungs-Empfindungs-Naturell,

3. das Ernährungs-Bewegungs-Naturell.

Die sekundären Naturelle sind nicht mehr so einseitig nach einer besondere Richtung ausgerichtet wie die primären Naturelle, denn das Vorherrschen von zwei Organsystemen bedingt schon eine grössere Vielseitigkeit. Jedoch führt die jeweils schwächere Kraft im dritten System leicht zur Vernachlässigung der entsprechenden Lebensgebiete.

Den sekundären Naturellen ist zufolge ihrer Organveranlagung - Harmonie und Kraft in zwei Systemen, Zurücktreten der dritten Systemanlage - eine starke Innenspannung eigen. Diese befähigt sie, nach besonderer Richtung hin Aussergewöhnliches zu leisten. Es sind daher vielfach talentierte Menschen.

Andererseits schwanken die sekundären Naturelle entsprechend ihrer starken Innenspannung aber auch zwischen den Polen der Harmonie und Disharmonie. Da, wie schon erwähnt, das Naturell nicht absolut konstant ist, sondern sich durch Lebensweise und Betätigung in vielen Jahren teilweise umbilden lässt, haben insbesondere die sekundären Naturelle die Möglichkeit, sich durch Naturell- und Selbsterkenntnis in ausgleichender Richtung zu entfalten. Die Entwicklung und Neigungsrichtung kann auch zur Unausgeglichenheit tendieren, wodurch die vielfach besondere Leistungsfähigkeit der sekundären Naturelle sich ungünstig entwickelt.

Durch das Vorherrschen von zwei Körperbauanlagen und das Zurücktreten der dritten unterscheiden sich die sekundären Naturelle nach Körperbau, Kopf- und Gesichtsform wie auch nach Charakter und Anlage in markanter Weise.

Das Bewegungs-Empfindungs-Naturell

Der tatkräftige Ideenmensch.

Beim sekundären Bewegungs-Empfindungs-Naturell stehen die Bewegungs- und Empfindungsanlage harmonisch vereint im Vordergrund der Entwicklung, und das Ernährungssystem tritt ganz eindeutig zurück. Daraus wächst der charakteristische Körperbau hervor und folglich die Grundlebensrichtung.

Der Körper, Kopf- und Gesichtsbau hat Ähnlichkeit mit dem des Bewegungs-Naturells, aber durch die auf gleicher Höhe stehende Empfindungsanlage sind die entsprechenden Merkmale verfeinert, die des Empfindungs-Naturells hingegen durch die Bewegungsanlage gekräftigt.

Die Gestalt ist meist gross, aber immer schlank mit kräftigen und markanten Formen, die gleichzeitig sehnig und doch feinnervig, schmiegsam und biegsam sind und ausgesprochen elegant wirken.

Arme und Beine sind lang und kräftig, jedoch gleichzeitig feinnervig. Das Harte, Grobe, Robuste, Knochige und Eckige des Bewegungs-Naturells ist überall gemildert, das Zarte und Feine des Empfindungs-Naturells sehr gefestigt. Die Körperfülle tritt dagegen vollständig zurück, der Leib hat stets geringes Volumen.

Das Gesicht ist länglich-schmal, die Formen sind dabei klar, rein und verfeinert und die Züge fein geschnitten. Die Sinnesorgane, Augen, Nase, Mund, Ohren treten sehr bestimmt, markant und gleichzeitig fein durchmodelliert hervor. Die Augen zeigen Geistesgegenwart und aus dem gesamten Ausdruck spricht starkes Empfinden und grosse Intelligenz. Haltung und Bewegungen sind elegant, energisch und beherrscht.

Die Stirn ist höher entwickelt als beim Bewegungs-Naturell, zudem oft auch breiter; das Oberhaupt ist voller ausgebaut, beides zeigt entsprechend höhere Verstandes-, Vernunfts- und Gefühlskräfte. Das Hinterhaupt ist gerundet, Körperbeherrschung, Gewandtheit, Unternehmungsfreude, Tatendrang und Selbstbewusstsein offenbarend. Der Nacken ist kräftig und schön geschwungen. Dies zeigt eine mittelstarke Neigung zum Geschlechts- und Liebesleben.

Die Nasenform zeigt lebhaften geistigen Impuls, das kräftige Kinn und der gut entwickelte Unterkiefer entsprechende körperliche Tatkraft und Ausdauer. Das Empfinden und die geistigen Interessen gehen unmittelbar in das Tat- und Bewegungsleben über.

Diese schlanken, tatkräftigen, geistig und körperlich beweglichen Menschen sind wie geschaffen für die modernen Betriebe. Als Techniker, Ingenieure, Wissenschaftler, Reisende und Verkäufer, als Spezialisten in Presse- und Verlagswesen, bei Film, Theater, Rundfunk und Fernsehen, im Verkehrs- und Flugwesen, in allen hochspezialisierten und technisierten Berufen leben sie der Gegenwart und dem Fortschritt auf allen Gebieten.

Man findet sie auch als Gelehrte und Forschungsreisende; es sind die Menschen, die Erfindungen und Verbesserungen ersinnen und Neuerungen einführen. *Huter* bezeichnete das Bewegungs-Empfindungs-Naturell daher als den *"Typus des erfolgreichen Gelehrten"*.

Oft sind diese Menschen Lebensreformer, Förderer geistiger und materieller

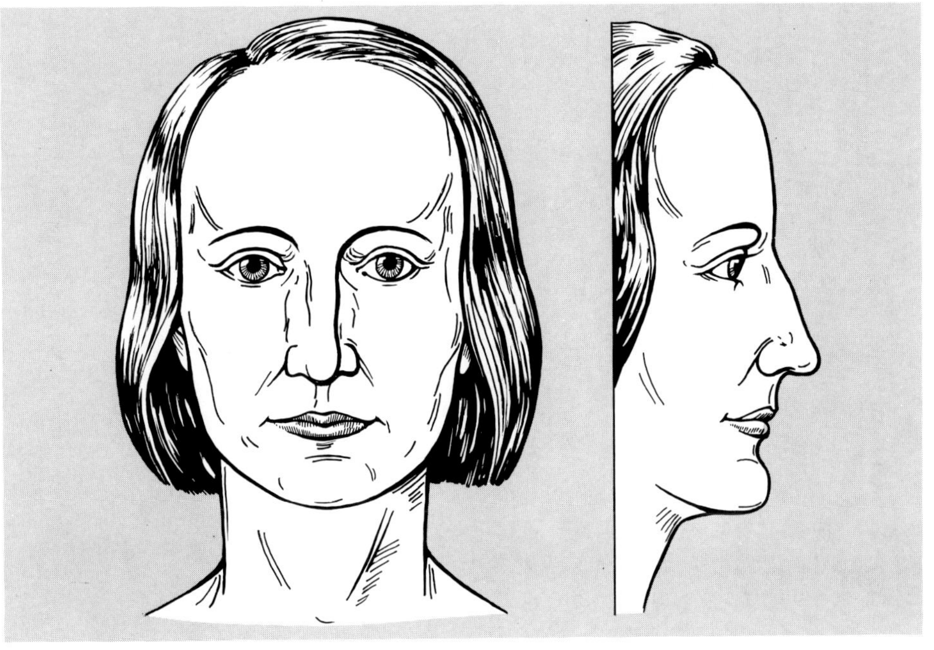

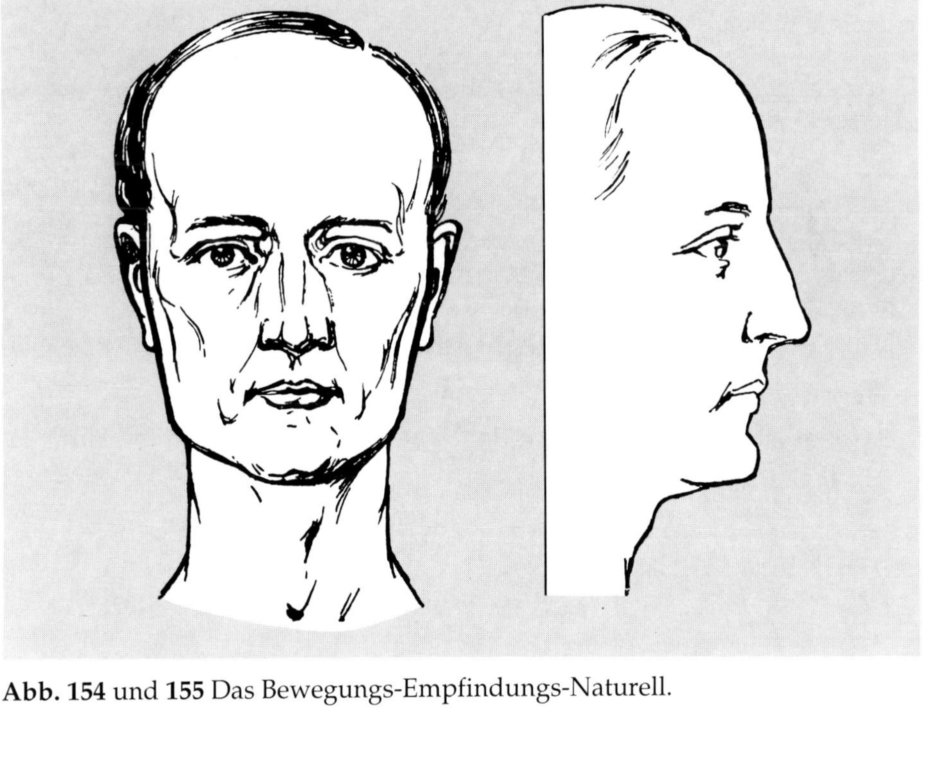

Abb. 154 und **155** Das Bewegungs-Empfindungs-Naturell.

Abb. 156 Das Bewegungs-Empfindungs-Naturell. Zeichnung nach dem Leben. Das Erscheinungsbild der tatkräftigen und ideenreichen Wesensart. Die Grundlebensrichtung ist auf das Willens- und Empfindungsleben ausgerichtet. Das forschende, fortschrittliche Denken herrscht vor.

Fortschrittsbestrebungen, denn sie entfalten ebensoviel Tat- und Willens- wie auch Empfindungskraft.

So ist es zu verstehen, dass sie sich einerseits in gesunder Weise unter Entfaltung all ihrer körperlichen und geistigen Kräfte in ausgleichender Richtung entwickeln und ihren Anlagen gemäss Kunst, Technik, Industrie, Verkehr usw. ausserordentlich bereichern. Ebenso können sie sich anderseits intensiv kriegstechnischen und - wissenschaftlichen Arbeiten und einer entsprechenden Forschung und Industrie zuwenden, ohne an die negativen Folgen zu denken. So lernt man begreifen, dass an sich hochentwickelte Kulturmenschen ihre ganze Intelligenz darauf richten können, eben diese Kultur zu bedrohen.

Es gibt in Deutschland, noch mehr in England und auch in der Schweiz sehr viele Menschen, die eine starke Neigung zum Bewegungs- und Empfindungsleben haben und infolgedessen grosse Ähnlichkeit mit den hier abgebildeten Bewegungs-Empfindungs-Naturellen aufweisen. Häufig entfalten diese Menschen grosses diplomatisches Geschick, wie es z. B. bei dem früheren britischen Aussenminister *Eden* der Fall war.

Der Dichter *Friedrich Schiller* lag in diesem Typus. Er vernachlässigte die Ruhe und Ernährung und das körperliche Wohl, was den Anlass zu seinem frühen Tode gab. Überschwang der Gefühle, gesteigerte Kraft und Schönheit der Sprache und die Erhebung heldenhafter Grösse ins Übermenschliche sind charakteristisch für seine idealistische Kunst. Da dem Bewegungs-Empfindungsmenschen die Ruhe mangelt, ist er der Typus, bei dem das Schwanken zwischen den Polen der Harmonie und Disharmonie besonders hervortreten kann.

Abb. 157-163 zeigen typische Vertreter des sekundären Bewegungs-Empfindungs-Naturells.

Abb. 157 Eine weltgewandte junge Frau im Bewegungs-Empfindungs-Naturell, die sehr empfindungsreich, aber auch tatkräftig und unternehmungsfreudig ist.
Das Auge blickt seelenvoll und mit wachem Interesse. Die Nasenform zeigt Planmässigkeit, gute Darstellungsgabe, Selbstbeherrschung, Charakterstärke und erzieherische Begabung. In der feinen Haut zeigt sich lebhafter geistiger Impuls.

Abb. 158 Der englische Physiker *Rutherford*, ein hervorragender Fachgelehrter, den Tatkraft, Zähigkeit und unermüdlicher Forschungseifer auszeichneten. Er ist ein Bewegungs-Empfindungs-Naturell mit starker innerer Spannung, die sich auch in den kräftigen Geweben äussert, besonders an Nase, Augenumrahmung und Auge selbst, ferner an der Unterstirn und seitlich über den Augen, wo sich auch der hervorragende Sinn für Ordnung, Zahlen und Mathematik zeigt.

Infolge der starken Innenspannung kommt es beim Bewegungs-Empfindungs-Naturell leicht zur Auslösung tragischer innerer und äusserer Konflikte. Das ist am ehesten zu vermeiden, wenn er eine dauernde Beziehung mit einem Menschen eingeht, der ihn ergänzt; die beste und glücklichste Ergänzung findet er sowohl im Berufs- wie auch Eheleben im harmonischen Naturell. Aber auch das primäre Ergänzungsnaturell, das Ernährungs-Naturell, bietet einen vorzüglichen Ausgleich, da dessen starke Seiten - die Ruhe und der praktische ökonomische Sinn - dem Bewegungs-Empfindungstypus all das geben, was diesem selbst fehlt, und umgekehrt. Tatsächlich gibt es auch sehr viele Freundschaften und Ehen in dieser Naturellergänzung.

Abb. 159 *Dr. Hildegard Hamm-Brückner.* Bewegungs-Empfindungsnaturell mit Harmonie.

Es ist das Erscheinungsbild der umfassend wissenschaftlich und menschlich denkenden Frau. Die markanten Formen sind überstrahlt von einer feinen Geistigkeit. Das Mittelgesicht ist weich, die Augen blicken uns wach und gütig an. Dies zeigt dass diese Frau bei ausgezeichnetem realen Denkvermögen - auch die Nasenwurzel und Unterstirn sind kraftvoll - die menschliche Seite des Lebens nie vergisst.

Sie war u.a. Vorkämpferin für Landschulreformen, Bildungsplanung und Chancengleichheit im Bildungswesen. Spezielle Auszeichnungen lehnte sie aus grundsätzlichen Gründen ab.

Abb. 160 *Fridtjof Nansen,* der grosse norwegische Polarforscher, Diplomat und Menschenfreund, lag im ausgesprochenen Bewegungs-Empfindungs-Naturell, wie die länglichen, markanten Gesichtsformen zeigen, die gleichzeitig von grosser Feinheit und bevorzugter Ausprägung der Sinnesorgane, besonders der Augen, sind. In der ausserordentlichen Klarheit und guten Proportion aller Formen offenbart sich darüber hinaus die ausgeglichene Lebensrichtung innerhalb des sekundären Naturells.

Stets unerschöpflich neue Gedanken und Pläne produzierend wie das Empfindungs-Naturell, kühn, unerschrokken und tatkräftig Neues gestaltend wie das Bewegungs-Naturell, neue und bessere Erkenntnisse, Einrichtungen und Zustände schaffend mit dem Leitmotiv, seinen Mitmenschen, vor allem den Schwachen und Bedrängten, zu helfen wie das harmonische Naturell - das war *Nansen,* einer jener verhältnismässig seltenen Menschen, in denen sich das Gute mit ausserordentlicher Tatkraft paarte.

Abb. 161 *Lady Churchill*, die Gattin des früheren britischen Premierministers *Winston Churchill*, der vornehmlich im Ernährungs-Naturell lag. *Lady Churchill* steht dazu im Ergänzungs-Naturell, dem Bewegungs-Empfindungstypus, was an dem langen Gesicht, der kraftvollen Nase, dem impulsiven Kinn, dem lebhaften Auge und der kräftigen, hohen und breiten Stirn erkennbar ist. Die hervorragende und glückliche Ergänzung und der Zusammenklang der Naturellanlagen brachte es mit sich, dass sich beide Ehegatten in harmonischer Weise entwickeln konnten.

Abb. 162 Bei diesem Mann tritt die sekundäre Bewegungs-Empfindungsanlage besonders markant hervor. Er ist ausserordentlich intelligent, gewandt, anpassungsfähig und geistig und körperlich impulsiv, was insbesondere aus der gespannten Haut und dem energischen Formbau, wie er diesem Naturell eigen ist, zu erkennen ist. Er hat vorzügliches Organisationstalent und diplomatisches Geschick und steht in leitender Position in einem bedeutenden Unternehmen auf dem Gebiete der Photographie.

Abb. 163 Bewegungs-Empfindungs-Naturell.
Der *"Typus des erfolgreichen Gelehrten"* in seinem ureigenen Wirkungsfeld.

Vergleichen, ermitteln, erkennen, neues Wissen suchen ist die Welt in welcher sich solch forschende Menschen in erster Linie bewegen.
Die plastische Unterstirn zeigt die Fähigkeit, reales, nüchternes Wissen aus der Naturbeobachtung zu schöpfen und umzusetzen. Zusammenhänge werden dann mit einem ausgezeichneten analytischen und vergleichenden Denkvermögen, an der plastischen 4. Stirnregion * zu erkennen, verarbeitet. Mit diesem Denkvermögen werden auch neue Ideen geboren, spekulativ neue Wege erarbeitet und Voraussagen gemacht, die dann wieder naturwissenschaftlich zu beweisen sind.
Alles Gedachte und Gesehene wird mit einer grossen, an der langen und prägnanten Nase sich zeigenden, Planmässigkeit und Gründlichkeit umgesetzt, geordnet und mit immer neuer Begeisterung und Motivation, mit unermüdlicher Zähigkeit weiterverfolgt. Aus dem ausgezeichneten Denkvermögen und der planmässigen Lebensgestaltung ergibt sich dann der Erfolg des Forschers.

Vergleiche Band 2."Grundlagen der Menschenkenntnis"

Das Ernährungs-Empfindungs-Naturell

Das sozial-wirtschaftliche Talent.

Beim Ernährungs-Empfindungs-Naturell sind das Ernährungs- und das Empfindungssystem zu einer harmonischen Einheit verschmolzen, wogegen die Bewegungsanlage zurücktritt.

Der Körperbau ist voll und rundlich, ähnlich wie beim Ernährungs-Naturell. Aber die Korpulenz ist verfeinert, die Gewebe sind zarter und von grosser Sensibilität. Die Formen sind entsprechend lichter, heller und von stärkerer Ausstrahlung.

Der Leibumfang ist gross, die Glieder sind voll und weich - aber die Gestalt ist durch die allseitige Verfeinerung zierlicher, auch die Bewegungen sind nicht so behäbig, sondern leichter, gewandter, eleganter.

Das Gesicht ist nicht so robust, voll und wuchtig wie beim Ernährungs-Naturell; Mund und Kinn sind feiner geformt, die Augen sind ausdrucksvoller und empfindungsreicher, die Stirn höher, das Oberhaupt voller, das Haar feiner und ein gewisser Adel, eine grössere Zartheit und etwas Hoheitsvolles liegt über den weichen und vollen Formen. Das Hinterhaupt zeigt weniger Spannkraft, aber im unteren Teil, wo das Feingefühl für Hand- und Fingertätigkeit ersichtlich ist, zeigt sich eine sanfte Rundung. Daher haben diese Naturelle oft viel Liebe für zartes Leben, für Tiere und Blumen und Sinn für Häuslichkeit. Kinn und Unterkiefer sind weich, entsprechend der schwachen körperlichen Tatkraft und Ausdauer.

Sie bevorzugen eine sorgfältig gewählte Nahrung und pflegen eine ihnen entsprechende Lebenskultur. Bei dieser stehen Ruhe, Ernährung und Bequemlichkeit - die praktischen Dinge des Lebens - im Vordergrund, paaren sich aber mit Geistigkeit und mit gutem, menschenfreundlichem Streben. Der behäbige Egoismus, wie er dem Ernährungs-Naturell meist eigen ist, tritt eher zurück.

Bewegung, Körperarbeit und tatkräftiges Wirken nach aussen werden leicht vernachlässigt, da der physiologische Magnetismus nicht so stark ist. Die Gewebe sind weich, die Knochen nicht so belastbar. Für dauernde und anstrengende körperliche Arbeit ist das Ernährungs-Empfindungs-Naturell nicht geschaffen.

Wird die Bewegung zu sehr vernachlässigt, entstehen öfters entsprechende gesundheitliche Störungen. Die sekundäre Naturellanlage kann sich, bei angemessener Betätigung der Bewegung, auch in Richtung zur Harmonie entwickeln.

Diese wohlbeleibten und weichen Menschen sind gutmütig, und obwohl sie einen guten Geschäftssinn haben, bewahren sie stets eine soziale Einstellung. Sie vereinen die Ruhe und den Sinn für das Naheliegende mit geistiger Regsamkeit und menschlicher Anteilnahme.

Ernährungs-Empfindungs-Naturelle sind ausserordentlich tüchtig in Verwaltungen und dort, wo kommunale, fürsorgerische, praktisch-kulturelle und staatliche Interessen in sozialer Weise vertreten werden. Können sie unter harmonischer Leitung arbeiten, so werden sie glücklich und oft zu Menschenfreunden. Wo sie im kleinen Kreis des privaten Lebens wirken, da sind sie beliebt, denn sie haben für ihre Mitmenschen Verständnis, und behandeln sie freundlich und herzlich, ohne dabei ihre praktische Tüchtigkeit zu verlieren.

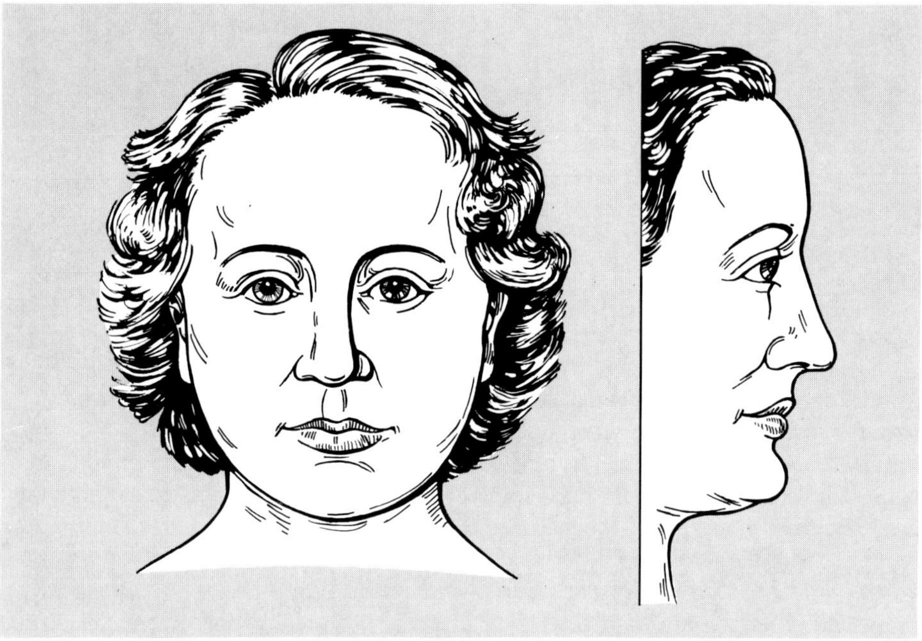

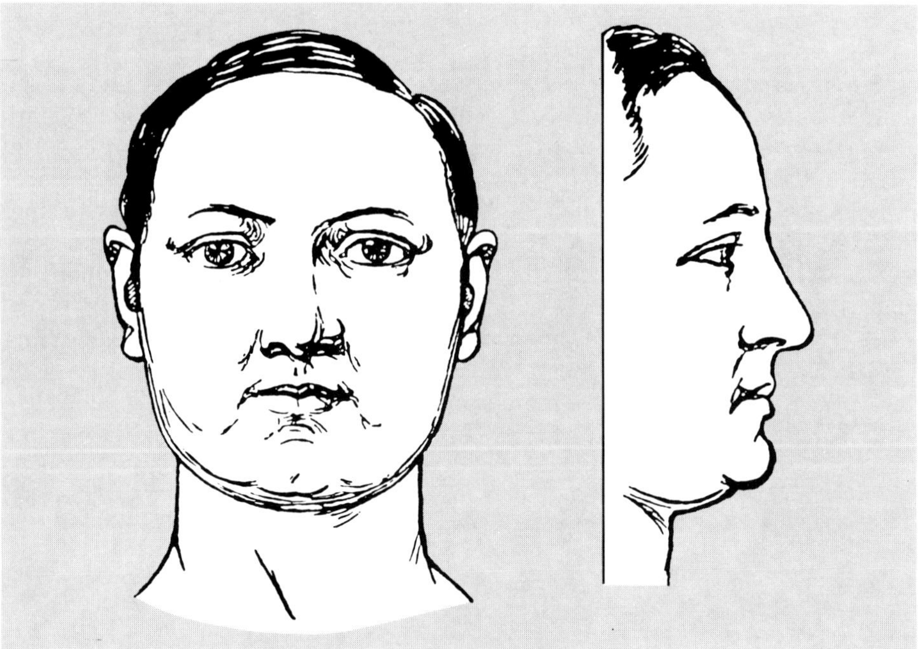

Abb. 164 und **165** Das Empfindungs-Ernährungs-Naturell.

Abb. 166 Das Empfindungs-Ernährungs-Naturell. Zeichnung nach dem Leben. Das Erscheinungsbild der sozialen und wirtschaftlichen Wesensart. Die Grundlebensrichtung ist auf die bewahrende, fürsorgliche Betätigung ausgerichtet. Das soziale und wirtschaftliche Denken herrscht vor.

Sie entfalten bei sitzender Beschäftigung eine erstaunliche, ruhige und vielseitige Arbeitskraft. Da die Ernährungs- und die Empfindungsanlage gleich stark ausgeprägt sind, wird das Gehirn gut ernährt, und Menschen dieses Typs sind zu andauernder geistiger Tätigkeit befähigt. Da der Bau des Gehirnschädels aber nicht nur wie beim Empfindungs-Naturell im oberen Teil, sondern auch an seiner Basis, an Unterstirn und unterem Seitenhaupt sehr gute Plastik und harmonische Rundung zeigt, verbindet sich die Befähigung zu geistiger Tätigkeit mit guten und ausgeglichenen Verstandeskräften und praktischem, ökonomischem Sinn.

Huter bezeichnet dieses Naturell daher auch als den *"Typus des erfolgreichen - weil menschlichen - Bürokraten"*.

Nur Ärger, Verdruss, Disharmonie und harter Kampf sollten diesen Naturellen fernbleiben, sonst werden sie in ihrem Innenleben zu stark gestört, verlieren das Gleichgewicht, die Zufriedenheit und auch die Gesundheit.

Abb. 167 Die Anlage des Ernährungs-Empfindungs-Naturells wurde bei diesem Mann noch von *Huter* selbst festgestellt. Die volle und gerundete, jedoch verfeinerte Kopf- und Gesichtsbildung mit dem feinen und natürlich gewellten Haar sind typische Merkmale. Der Mann war ein sehr tüchtiger und erfolgreicher Verwaltungsbeamter, welcher der Bürokratie das Unpersönliche, Steife und Feindselige nahm, das ihr oft anhaftet, und der menschliche Wärme und einen freundlichen Zug in die Arbeit seiner Behörde brachte.

Abb. 168 Junge Frau im Ernährungs-Empfindungs-Naturell aus der Zeit *Carl Huters*. Auch hier treten uns die typischen Formen dieses sekundären Naturells entgegen; es sind die weichen und gerundeten Formen, die wir hier auch an Hand und Unterarm gut beobachten können und die in ihrer Feinheit und ihrem lebendigen Ausdruck starkes Empfinden offenbaren.

Abb. 169 Der französische Politiker *George Bidault*. Er konnte sich durch sein ruhiges und verbindliches, gleichzeitig aber ausserordentlich geistesgegenwärtiges und gewandtes Verhandeln viel Sympathie und grosse Verdienste erwerben. Auch hier erkennen wir das Vorherrschen der sekundären Ernährungs-Empfindungsanlage, wobei die Empfindungsanlage etwas stärker ist. *Bidault* hat ein weiches und volles Gesicht, einen fülligen Hals und damit eine gute Ernährungsanlage; die feinen und ausdrucksstarken Gesichtszüge und der hohe Schädelbau zeigen die etwa gleich stark ausgeprägte Empfindungsanlage. Vergleichen wir damit die Bilder und Beschreibungen der Empfindungs- und der Ernährungs-Naturelle, so fällt es leicht, hier das harmonisch vereinte Vorherrschen beider und das Zurücktreten der Bewegungsanlage zu erkennen.

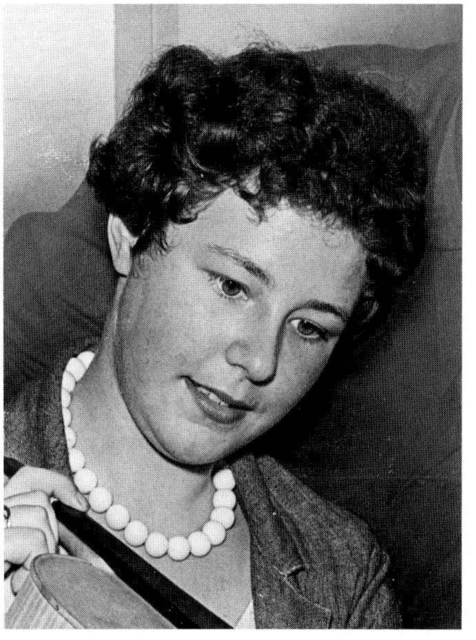

Abb. 170 Diese junge Frau mit dem vollen und weichen Gesicht, dem kurzen und fülligen Hals, den lebhaften Augen und dem empfindungsreichen Gesicht, liegt ebenfalls im Ernährungs-Empfindungs-Naturell. Es ist eine Geigenbauschülerin, die für dieses Kunsthandwerk gute Voraussetzungen mitbringt: Feingefühl, Ruhe, praktische Begabung, guten Formensinn (siehe Nasenwurzel) und Gestaltungsgabe (siehe die gerade und verhältnismässig lange Nasenform).

Abb. 171 Diesem Mann ist der ruhige, praktische Sinn des Ernährungs-Naturells eigen, er ist aber gleichzeitig geistig ausserordentlich rege, besitzt vielseitige geistige Interessen und hat sich in dieser Richtung ein umfassendes Wissen angeeignet, das er praktisch verwertet.

Abb. 172 Auf dieser Abbildung sehen wir einen Beamten, der sich um die Aufnahme von Flüchtlingen kümmert. Mit Liebe und Geduld widmet er sich den Menschen, die auf seine Hilfe und Geduld angewiesen sind. Es ist das Erscheinungsbild der heliodisch-odischen Natur mit psychologischem Einfühlungsvermögen und grossem Feingefühl. Das im oberen Teil breit gerundete Seitenhaupt zeigt uns seinen Sinn für sozial- ökonomische Zusammenhänge und seinen grossen Wissensdrang. Die Hände sind rundlich und fein. Sie haben die für dieses Naturell typischen, konisch nach vorne laufenden Finger. Dieser Mann, der die Fähigkeiten hat, einen grossen Bereich zu führen und zu organisieren, pflegt einen ausgleichenden, menschlichen Führungsstil.

Von solchen Menschen, wie sie Abb. 167 bis 172 zeigen, geht etwas geistig Lebhaftes und gleichzeitig körperliche Ruhe und Geborgenheit aus. Es sind meist heitere und liebenswürdige, aber auch ruhige und geschäftstüchtige Menschen.

In der Ehe, der engsten menschlichen Verbindung, ist natürlich auch der Zusammenklang der Naturelle für eine glückliche und harmonische Gemeinschaft wichtig, da zwischen gewissen Typen ein natürliches Einverständnis, die sogenannte Naturellharmonie herrscht, zwischen anderen aber selbst beim besten beiderseitigen Willen Naturelldisharmonie besteht. Das primäre Ergänzungs-Naturell ist das Bewegungs-Naturell, das bei einer Verbindung die Kraft und Tatfreudigkeit beiträgt, die dem Ernährungs-Empfindungs-Naturell meist mehr fehlt. Findet z.B. das Ernährungs-Empfindungs-Naturell im Berufs- und Erwerbsleben nach aussen hin Ergänzung durch das Bewegungs-Naturell, so sind harmonische Zusammenarbeit und geschäftlicher Erfolg wahrscheinlich. Weiter bestehen mit dem Empfindungs- und mit dem Ernährungs-Bewegungs-Naturell sehr gute Harmoniemöglichkeiten.

In einer Ehe müsste der Partner, der in einem der genannten Typen liegt, allerdings die Neigungsrichtung zur Harmonie und nicht zur Disharmonie haben, da sonst das Ernährungs-Empfindungs-Naturell zu sehr in seinem seelischen Gleichgewicht gestört würde.

Das Ernährungs-Bewegungs-Naturell

Das tatkräftige wirtschaftliche Talent.

Beim Ernährungs-Bewegungs-Naturell sind das Ernährungs- und das Bewegungssystem zu einer den Körperbau bestimmenden Einheit verschmolzen, während gleichzeitig das Empfindungssystem zurücktritt.

Der Körperbau ist voll und beleibt und trotzdem sehr kräftig, zäh und robust. Durch das starke Knochen- und Muskelsystem und das ebenso voll entwickelte Ernährungssystem tritt die Tatkraft vereint mit dem praktischen Erwerbs- und Wirtschaftssinn hervor, während gleichzeitig die Handlungen durch Empfindungen und Gefühle weniger gehemmt werden.

Die Gewebe sind straff, fest, derbfleischig und weniger empfindlich. Die Verdauungskraft ist enorm. Der Körper ist gewichtig, aber trotzdem ist die Haltung aufrecht, energisch, der Gang fest und bestimmt. Dieses Naturell ist leistungs- und widerstandsfähiger als das primäre Ernährungs-Naturell.

Der Kopf- und Gesichtsbau ist länglich-breit, das Gesicht dabei derb, voll und muskulös, die Gesichtspartien haben oft einen kühlen Ton mit vornehmlich rötlichen und bläulichen Farbtönen.

Kraftvoll und gespannt tritt die gesamte Nasenform hervor und zeigt grossen Realitätssinn, praktische Klugheit, Übersicht und Ruhe. Kinn und Unterkiefer sind stark gebaut, gehen in die Breite, sind voll Spannkraft und zeigen enorme Tat-, Willens- und Ausführungskraft.

Auch das Hinterhaupt ist kräftig gebaut, der motorischen Spannkraft entsprechend; solchen Menschen genügen acht Stunden Arbeit nicht, sondern sie arbeiten fast ohne Unterbrechung und kommen dabei meist mit wenig Schlaf aus. Der Nacken ist voll und stark, entsprechend ausgeprägt ist die Geschlechtskraft.

Die Ohrformen sind gross, markant, fest und fleischig. Bei Stirn und Seitenhaupt liegt die Kraft in den unteren und mittleren Teilen, über Augen und Ohren und in den Schläfenpartien; die Formen sind hier gerundet und breit gespannt. Entsprechend sind die praktischen Denk-, Verstandes- und Wirtschaftssinne stark ausgeprägt. Das Gehirn ist im Verhältnis zum massigen Gesamtkörperbau nicht sehr gross, wird aber durch die reichlich produzierten Körpersäfte gut ernährt, und Ernährungs-Bewegungs-Naturelle haben auch deshalb die oben beschriebene enorme Arbeitskraft. Sie verfügen über eine gute Regenerationsenergie und sind deshalb rasch ausgeruht. Der Augenausdruck ist nüchtern, der Blick realistisch und tatenfreudig.

Ernährungs-Bewegungs-Naturelle sind der Materie verhaftete Kraftnaturen; die gesamten Körper-, Kopf- und Gesichtsformen zeigen die Knochenkraft und eine Festigkeit und Straffheit der Gewebe.

Die Formen des Ernährungs-Bewegungs-Naturell bezeichnet man nach *Huter* treffend als *"magnetisch-mediomisch"*.

Man findet diesen Typus als Unternehmer und Fabrikanten, als Grosskaufmann und Bankier, aber auch als Gewerkschaftsführer, als erfolgreichen Landwirt, Handwerker, Gründer und Leiter von Genossenschaften und sonstigen technischen und wirtschaftlichen Vereinigungen.

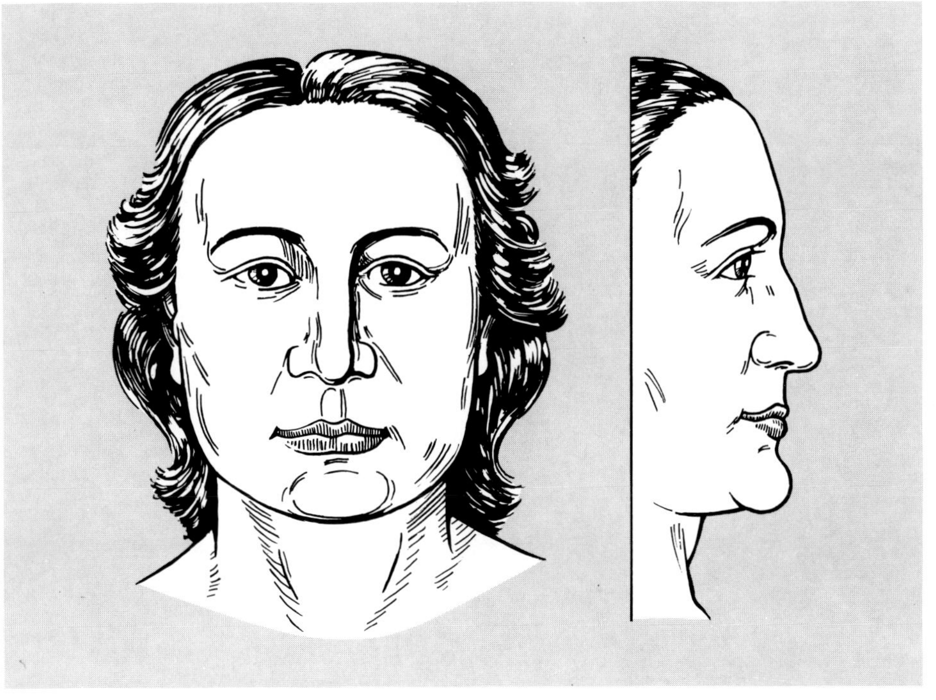

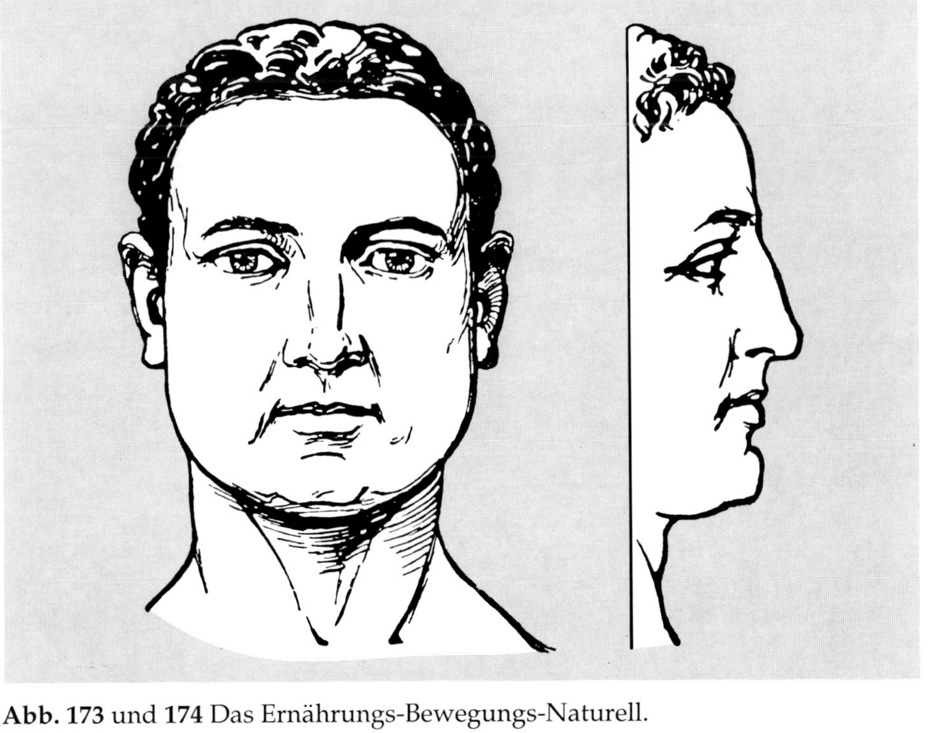

Abb. 173 und **174** Das Ernährungs-Bewegungs-Naturell.

Abb. 175 Ein Ernährungs-Bewegungs-Naturell. Zeichnung nach dem Leben. Das Erscheinungsbild des tatkräftigen und ökonomischen Grossunternehmers. Die Grundlebensrichtung ist auf die unternehmerische Tätigkeit ausgerichtet. Das wirtschaftliche, praktische Denken herrscht vor.

Huter bezeichnete das Ernährungs-Bewegungs-Naturell daher auch als den Typus des *"erfolgreichen Unternehmers"*.

Überall dort, wo es gilt, eine Konjunktur auszunutzen oder ein Geschäft zu machen, findet man diese schweren, beleibten Menschen, die durch ihre Fülle und Kraft imponieren und vorzüglich repräsentieren, sich durchsetzen und allein schon durch ihre Gegenwart stärksten Einfluss ausüben.

Bei ihren Tätigkeiten lassen sie sich nicht von idealistischen Vorstellungen leiten, und oft können sie mit erstaunlicher Rücksichtslosigkeit, Kaltblütigkeit und krassem Egoismus handeln und dulden keine Opposition. Sie verstehen es, aus Wissenschafts-, Kunst- und Rechtsinstituten Erwerbsunternehmen zu machen. Sie haben einen Blick für die praktischen Realitäten des Lebens; sie nutzen Erfindungen, Verbesserungen und Neuerungen, und sie spannen erwerbsschwache und sensible Personen, die Tüchtiges leisten, in ihren Dienst.

Die Fähigkeiten des Ernährungs-Bewegungs-Naturells und das, was es als Lebenszweck ansieht, sind aber von allergrösster Wichtigkeit; sie geben oft Tausenden von Menschen Verdienst und wirtschaftliche Sicherheit. - So nützlich und tüchtig diese Naturelle daher sind, sollten sie doch nicht allein herrschend sein.

Sie finden einen Ausgleich bei dem harmonischen Typus und dem Empfindungs-Naturell, wodurch ihre praktische Kraft und ihr Einfluss etwas abgeschwächt wird.

Natürlich kann auch dieser Menschentypus eher in die harmonische Richtung tendieren. Er ist dann sozial eingestellt und schafft für die Angehörigen seiner weitläufigen Unternehmungen angenehme Lebensverhältnisse, baut ihnen Wohnungen und Siedlungen, ist an ihrem beruflichen Fortkommen und ihrer privaten

Abb. 176 Ein mächtiger Handelsmann im Bewegungs-Ernährungs-Naturell mit langem, hartem und breitem Gesicht und derbem Gewebe. Hoch aufgerichtet ist die Haltung und zeigt die Unbeugsamkeit im Willen und in der Tat. Die herabgezogenen Mundwinkel, die vorgeschobene Unterlippe, der Hängeschnurrbart, die hart, breit und wuchtig hervortretende Nase und das scharf beobachtende, blitzende Auge lassen den kühlen, mit eiserner Tatkraft und unerschütterlicher Ruhe handelnden Herrscher in seinem Bereich erkennen. Auf ihn passt das Wort vom *"erfolgreichen Unternehmer"* wie kein anderes - er ist der Industrie- und Handelskapitän, der unbeirrt zu immer grösserer Macht, zu viel Reichtum und zu wirtschaftlichem und politischem Einfluss gelangt.

Abb. 177 Diese Frau ist Opernsängerin und Politikerin im Ernährungs-Bewegungs-Naturell. Man kann sich gut vorstellen, wie hier die Stimme auf Grund der Körperkonstitution kräftig, tragend und voll tönend ausgebildet ist. Wir finden die Merkmale der stark betonten und zu einer harmonischen Einheit verschmolzenen Ernährungs- und Bewegungssysteme in der Formung von Stirn, Auge, Nase, Mund, Wangen, Kinn und Hals typisch ausgeprägt.
Die Formen sind feiner als beim kühlen Handelsmann. Die Frau hat ein entsprechend stärkeres Empfindungsvermögen.

Weiterbildung interessiert und wendet von seinem materiellen Überfluss auch wohltätigen, wissenschaftlichen und künstlerischen Institutionen und Privatpersonen etwas zu.

Andererseits neigt das Ernährungs-Bewegungs-Naturell bei Vernachlässigung seiner emotionalen Anlagen sehr schnell zur Disharmonie. Es wird dann rücksichtslos im Erwerb und in der Wahl seiner Mittel und beutet menschliches Wissen und Arbeitskraft aus.

Abb. 178 *Lord Kilmuir*, britischer Lordkanzler, besitzt ebenfalls eine bedeutende Kraft und Fülle der Gestalt und liegt vornehmlich im Bewegungs-Ernährungs-Naturell. Das Gesicht ist voll und breit, aber auch kräftig und lang. Kinn, Untergesicht und Nasenform zeigen die Kraft der Knochen und Muskeln und des Bewegungssystems - die breiten, fülligen Wangen, der kräftige untere Teil der Nase und der volle Hals die gut ausgeprägte Ernährungsanlage. Stirn, Auge, Augenumrahmung und Nasenwurzel zeigen die Kraft, Ruhe und Übersicht des praktischen Verstandeslebens. Es liegt eine gewisse Abgeklärtheit und damit Harmonie über den Formen; auch baut sich das Seitenhaupt höher auf, und man erkennt, dass hier Rechts-, Verwaltungs- und Staatswissenschaft sozusagen auf dem festen Grund der geschilderten Naturellanlage fussen, und dass weltumspannende Wirtschafts- und Machtpolitik nicht nur auf Tradition beruht, sondern sie lebendig verkörpert.

Abb. 179 *Max Rauch*, selbständiger Goldschmied. Unternehmer-Naturell. Es ist das Erscheinungsbild des realistischen, entschlossenen, gradlinigen und gründlichen Menschen. Auf ihn kann man sich in jeder Lebenssituation verlassen. Die ausgeprägte Unterstirn zeigt wie sehr dieser Mann die Natur erfassen kann. Geographie und Geschichte sind sein Hobby. Der ausgeprägte Formensinn ist an der prägnanten Nasenwurzel sichtbar und die oberhalb derselben, senkrecht verlaufende Willensfalte zeigt, dass er geometrische, schnörkellose und klare Formen liebt. In solchen Formen hat er kleine Meisterwerke der Goldschmiedekunst geschaffen.

Abb. 180 Diese junge Frau ist sehr unternehmungslustig, tatkräftig, kann Strapazen auf sich nehmen und hat dabei einen guten praktischen Sinn, Planmässigkeit und Geschäftstüchtigkeit. Sie gehört zum Ernährungs-Bewegungs-Naturell, bei dem die Bewegungsfreude und damit die sportliche Neigung in jungen Jahren oft sehr stark ist.

Abb. 181 *Ernest Hemingway*. 1899-1961. Schriftsteller, Nobelpreis für Literatur 1954. Unternehmer- Naturell.
Es ist das Erscheinungsbild des eher verwegenen, abenteuerlustigen, kraftvollen und unsentimentalen Menschen. Er ist ein ausgezeichneter Naturbeobachter. Triebe, Liebe, Mut, Kampf, Jagd und Sport sind seine Lebenselemente. Nicht das Denken und Hinterfragen in einem stillen Raum, sondern Sehen und Erleben, hart sein im Nehmen und Geben, ist sein Weg, um das Leben zu erfassen. Auf diesem Weg wird die Innerlichkeit fast ganz vernachlässigt. Dies zieht zwangsläufig eine pessimistische Sicht der Welt nach sich.

Die folgenden drei Bilder zeigen sekundäre Naturelltypen, bei denen die entsprechende Anlage noch von *Huter* selbst festgestellt wurde. Wenn auch Mode und Haartracht wechseln, so bleiben die formbildenden Kräfte dennoch dieselben, und daher sind diese Originalstudienbilder zur Naturell-Lehre von bleibendem Wert, denn die Ausdrucksform für jede spezielle Wesensart bleibt auch bei veränderter Umwelt immer die gleiche.

Abb. 182 Bewegungs-Empfindungs-Naturell- mit idealen Geistesanlagen -. Diese Frau hat ein längliches, feingeschnittenes Gesicht mit einer schönen Rundung der Formen, einer hochaufsteigenden Stirn, einem lebhaften Augenausdruck und einem starken körperlichen und geistigen Impuls, der sich auch an Kinn und Nasenform ausprägt. Das schön gewellte Haar zeigt das differenzierte Gemütsleben. Diese Frau ist körperlich und geistig sehr regsam und fleissig. Ihr Sinn richtet sich dabei auf das Gute, Ideale und Schöne.

Abb. 183 Ernährungs-Empfindungs-Naturell. Die weiche Fülle und Rundung des Gesichts und eine gewisse Feinheit, die trotz der Fülle der Formen in der Linienführung liegt, zeigt die gleich starke Ausprägung des Ernährungs- und des Empfindungssystems.

Die Nasenlinie hat einen leichten Schwung nach innen, das Kinn ist weich, was uns zeigt, dass die Willenskraft und die körperliche Energie des Bewegungssystems zurücksteht. Häufig ist dieses Naturell mit sanguinischem, lebensfrohem Temperament gepaart; aber in diesem Falle haben die grossen träumerischen Augen einen liebestrunkenen Blick und die Züge einen elegischen Ausdruck - das melancholische Temperament hat überhandgenommen.

Abb. 184 Ernährungs-Bewegungs- Naturell. Wir erkennen hier die langen und kräftigen, eher harten Gesichtsformen, den kräftigen Kinn- und Kieferknochenbau, ähnlich wie beim primären Bewegungs-Naturell; dabei sind aber die Formen voll und straff, was man besonders an dem breiten, kurzen und fülligen Hals erkennt, wie er ähnlich beim primären Ernährungs-Naturell zu finden ist. Der Ausdruck der Augen, die Tönung an Stirn, Nase und Mund ist kühl und sachlich, das Haar hart und fest, die Haut straff gespannt, die Ohrformen sind grob, woraus ersichtlich ist, dass die Empfindungsanlage zurücktritt. Diese Frau neigt zu den praktischen Dingen des Lebens, ist geistig wenig elastisch, dem verinnerlichten Gefühlsleben gegenüber stumpf, jedoch nüchtern auf Äusserlichkeiten eingestellt und dabei tatkräftig, willensstark und selbstbewusst.

Frauen und ihr Schönheitsideal

Es gibt unter den primären und sekundären Naturellen drei schlanke Typen:
Bewegung, Bewegung-Empfindung, Empfindung;
und es gibt drei füllige Typen:
Ernährung, Bewegung-Ernährung, Ernährung-Empfindung.

Für die Frauen, die von der Bewegungs- oder der Empfindungsanlage her zur Ernährung tendieren, besteht heute die grösste Gefahr, dass sie gegen ihre ganz natürliche und gesunde Fülle etwas unternehmen und damit, wenn auch nicht gleich, so doch in verhältnismässig kurzer Zeit, viel von ihrer Gesundheit, Schönheit, Anmut und ihrem natürlichen Liebreiz einbüssen. Sie opfern die natürlichen Lebensgüter in Unkenntnis der unterschiedlichen Naturellveranlagung einem Phantom - der schlanken Linie.

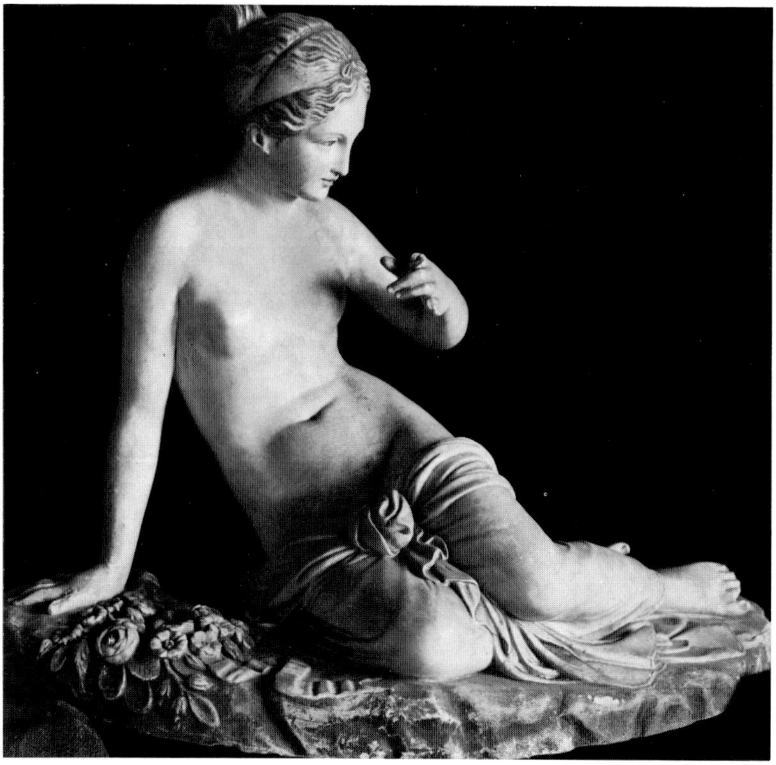

Abb. 185 Darstellung einer *Psyche* im Empfindungs-Naturell. Es ist der verfeinerte und zart gebaute Typus, reich im Empfindungsleben, schwach an robuster Kraft und praktischem Lebenssinn.

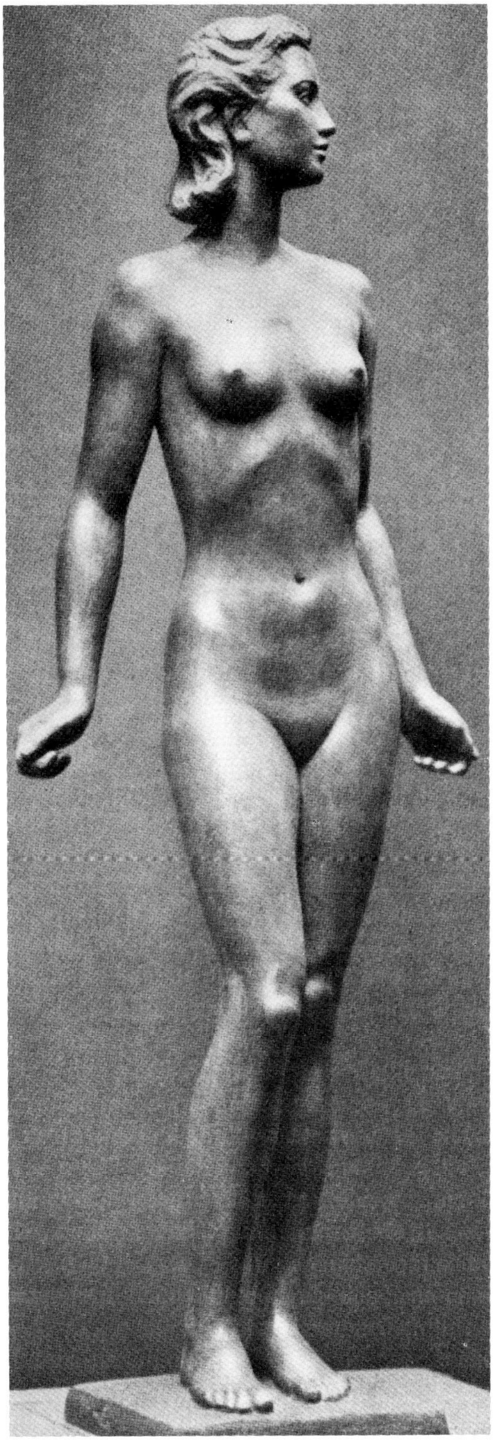

Abb. 186 *Venus* im Ernährungs-Naturell (nach *P.P.Rubens*).
Das Typische dieses Körperbaus zeigt sich in den weichen, fülligen Formen. Würde eine Frau mit dieser Veranlagung schlank und mager, so wäre nicht nur ihre natürliche Schönheit, sondern bald auch ihre Gesundheit verloren.

Abb. 187 Bewegungs-Naturell (nach der Bronzestatue "*Jugend*" von *Fritz Klimsch*. Der schlanke, hochgewachsene Körperbau mit den kräftigen Gliedmassen und dem länglichen Gesichtsschnitt zeigen das Vorherrschen der Bewegungsanlage.

Es gibt für jeden Typus ein Schönheitsideal, und daher kann Schlankheit durchaus ein Ideal sein; siehe Abb. 185 und 187.

Es gibt aber andere Typen, für welche Rundung und Fülle von Rumpf und Gliedern, Hals und Wangen nicht nur ein Zeichen von Gesundheit und Wohlbefinden, sondern geradezu Voraussetzung dafür sind (siehe Bild 186). Hierzu ist zu berücksichtigen, dass Frauen durchschnittlich ein weicheres und zugleich dehnfähigeres Gewebe haben als Männer. Darin gibt sich die von der Natur etwas bevorzugte Betonung des Ernährungssystems zu erkennen. *Peter Paul Rubens*, der grosse niederländische Maler, kultivierte und idealisierte in seinen Kunstwerken die zur Fülle neigenden Frauentypen, wie Bild 186 zeigt. Möchten doch die Frauen, welche von der Natur mit edler Fülle und Schönheit ausgestattet wurden, sich dieses Vorzuges bewusst sein und ihn - ähnlich wie *Rubens*, jedoch an sich selbst - kultivieren und idealisieren; sie können sich selbst und ihrer Umgebung gar nicht besser dienen. Zu bedenken ist auch, dass in der Jugendzeit, wenn das Bewegungssystem im Vordergrund der Betätigung steht - etwa bis zum 18. oder sogar 20. Lebensjahr und bei manchen Menschen auch noch einige Jahre länger - die Ernährungsanlage davon etwas verdeckt werden kann (wobei sie latent am Formbau von Gliedern, Hals, Mund, Wangen, Ohren und an der Kopfbreite erkennbar ist). Es ist dann für den betreffenden Menschen und seine Umgebung mitunter überraschend, wie stark sich die Ernährungsanlage innerhalb von einigen Monaten oder wenigen Jahren zur Geltung bringt. Gerade dann aber besteht die grösste Gefahr, dass diese Anlage bekämpft und unterdrückt wird. Dauert dieser Kampf gegen die eigene Natur zu lange an, dann gehen tatsächlich Anmut und Lebensfreude verloren und Verdruss, Unzufriedenheit und Krankheit werden zum alltäglichen Lebensbegleiter.

Ein für alle Typen gültiges Schönheitsideal ist das ausgeglichene, harmonische Naturell.

Das wirkliche Geheimnis für die Schönheit eines Menschen liegt in seiner einzigartigen, natürlichen Wesensart begründet. Strebt er innerhalb seines Naturells - sei es primär oder sekundär, sei es schlank oder füllig - zur inneren und äusseren Harmonie, dann wird er ein wahrhaft schöner Mensch.

12. Schema der Naturell-Lehre

Carl Huter erstellte für seine Naturell-Lehre ein Kreisschema, welches in **Abb. 188** und **189** vereinfacht wiedergegeben ist und in dem alle Naturelle eingeordnet werden können.

Dieses Kreisschema dient vor allem auch der Feststellung und Berechnung der Harmoniemöglichkeiten zwischen zwei, drei und mehr Personen. *Huter* verglich in diesem Zusammenhang die Naturelle mit den Farben, woraus sich auch wichtige psychologische Schlussfolgerungen ergeben.

Den Grundnaturellen sind die Grundfarben zugeordnet:

Ernährung = Blau
Bewegung = Rot
Empfindung= Gelb

Den sekundären Naturellen sind die Sekundär- oder Mischfarben zugeordnet:

Bewegung-Empfindung = Orange
Ernährung-Empfindung = Grün
Ernährung-Bewegung = Violett

Den polaren Naturellen, welche die Prinzipien von Reflexion und Absorbtion verkörpern, sind Helligkeit und Dunkelheit oder die polaren Farben zugeteilt:

Harmonie = Weiss (Helligkeit)
Disharmonie = Schwarz (Dunkelheit)

In den Naturellschemas (Abb. 188 und 189) sind diese acht Naturelle in dem äusseren Ring angeordnet. Die Naturelle und Farben auf der rechten Seite der Schemas sind die warmen, diejenigen auf der linken Seite die kalten. Die sich gegenüberstehenden primären und sekundären Naturelle sind Komplementär- oder Ergänzungs-Naturelle, was auch für die entsprechenden Farben gilt; die Komplementärfarbe zu Blau ist Orange, zu Rot ist es Grün, zu Gelb ist es Violett und umgekehrt.

Das Naturellschema haben ferner einen mittleren Ring , einen inneren Ring und ein innerstes Feld.

Wenn man alle Farben des äusseren Ringes, einschliesslich Weiss und Schwarz, mischt und immer mehr mischt, so erhält man einen mehr und mehr ins Grau gehenden Ton, der schliesslich in einem absolut neutralen Grauton endet, in dem sowohl die primären und sekundären Farben wie auch Licht und Schatten sich gegenseitig aufheben.

Abb. 188 Naturell-Schema nach *Carl Huter*

Abb. 189 Naturell-Schema nach *Carl Huter*

Man muss sich die primären, sekundären und polaren Naturelle - ähnlich den leuchtenden und reinen Farben des äusseren Ringes - als die menschlichen Typen vorstellen, die sich infolge ihres besonderen charakteristischen Kräfteverhältnisses in einem lebhaften inneren Kräfte- oder Spannungszustand befinden - wie bei der Beschreibung der sekundären Naturelle besonders erwähnt - und die sich gegeneinander und von den übrigen Naturellen klar und kontrastreich abheben.

Demgegenüber gibt es Menschen, die nicht dieses klare und bestimmte Kräfteverhältnis aufweisen, denen nicht reine und leuchtende, sondern stumpfe und unreine Farbtöne zugeordnet werden können und denen eine entsprechend schwache Innenspannung eigen ist. Man erkennt zwar noch eine gewisse hervortretende Naturell- oder Farbtönung, z. B. blau oder orange, aber es ist ein Stich ins Grau dabei. Das sind die tertiären Naturelle, die im folgenden noch eingehender besprochen werden und die in den mittleren Ring einzuordnen sind. Es gibt deren ebenfalls acht, gelbgrau, orangegrau, rotgrau usw. (Tertiär = an dritter Stelle stehend).

In dem inneren Ring schliesslich tritt das Grau noch mehr hervor, ja es hat bereits die Vorherrschaft erlangt. Hier sind keine einzelnen Farben mehr zu unterscheiden, sondern das Grau hat nach rechts, der Seite der warmen Farben, lediglich eine warme, nach links, der Seite der kalten Farben, eine kalte Tönung; nach oben wird es hellgrau, nach unten dunkelgrau.

Es sind dies die neutralen Naturelle, vier an der Zahl; und schliesslich entspricht dem innersten Feld das absolut neutrale Naturell, das wie das absolut neutrale Grau indifferent nach allen Seiten ist. Auch die neutralen Naturelle werden im folgenden noch besprochen.

Dieses Schema der Naturellehre zeigt demnach drei primäre, drei sekundäre, zwei polare, acht tertiäre, vier neutrale und ein absolut neutrales Naturell auf = 21 Naturelle. Es leuchtet ohne weiteres ein, dass die Abstufungen zwischen den Naturellen der einzelnen Kreise wie auch in den Übergängen von Ring zu Ring zahllos sein können. Tendiert ein sekundäres Naturell, z. B. das Bewegungs-Empfindungs-Naturell mehr zur Bewegung (mit rot-orangem Farbton), so wird es als Bewegungs-Empfindungs-Naturell mit Tendenz zur Bewegung bezeichnet, tendiert es mehr zur Empfindung (mit gelb-orangem Farbton), so wird es als Bewegungs-Empfindungs-Naturell mit Tendenz zur Empfindung bezeichnet. Es ist damit von *Huter* in einfacher und übersichtlicher, genialer Weise ein Schema geschaffen worden, in das sich alle Menschen entsprechend ihrer Keimblattdifferenzierung (= Naturellanlage) einordnen lassen.

Werden zwischen einem primären und einem sekundären Naturell noch zwei Stufen eingefügt, so erreichen wir eine weitere Verfeinerung des Schemas; ein solches Naturell liegt z.B. dann vor, wenn ein Empfindungs-Naturell sich durch etwas mehr Tatkraft auszeichnet, jedoch nicht zum Empfindungs-Bewegungs-Naturell zu zählen ist. Das Gelb (Empfindung) weist dann eine leicht rötliche Tönung (Bewegung) auf. Wir sprechen vom Empfindungs-Naturell mit verstärkter Bewegungsanlage.

Es ist allerdings zu berücksichtigen, dass das Freiheitsprinzip in der Entwicklung der Lebenswelt nicht nur alle denkbaren Variationen innerhalb dieses Schemas, sondern auch in der Verlängerungslinie desselben nach aussen zu schaffen vermag. Ferner kommt es durch verschiedenartige, spezielle männliche oder weibliche Betonung des 4. Organsystems, des Geschlechtssystems, und durch andere innere Ursachen zur Ausbildung von besonderen Naturellen, die von *Huter* eingehend beschrieben wurden. Da diese seltener sind, beschränken wir uns in den noch folgenden Kapiteln auf eine kurze Darstellung dieser Naturelle.

Der Begrifff der *"Neigungsrichtung"* ist uns ja schon bekannt. Dieser tritt in Zusammenhang mit den Schemas am sinnfälligsten beim Ernährungs-Naturell und beim Bewegungs-Empfindungs-Naturell hervor. Die Neigungsrichtung kann nach oben zum Weiss, zur Helligkeit und Harmonie tendieren, sie kann sich aber auch nach unten zum Schwarz, zur Dunkelheit und Disharmonie wenden. Ein Naturell kann aber auch durch Höherentwicklung aus dem Kreis des Schemas heraustreten, wie es bei den genialen und idealen Naturellen der Fall ist.

Ferner ist die harmonische oder disharmonische Veranlagung nie total harmonisch oder total disharmonisch zu denken. Eine annähernd vollendete Harmonie ist nur in einem Ideal- oder Gottmenschen, eine vollendete nur in einem Gottwesen denkbar, während vollendete Disharmonie theoretisch nur im total Bösen, dem Teuflischen, vorstellbar ist.

Die Vollendung in beiden Richtungen ist ausserhalb des Schemas, in der Verlängerungslinie von Harmonie und Disharmonie zu suchen. Huter lehrt dementsprechend (siehe Hauptwerk, S. 635), dass Gott und Teufel die natürlichen mathematischen Endbegriffe der Psychologie sind.

Die Naturell- oder Konstitutionsforschung in der internationalen Wissenschaft

Nachdem die Dreitypenlehre *Huters* durch seine Werke, die Lehr- und Vortragstätigkeit des Entdeckers, zahlreiche Presseberichte darüber und seit 1911 insbesondere durch die 1. - 6. Auflage des vorliegenden Buches in Deutschland, der Schweiz und Österreich schon sehr bekannt geworden war, wurden erstmals 1921 auch von medizinischer Seite *"drei Körperbautypen"* durch die Veröffentlichung des Psychiaters *Prof. Dr. med. Ernst Kretschmer* aufgezeigt.

In der Broschüre *"Die Dreitypenlehre Carl Huters im Vergleich zu den drei Körperbautypen Prof. Dr. med. Kretschmers"*, hat *Amandus Kupfer*, die Übereinstimmungen in beiden Typenlehren dargestellt und die Priorität *Huters* bei der Entdeckung der drei Lebensgrundformtypen mit dem Bezug zur Keimblatttheorie nachgewiesen.

Dr. von Rohden, ein Mitforscher *Kretschmers*, den *Kretschmer* des öfteren in seinen Werken nennt und zur Bestätigung seiner Forschungen anführt, stellte schon in einer Arbeit mit dem Titel *"Konstitutionelle Körperbauuntersuchungen an Gesunden und Kranken"*, Archiv für Psychiatrie 1927, Heft 5, die *Huterschen* und *Kretschmerschen* Körperbautypen gleich; er vermischte *Hutersche* und *Kretschmersche* Bezeichnungen, was sich seither in der Literatur vielfach wiederholte. Etwa um die gleiche Zeit stellte *Prof. Friedenthal*, Universität Berlin, ebenfalls eine Typenlehre auf, in der er sich auf die Keimblatttheorie stützte, ohne *Huter* zu nennen.

1948 trat *Dr. Martiny*, Paris, mit eigenen Konstitutionsforschungen hervor und führte die Körperbautypen ebenfalls auf die Keimblattentwicklung zurück.

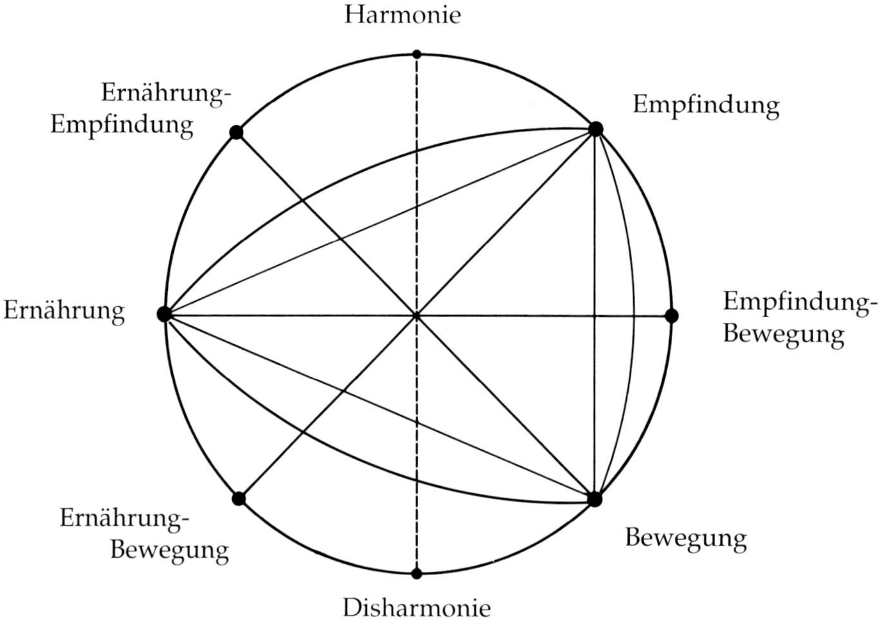

Abb. 190 *Huntersches* Naturellschema (vereinfacht) mit der Dreiecksanordnung der drei Grundnaturelle im Naturellkreis.

Im Jahre 1951 schrieb der bekannte Wiener Konstitutionsforscher *Prof. Rohracher* in einem Festartikel in der damals bedeutenden *"Neuen Zeitung"*, München, anlässlich des Doppeljubiläums *"30 Jahre Kretschmersche Typenlehre und 20. Auflage seines Werkes Körperbau und Charakter"*, dass *"die grosse Physiognomik, welche den ganzen Körperbau umfasst, von Prof. Dr. med. Kretschmer begründet sei"* und dass auf die Frage *"warum sich in der Entwicklung der Menschheit gerade diese drei Körperbautypen druchgesetzt haben, niemand eine Antwort wisse"*.

Fast zur gleichen Zeit, ebenfalls 1951, erregte der Amerikaner *Dr. W. H. Sheldon*, Professor an der Columbia-Universität von New York, internationales Aufsehen, als er einen bedeutenden Preis der Rockefeller Foundation erhielt für seine *"Ent-*

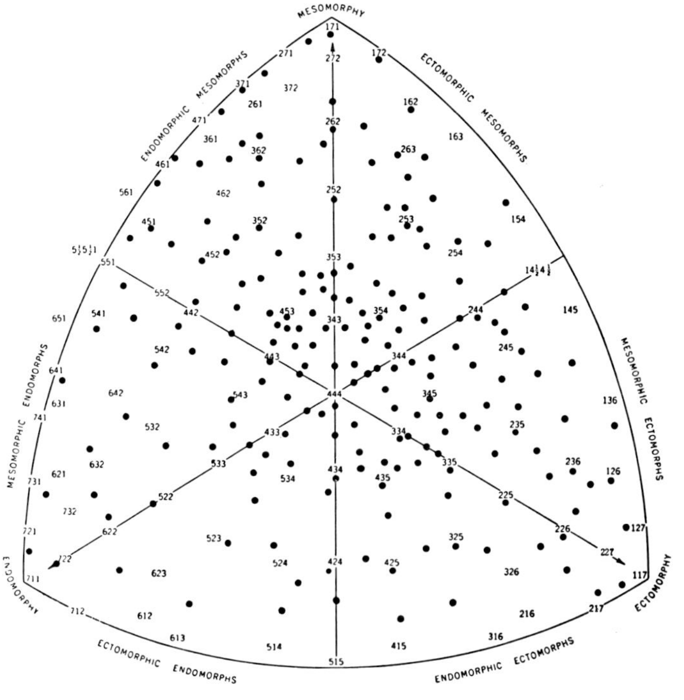

Abb. 191 *Sheldonsches* Schema der Keimblatt-Gestalten in der Anordnung eines dem Kreis angenäherten Dreicks. Dass *Sheldon* diesem Schema besondere Bedeutung als Hilfsmittel für die Kennzeichnung seiner Typen beimisst, ergibt sich daraus, dass es in seinem Buch* neunzigmal figürlich zur Anwendung gelangt.

deckung" von *"drei Grundkomponenten des Körperbaues"*, für die er eine biologisch rationelle Methode der Benennung und Klassifizierung - die Keimblattheorie - fand. Er nennt seine Typen "morphus", (Morphologie = Gestaltenkunde) und spricht von

1. Endomorphen = Innenkeimblattgestalten
2. Mesomorphen = Mittelkeimblattgestalten
3. Ectomorphen = Aussenkeimblattgestalten

"Atlas of Men" von W. H. Sheldon, *Ph. D., M. D., New York 1954.*

Das entspricht bei *Huter* dem:
1. Ernährungs-Naturell, entwickelt aus der Bevorzugung des Innenkeimblatts, des Endoderms;
2. Bewegungs-Naturell, entwickelt aus der Bevorzugung des Mittelkeimblatts, des Mesoderms;
3. Empfindungs-Naturell, entwickelt aus der Bevorzugung des Aussenkeimblatts, des Ectoderms.

Man feierte *Sheldon* in Amerika als den Mann, der vollbracht habe, worum sich schon *Aristoteles* bemühte und was *Hippokrates* vor zweieinhalb Jahrtausenden zu vollbringen trachtete. - Wer die Naturellehre *Huters* kennt, sieht, dass *Sheldon* offenbar die gleichen, in der Entwicklungsgeschichte des Menschen begründeten *"Naturell"*-Typen im Auge hat. Die Keimblattheorie ist sozusagen das Kennwort für die *Hutersche* Naturelltypenlehre. Die Naturellehre wurde stets in Verbindung mit der Keimblattheorie gelehrt.

Die Übereinstimmung bei Originalzitaten von körperlichen und charakterlichen Merkmalen zeigt folgendes Beispiel:

Dr. W. H. Sheldon;	*Carl Huter;*
"Endomorpher":	*"Ernährungs-Naturell", entwickelt aus der Bevorzugung des Endoderms:*
Er ist körperlich weich-gerundet.	*Die Formen des Körperbaues sind fleischig, korpulent, rundlich und dick.*
Er ist tolerant und wünscht "zu leben und leben zu lassen".	*Er ist ziemlich tolerant; seine Devise lautet: "Leben und leben lassen".*

Zu der gleichen Zeit, da *Rohracher* sagte, dass niemand wisse, wie es zur Ausbildung von drei Körperbautypen komme, wurde in Amerika der *"Entdecker"* der biologisch-rationellen Methode zur Benennung und Klassifizierung der drei Grundkomponenten des Körperbaues gefeiert.

Die Frage, wie weit *Sheldon* das gleiche Naturphänomen wie *Huter* beschreibt und sich der gleichen Methoden wie *Huter* bedient, ist interessant. Insbesondere zeigt sich bei der Darstellung der Stellung eines Menschen innerhalb des Naturell- bzw. Morph-Systems grosse Ähnlichkeit. Bei *Huter* dient dazu das Naturellschema, Abb. 188 und 189. Wenn man dieses Kreisschema vereinfacht und seine Grundkomponenten der primären Naturelle betonen möchte, kann man sich diese punktförmig angeordnet denken und durch Linien miteinander verbinden; man erhält dann ein Dreieck innerhalb des Kreises, entsprechend Abb. 190.

Sheldon hat zur Bestimmung des Standortes des einzelnen Menschen innerhalb seines Systems ebenfalls ein Schema aufgestellt, welches in seiner Originalform in Abb. 191 wiedergegeben ist. Es ist ein an einen Kreis angenähertes Dreieck, dessen Spitzen mit den primären Morphs besetzt sind; (links Endomorphie, rechts Ectomorphie, oben Mesomorphie). Dort, wo die Seiten des Dreiecks die grösste Ausbuchtung und damit Annäherung an die Kreisform des *Huterschen* Schemas aufweisen, hat *Sheldon* folgerichtig seine sekundären Morphs angesiedelt:

Mitte links:	Mesomorphe Endomorphs bzw. Endomorphe Mesomorphs (=Endo(Meso-Morphie);	entspricht *Huters* Ernährungs-Bewegungs-Naturell;
Mitte rechts:	Mesomorphe Ectomorphs bzw. Ectomorphe Mesomorphs (=Ecto/Meso-Morphie);	entspricht *Huters* Empfindungs-Bewegungs-Naturell;
Mitte unten:	Ectomorphe Endomorphs bzw. Endomorphe Ectomorphs (=Endo/Ecto-Morphie).	entspricht *Huters* Ernährungs-Empfindungs-Naturell;

Der Unterschied zwischen dem *Huterschen* Naturell-Schemas und dem *Sheldonschen* Morph-Schema liegt darin, dass in dem *Huterschen* Kreisschema ausser den sekundären Naturellen auch die polaren Naturelle (Harmonie und Disharmonie) peripher angeordnet sind und dadurch klar unterschieden werden. Dagegen sind in dem *Sheldonschen*, dem Kreis nur angenäherten, Schema ausser den primären nur die sekundären Morphs angeordnet.

Bei *Sheldon* würden die von Huter aufgefundenen polaren, tertiären und neutralen Typen nach der Mitte zu oder im Mittelpunkt des Schemas zusammenfallen. Dadurch wäre lediglich eine quantitative Unterscheidung nach dem Anteil der Keimblattkomponenten möglich, nicht aber eine qualitative Unterscheidung zwischen diesen Typen.

Tatsächlich aber liegt der Unterschied zwischen harmonischen, disharmonischen und neutralen Typen nicht in der quantitativen Ausbildung der Organsysteme (die bei einzelnen Vertretern der drei genannten Typen materiell gesehen gleich oder annähernd gleich sein kann), sondern allein in deren qualitativen Unterschieden bzw. deren qualitativer Steigerung.

Mit einer Keimblattypenlehre, welche harmonische und disharmonische, tertiäre und neutrale Typen nicht kennt, ignoriert oder zusammenfasst, ist man nicht in der Lage, feinere psychologische Unterscheidungen qualitativer Natur zu treffen. Die *Sheldonsche* Typenlehre und dessen Typenschema arbeitet also auf rein quantitativer Basis, während im *Huterschen* Naturellschema sowohl Quantität als auch Qualität der Organveranlagung berücksichtigt ist. (Bei der noch folgenden Beschreibung der tertiären und neutralen Naturelle *Huters* wird die Bedeutung einer qualitativen Betrachtung deutlich.)

Zum Verständnis von Abb. 191, dem *Sheldonschen* Schema der Keimblattgestalten, sei noch erwähnt, dass die einzelnen schwarzen Punkte darin die Häufigkeit kennzeichnen, mit der *Sheldon* seine Morphs unter einer bestimmten Anzahl untersuchter Personen männlichen Geschlechts vorfand. Er stellte dabei eine Häufung bei den gemischten Typen fest, die zur Mesomorphie (Bewegungsanlage) tendieren, daher die Häufung der Punkte über dem Mittelpunkt des Schemas. Bei Frauen hingegen fand er eine Häufung bei denjenigen gemischten Typen, die zur Endomorphie (Ernährungsanlage) tendieren. Das deckt sich mit den *Huterschen* Feststellungen sowohl inbezug auf die Geschlechtscharakterisierung (vergl. Kapitel 3) als auch auf den bei den verschiedenen Naturellen vorherrschenden

Kräftecharakter (vergl. Kapitel 1 und 2). Mit den dreistelligen Ziffern kennzeichnet *Sheldon* die Stellung des einzelnen Individuums innerhalb seines Systems. Die erste Ziffer kennzeichnet dabei den Anteil der Endomorphie, die zweite Ziffer den der Mesomorphie und die dritte Ziffer den der Ectomorphie, wobei der höchste Anteil einer Komponente 7 ist, und sich alle drei Komponenten nicht höher als auf 12 addieren. Der 711-Typus (gelesen sieben, eins, eins) bezeichnet demnach den rein endomorphen, der 117-Typus den rein ectomorphen und der 171-Typus den rein mesomorphen Menschen. Die Kennzeichnung der Mischtypen erfolgt in der Weise, wie aus der Abbildung ersichtlich ist. Der 444-Typus (im Mittelpunkt des Schemas) könnte somit ein Harmonie-Naturell sein, ebensogut aber auch ein Disharmonie-Naturell oder ein absolut neutrales Naturell.

Körperbau-Typen nach den bekanntesten Forschern

	Carl Huter Autodidakt 1861-1912	Prof. Dr. med. Ernst Kretschmer 1888-1964	Prof. Dr. med. W.H. Sheldon 1899-1977
Erste Veröffent- lichung	1880	1921	1951
Biologische Begründung	Keimblätter Vererbung	- Vererbung	Keimblätter Vererbung
Statistiken	Keine	Mehrere	Mehrere
Forschungs- methode	Beobachtung	Beobachtung	Beobachtung
Forschungs- feld	Gesunde Kranke	Psychiatrie Gesunde	Psychiatrie Gesunde
Bezeichnung	Naturell	Konstitution	Morphs
Gliederung	Empfindung Ernährung Bewegung	Leptosom Pykniker Atletiker	Ectomorph Endomorph Mesomorph
Vorkommen	Mensch Tier Pflanzen	Mensch Tier -	Mensch - -
Hinweise	Fühlendes Sehen	Künstlerisches Sehen	-
Mischformen Polare Formen	3 2	3 2	3 2
Erweiterung	Formbildende Kräfte Detailphysiognomik Pathophysiognomik Mimik Körpersprache Impuls Temperament Einstellung	-	-

13. Die primären Naturelle bei Tieren und Pflanzen

Das Dreiteilungsprinzip fand *Carl Huter* über die ganze Natur verbreitet. Es ist das Formbau- und Gestaltungsprinzip, nach welchem die Vielfalt der Erscheinungen in der gesamten Natur sich gestaltet hat; dadurch erschliesst sich eine neue Art der Naturbetrachtung. Die Naturelle gibt es - ebenso wie beim Menschen - auch unter Tieren und Pflanzen.

Reitpferd im Bewegungs-Naturell

Schwein im Ernährungs-Naturell

Reh im Empfindungs-Naturell

Roggen und Rohr im Bewegungs-Naturell

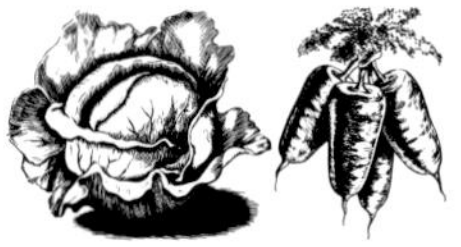

Kohl und Karotten im Ernährungs-Naturell

Maiglöckchen im Empfindungs-Naturell

Auch innerhalb einer Tierart sind die Naturell-Typen gut erkennbar. Entsprechend ihrem Naturell brauchen die Tiere ihnen zusagende Lebensbedingungen, um sich naturellgemäss, kraftvoll, gesund und schön zu entfalten.

Schäferhund im Bewegungs-Naturell

Mops im Ernährungs-Naturell

Spitz im Empfindungs-Naturell

14. Die primären Naturelle mit Harmonie

Die primäre Naturellveranlagung mit Harmonie ist gegeben, wenn ein Organsystem in der bekannten primären Form vorherrscht und die beiden anderen Systeme verstärkt und in Einklang mit der primären Anlage vorhanden sind.

Solche Menschen kann man zu den Höchstleistungen der Natur zählen, für die meist durch günstige Ausgangsbedingungen, wie liebevolle Ergänzung der Eltern und eine glückliche Umgebung, die Voraussetzungen geschaffen werden. Kommen auch weiterhin günstige und passende Lebensverhältnisse hinzu, so kann der Mensch diese spezielle Persönlichkeitsstruktur voll entfalten.

Man erkennt bei einem harmonischen Primärnaturell sofort das Grundnaturell, aber ebenso deutlich ist zu sehen, dass die Veranlagung weit über dasselbe hinausgeht.

Alle Vorzüge des Grundnaturells sind dabei vorhanden, jedoch ist dessen Einseitigkeit überwunden, da auch noch Kraft und eine glückliche Verbindung in den beiden anderen Systemen vorliegt - es tritt zu der Primäranlage noch die komplementäre Sekundäranlage abrundend hinzu. Eine vielseitige und gesteigerte Leistungsfähigkeit und eine ausgeglichene Lebenshaltung ist die Folge.

Abb. 192 Das harmonische Bewegungs-Naturell. In den länglichen, knochigen und markanten Gesichtsformen tritt die Bewegungsanlage deutlich hervor, ebenso in der freien und aufrechten Kopfhaltung. Die Körpergestalt ist nicht nur gross, stark, muskulös und kräftig, sondern die Gewebe sind auch sehr empfindungsreich und die Ernährungsanlage gut vorhanden. Gleichzeitig sind alle Formen wohlproportioniert und klar; in allen Gesichtsorganen, im Gewebe, im Ausdruck und selbst im Haar zeigt sich die Ausgeglichenheit.

Das Auge ist klar und und zeigt einen weitblickenden Geist. Die Stirnbildung ist Ausdruck der ausgeglichenen Denkanlage. Obwohl die Bewegungsdisposition im Vordergrund steht, ist deren Einseitigkeit überwunden, da die Tat- und Willensenergie im Dienste einer ausgleichenden Seelen- und Geistesrichtung und einer entsprechenden gesamtheitlichen Lebensauffassung steht.

Eine natürliche Verbindlichkeit, inneres und äusseres Gleichmass ist diesem Typus eigen. Das harmonische Bewegungs-Naturell sucht trotz Tatkraft die Harmonie in sich selbst und der Aussenwelt zu wahren. Auch bei hartem Lebenskampf gehen solche Menschen tatkräftig und selbstsicher den goldenen Lebensweg.

Zum harmonischen Bewegungs-Naturell gehörte z.B. *Kaiser Friedrich III., der Gütige* (gest. 1888), von dem *Huter* sagte, dass eine 20-30jährige Regierungszeit dieses Kaisers das Volk innerlich frei und glücklich gemacht und den Frieden gewahrt hätte. Dieser Herrscher war ein Volksfreund und der beliebte Förderer einer freien Entwicklung in Staat, Kirche, Kunst und Wissenschaft.

Das harmonische Bewegungs-Naturell eignet sich deshalb ausgezeichnet als Erzieher von Jugendlichen. Diese brauchen neben einer verständnisvollen Menschlichkeit eine Persönlichkeit nach der sie sich richten können.

Abb. 192 Das harmonische Bewegungs-Naturell. Zeichnung nach dem Leben. Das Erscheinungsbild der tatkräftigen und ausgeglichenen Wesensart. Die Grundlebenshaltung ist auf die vielseitige Tatentfaltung ausgerichtet. Das realitätsbezogene und gleichzeitig verbindliche Denken herrscht vor.

Abb. 193 *Robert Wilhelm Bunsen.*
Dieser Chemiker und Physiker, der viele Entdeckungen und technische Erfindungen machte (bekannt ist der *"Bunsenbrenner"*) und geologische Studienreisen unternahm, lag im harmonischen Bewegungs-Naturell, wie es die länglichen und markanten, aber sehr fein geformten und lebhaften, keineswegs mageren Gesichtspartien zeigen.

Abb. 194 *Prof. Konrad Lorenz.*
Begründer der Verhaltensforschung (Ethologie). Harmonisches Bewegungs-Naturell.
Es ist das Erscheinungsbild des innerlich ausgeglichenen, weit über das primäre Naturell hinausdenkenden, menschlich gemütvollen und originellen Menschen und ausgezeichneten Naturbeobachters. Alle Formen sind markant. Die Unterstirnregion ist kraftvoll und doch differenziert gebildet. Die Augenbrauen symbolisieren die inneren Antennen, mit welchen *Lorenz* die feinsten Unterschiede der Formen und des Verhaltens der Tiere erkennen konnte. Das weiche Mittelgesicht und die gut geformte Stirn lassen seine humanitäre Einstellung erkennen und zeigen, weshalb *Lorenz* seine Forschungsresultate aus der Tierforschung auf das Verhalten der Menschen übertragen hat.
Er wollte damit den grossen Zusammenhang alles Lebendigen aufzeigen und die Menschheit auch auf ihre grosse Verantwortung hinweisen.

Abb. 195 *Willi Ritschard.* 1918-1983 Ehemaliger schweizerischer Bundesrat und Bundespräsident. Harmonisches Bewegungsnaturell. Es ist das Erscheinungsbild eines Staatsmannes von Format, mit ausgeglichener Festigkeit und grosser menschlicher Beständigkeit.
Ritschard stammte aus einfachen Verhältnissen und hat sich über eine Berufslehre und dem Einsatz in der Gewerkschaft zum beliebten und geachteten Bundesrat entwickelt. Das Wissen für diese verantwortungsvolle Tätigkeit hat er sich autodidaktisch erworben. In sich trägt er sowohl die Anlage des Bewegungs-Naturells, welches im Vordergrund seiner Disposition steht, wie auch einen ausgeprägten Sinn für ökonomische Zusammenhänge. Dazu kommt sehr viel Gemütskraft und Menschlichkeit. Diese Vielfalt der Anlagen und die innere Ausgeglichenheit machten es ihm möglich, die menschlichen Belange nicht von den politischen und wirtschaftlichen Zusammenhängen zu trennen und so für das ganze Staatswesen und nicht nur für eine ihrer Gruppen segensreich wirken zu können.

Abb. 196 Diese Frau hat schwere Schicksalsschläge in treuer Liebe überwunden. An den langen Gesichtsformen, den starken Jochbeinen, der kräftigen Nasenform, dem markanten Ohr, dem kräftigen Hals- und Schulterbau erkennt man deutlich das Grundnaturell der Bewegung.
Aber eine belebte Frische liegt über den Formen, im schönen und grossen Auge, an der klaren Nasenform, besonders auch an Mund und Kinn, in der aufgeweckten, geistesgegenwärtigen Haltung und im ganzen Ausdruck. Alles Schwere, alle Leiden haben diese Frau nicht etwa böse, sondern immer gütiger gemacht. Das ist gerade das Grosse an solchen Menschen: wenn sie auch Unrecht erdulden müssen, vergelten sie nicht Gleiches mit Gleichem, sie werden nicht bösartig, sondern sie bleiben gut.

Abb. 197 Das harmonische Ernährungs-Naturell. Zeichnung nach dem Leben. Es ist das Erscheinungsbild der praktischen und ausgeglichenen Wesensart. Die Grundlebenshaltung ist auf die vielseitige Wirtschaftlichkeit ausgerichtet. Das praktische und gleichzeitig verbindliche Denken herrscht vor.

Abb. 197 zeigt das harmonische Ernährungs-Naturell, das ebenfalls eine hervorragende Persönlichkeit kennzeichnet.

Die Grundveranlagung der Ruhe- und Wirtschaftlichkeit, die durch die Vorherrschaft des Ernährungssystems gegeben ist, verbindet sich in Harmonie mit einem feinen Empfindungsleben und reger Tatkraft.

Neben der körperlichen Fülle, die auch am Hals und im breiten und vollen Gesicht zum Ausdruck kommt, besitzen alle Formen grosse Feinheit und starke Spannkraft. In den grossen und klaren Augenformen und der vollen, gewölbten Stirn zeigt sich das ausgeglichene Denken. Es ist ein klassisches Erscheinungsbild von Ruhe und Gleichmass. Zu dem Vermögen, sich mit Ruhe und einem feinen Empfinden in die Verhältnisse einzufühlen, tritt eine ruhige, sich gleichbleibende und nachdrückliche Tatkraft. Allen Lebensbedürfnissen wird gerechte Beachtung geschenkt, und man kann die grosse Einflussfähigkeit ermessen, die diesem Naturell eigen ist. Das harmonische Ernährungs-Naturell ist kreativ, entwirft neue Ideen im Rahmen seiner Anlage und bringt sie zur Ausführung - aber nicht einseitig wie das primäre Grundnaturell, sondern vielseitig, verbindlich, vielem gerecht werdend und die Harmonie wahrend.

Menschen mit solcher Veranlagung imponieren durch ihre volle und schöne Gestalt, flössen Respekt und Achtung ein, behaupten sich durch Ruhe, Sachlichkeit und durch ein überlegenes Gleichmass. Diese Disposition zeigt sich in den äusseren Formen, wie auch in allen Handlungen, Bewegungen und Lebensgewohnheiten.

Solche Menschen wirken vornehm und dennoch einfach; sie beachten die kleinsten Werte und sind wiederum grosszügig; sie greifen fördernd, vermittelnd, helfend ein und übertragen auf ihre Umgebung bei aller Tätigkeit und geistigen Lebendigkeit eine wohltuende Ruhe, weil sie die praktischen Lebensanforderungen nicht vernachlässigen.

Das Erscheinungsbild ist wohlwollend, zeigt klare, weitgespannte Auffassungsgabe und grosse Handlungsfähigkeit. Daraus ergibt sich ein starker sozialer Sinn und die Sorge um das Gemeinwohl.

Auf Grund ihrer Gesamtveranlagung sind diese Menschen befähigt, Leiter in wirtschaftlichen Betrieben und Verwaltungen zu sein. Es ist der Typus, der durch *Sir Winston Churchill* vortrefflich repräsentiert wurde und dessen Eigenschaften auch *Prof. Ludwig Erhard* oder *Mario Soares* eigen sind.

Diese Naturelle folgen massvoll der fortschreitenden Technik, Wissenschaft, Kunst und der gesamten Kulturentwicklung, suchen sie in praktischer Weise zu fördern und sind befähigt, selbst unter schwierigen Verhältnissen Ruhe und Gleichmass, die Harmonie, zu bewahren.

Man versteht auch, dass *Huter* lehrte, dass heute zu den besten Staatsmännern diejenigen gehören, welche im Ernährungs- oder im Harmonie-Naturell liegen. - Gäbe es mehr Staatsmänner im Ruh- und Harmonietypus, so wäre mehr Ruhe, praktische Vernunft, wirtschaftliche Klugheit, geistige Duldsamkeit, weniger Aggression und Krieg und mehr Höflichkeit in der Politik.

Abb. 198 *Harold Wilson*. Ehemaliger Britischer Premierminister. Harmonisches Ernährungs-Naturell.

Die Ernährungsanlage erkennen wir an der gedrungenen Gestalt, am kurzen, vollen Hals, an den fülligen Ohren und an der vollen Nase.

Bei *Wilson* erkennen wir aber auch ein feines Gewebe und eine gut ausgebaute Oberstirn. Dies zeigt die starke Empfindungsenergie. Das kräftige Ohr und das Kinn offenbaren die gut entwickelte Bewegungsenergie. Die Leistungsfähigkeit von *Wilson* ist aus diesen Anlagen heraus weit grösser als diejenige eines primären Ernährungs-Naturells. Solche Menschen suchen und finden den Ausgleich und sind aufgrund ihrer umfassenden Fähigkeiten als Staatsführer sehr geeignet, können sich aber vielfach gegen harte Bewegungsnaturelle nicht durchsetzen. Sie werden häufig in ihren Fähigkeiten nicht erkannt und deshalb auch zu wenig unterstützt.

Abb. 199 Diese kräftigen, vollen Gesichts-, Hals- und Körperformen zeigen das Grundnaturell der Ernährung. Die Formen sind jedoch von schöner plastischer Quellkraft - die Gesichtsorgane, Augen, Nase, Mund sind sehr differenziert geformt und in Verbindung mit den grossartigen Umrisslinien ist daraus deutlich die Harmonie zu erkennen. Sehr reich, weich und voll ist auch das Haar.

Die Frau besitzt alle Vorzüge des Ernährungs-Naturells und darüber hinaus eine vielseitige Anlage zur Harmonie - sie ist Opernsängerin und Gesangslehrerin, wofür das ausdrucksvolle Auge und der Mund mit der kraftvoll schönen Formung typisch sind.

Abb. 200 *Lily Zellweger-Steger*. Ernährungsnaturell mit Harmonie. Es ist das Erscheinungsbild der menschlichen Wärme, der Würde und eines starken Selbstwertgefühls. Diese Frau ist auf ganz natürliche Art eine Autorität, eine Führerpersönlichkeit.

Als Mutter von sechs Kinder war sie ihrem Manne tatkräftige Stütze und daneben Gründerin des Basler Frauenvereins, deren längjährige Präsidentin sie war. Trotz der enormen Belastung durch ihre vielseitige Tätigkeit, wurde sie nicht verbittert, was wir am schönen Mund sehen, der lebhafte, weiche Gefühle zeigt. Die grosse Überwindungsfähigkeit schöpfte Frau *Zellweger* aus einer enormen Gemütskraft, welche wir am quellenden und weichen Mittelgesicht erkennen. Solche Personen brauchen Menschen um sich, sie lieben den gesellschaftlichen Kontakt.

Die soziale Denkfähigkeit, sichtbar am Stirnaufbau und im gütigen Ausdruck der Augen, drängte sie dazu, ihr praktisches Talent und ihre Instinktsicherheit, die wir an ihrer Nase erkennen können, zum Nutzen leidender Menschen einzusetzen.

Abb. 201 *Sir Winston Churchill*, der grosse britische Staatsmann und Historiker, lag im Ernährungs-Naturell, wie es in der fülligen und breiten Gestalt und den entsprechenden Kopf-, Gesichts- und Halsformen zum Ausdruck kommt. Aber die geistvollen Gesichtszüge, der Ausdruck von Augen, Nase, Mund, die fein gespannte Haut und der hoch gewölbte Schädelbau zeigen, dass auch das Empfinden lebhaft ist; diesem steht die Tatkraft kaum nach, wie das grosse, langförmige und wohlgebildete Ohr und das in die Breite gehende, festgefügte Kinn zeigen. Daher geht die Anlage weit über das Ernährungs-Naturell hinaus und übertrifft es in harmonischer Weise.

Natürlich ist die Bewegungsenergie nicht so vollendet entwickelt wie die wirtschaftliche Anlage, daher war *Churchill* nie ein eigentlicher Kriegsheld - aber sein Mut und seine Überzeugungskraft waren unerschütterlich und bewundernswert.

Solche Persönlichkeiten, grossartig in ihrem umfassenden Können, bleiben aber Menschen und sind nicht ohne Fehler. Die Geschehnisse des zweiten

Weltkrieges haben gezeigt, dass auch solche Menschen von den Verhältnissen manchmal gezwungen werden, zwischen zwei Übeln das kleinere zu wählen und mit Konsequenz durchzuführen. Ihre Biographie und ihre Werke zeigen aber ihre grundsätzliche Grösse, ihre Menschlichkeit und ihre bei weitem überdurchschnittlichen Fähigkeiten.
Die Ernährungsanlage machte *Churchill* zu einem Politiker und Staatsmann, der fest in der Realität verwurzelt war und als Historiker zum einzigartigen Geschichtsschreiber wurde. Die Abrundung und qualitative Steigerung der Ernährungsanlage durch die Empfindungs- und Tatenergie liessen ihn zum Verteidiger unserer Zivilisation werden.

Abb. 202 Das harmonische Empfindungs-Naturell.

Die primäre Empfindungs-Anlage verbindet sich mit einer ausgleichenden Lebensharmonie. Dieser Mensch ist in sich gefestigt, geistig unerschütterlich und ausgeglichen.

Entsprechend harmonisch ist die Körpergestalt, der Gesichtsausdruck und die Kopfbildung; es sind alle Feinheiten des Empfindungs-Naturells da, aber sie sind harmonisiert und in der Kraft gesteigert.

Die Gestalt und das Gesicht ist voller, breiter, kräftiger; die Sinnesorgane sind nicht nur sehr empfindungsreich, sondern auch kraftvoll und trotzdem differenziert ausgeformt, wirkungsvolle Tat- und Willenskraft ergänzt die vielseitigen Geistesanlagen.

Man kann sich denken, dass dieser Mensch die Blüten und Errungenschaften einer höheren Kultur seiner Anlage nach mit Leichtigkeit aufnimmt, er eignet sie sich an, fördert sie und baut sie zudem stetig liebevoll weiter aus. Dabei hat er auch die Festigkeit in sich, allen möglichen Suggestionen und üblen Einwirkungen zu widerstehen; infolge seiner Intelligenz und des hohen Feingefühls vermag er das Beste zu erkennen, auszuwählen und zu fördern.

Er wird mit wenigen Ausnahmen in unserer Zeit kaum in seiner Wichtigkeit für die menschliche Gesellschaft erkannt und gefördert. Ideelle Werte sind schwer in materiellen Werten zu bemessen. Empfindungsreichtum und Geistestiefe schaffen aber eine lebenswertere Welt.

Abb. 202 zeigt das Erscheinungsbild von Geistesklarheit, Wohlwollen und Güte, bei gleichzeitig grosser Kraft und Beständigkeit.

Dieser Typus vermag sein ganzes Leben und Sein in den Dienst einer höheren Kultur zu stellen und, wenn es sein muss, aufopfernd zu wirken. Er verkörpert die Höhe einer Kultur, und seine Begabungen erstrecken sich auf Kunst, Wissenschaft, Ethik und Religion. Er ist durch seine Persönlichkeitsstruktur in der Lage an den Spitzen unserer Pflegestätten der Kultur zu stehen; diese Naturelle sollten auch in den Regierungen vertreten sein, um dem Idealen und Geistigen gegenüber der Realpolitik, Geltung zu verschaffen.

Abb. 202 Das harmonische Empfindungs-Naturell. Zeichnung nach dem Leben. Das Erscheinungsbild der geistig regen und vielseitigen Wesensart. Die Grundlebenshaltung ist auf das geistig Schöpferische ausgerichtet. Das ganzheitlich kreative, verbindliche Denken herrscht vor.

Dieser Typus ist geistig elastisch, das Gewebe im Gesicht und an der Stirn ist zart, rein und strahlt empfindsame Lebendigkeit aus. Ein solcher Mensch ist zu geistiger Anteilnahme und hoher Menschlichkeit befähigt. Es ist der Typus hervorragender Künstler, Gelehrter und Ethiker, wie *Ludwig Uhland, Richard Strauss* u.a.

Alle drei hier beschriebenen Naturelle mit Harmonie haben etwas Gutes, Mütterliches, resp. Väterliches, Gütiges im Ausdruck, was diese Naturelle so ausserordentlich sympatisch und - jedes in seiner Art - vorbildlich macht.

Wir haben nur unser Auge und die Sinne für die Wahrnehmung dieser Naturwahrheiten zu schulen und kommen zu einer neuen und gerechten Erkenntnis des Menschen. Der Mensch selbst müsste das wichtigste Studienobjekt werden - er sollte im Mittelpunkt der wissenschaftlichen Bemühungen stehen, denn von ihm ist Wesentliches auf unserer Erde abhängig.

Abb. 203 Frau im harmonischen Empfindungs-Naturell.
Das Erscheinungsbild der wunderbar warmen und seelenvollenWesensart. Die Augen mit dem verinnerlichten, einfühlsamen Blick, die gerade aufsteigende, breitgerundete Stirn, die Feinheit und warme Empfindungsfähigkeit der Gesamtformen, offenbaren ihren ausgeglichenen Charakter.
Das Grundnaturell der Empfindung tritt klar durch die Feinheit des Kopfbaues und durch die hohe Empfindsamkeit, die in den Geweben liegt, hervor. Dennoch wird auch das Praktische nicht vernachlässigt und die Tatkraft entsprechend angespannt.
Von dieser Frau sagte *Huter*, dass sie den höchsten Kulturtypus seiner Zeit verkörpere. Das war eine hohe Auszeichnung, denn Wissenschaft, Kunst, religions-wissenschaftliches Forschen, Technik, Handel und Verkehr standen zur Zeit *Huters* schon in hoher Blüte.

Abb. 204 *D.J.Mendeljew* (1834-1907).
Die Eiform des Gesichtes, dessen feine und schmale Partie unterhalb der Augen, der oben breit ausgebaute Schädel sowie das seidenweiche dünne Haar lassen das Empfindungs-Naturell erkennen; die kraftvolle Bildung der Nase und das ruhig und klar blickende Auge offenbaren dabei die Harmonisierung aller Kräfte. Markant und sehr fein tritt die Unterstirn besonders seitlich über den Augen hervor, sie zeigt den Naturwissenschaftler und Mathematiker - aber grosse Kraft und Feinheit liegt auch in der breit gewölbten Oberstirn, dort also, wo sich die Fähigkeit zur philosophischen Durchdringung der Probleme zeigt. Es ist das Erscheinungsbild des forschenden, fühlenden, die Geheimnisse der Natur erahnenden Menschengeistes. *Mendelejew* war der Entdecker des Periodischen Systems der Elemente, einer naturwissenschaftlich und philosophisch gleichermassen grossartigen Leistung. Damit konnte er Vorhandensein und Eigenschaften neuer Elemente voraussagen.

Abb. 205 *Hermann Bürkler,* harmonisches Empfindungs-Naturell.
Das Gesicht mit den ausdrucksvollen Augen und der eindrucksvollen Stirnbildung lässt die starke Empfindungsenergie erkennen.
In der breiten und markanten Unterstirn mit der prägnanten Nasenwurzel zeigt sich dazu der ausgezeichnete Sinn für die realistische Beobachtung, ein über das primäre Naturell hinausgehendes Interesse an der Naturwissenschaft und das Talent zum Erkennen der Formensprache in der Natur. (*H.Bürkler* war einer der besten Analytiker der Naturell-Lehre.) Dieser ausgeprägte Realitätssinn stellt einen guten Ausgleich dar zu der Veranlagung, Antworten auf philosophische und religiöse Fragen zu suchen. Die grossen Ohren, die Backenknochen und das feste breite Kinn lassen erkennen, dass auch die Verwirklichungsenergien sehr gross sind. Das gerundete Oberhaupt und die Haare fügen sich als schöner Abschluss in das ganze Bild eines ausgeglichenen, aber immer idealistischen Denkens ein. Die Formbildung des Oberhauptes und der oberen Stirn zeigen, wie sehr dieser Mensch glauben, hoffen und verehren kann. Das Sichverbundenfühlen mit der geistigen Welt geben dem ganzen Gesicht das Besondere, Hoheitsvolle. Die Ausgeglichenheit der äusseren Formen spiegelt die innere Harmonie dieses Menschen.

15. Die primären Naturelle mit Disharmonie

Die vorstehenden Studien haben uns die grossartige Veranlagung, die Bedeutung und den Wert der harmonischen Naturellrichtung vor Augen geführt. Es gibt aber auch die primären Naturelle mit der disharmonischen, also der entgegengesetzten Entwicklungsrichtung.

Trägt das Grundnaturell die Neigung zur Harmonie in sich, so ist die Lebensrichtung vielseitig, freudvoll und durch innere Ausgeglichenheit gekennzeichnet. Bei der Neigung zur Disharmonie ist sie in sich zersplittert, unstet und führt meist zu Unzufriedenheit und seelischer, geistiger und körperlicher Belastung.

Abb. 206 Das Ernährungs-Naturell mit Disharmonie.

Abb. 206 Die breit-massigen Gesichtsformen kennzeichnen das Ernährungs-Naturell - aber die Gewebe sind dabei teils härter und kühler, teils schwammiger und teigiger. Der starke hintere Oberschädelbau zeigt beträchtliche Bewegungsimpulse und mithin die Neigung zur Durchbrechung der Ruhanlage. Das Ohr hat eine Henkelform bei starker seitlicher Spannung - daher wird die Ruhe durch zu starke Veränderungstriebe durchbrochen. Die Augen liegen eng und sind unruhig, der Blick ist bohrend. Der Ausdruck ist finster und böse und deutet darauf hin, dass dieser Mensch wenig positive Impulse zu geben vermag. So düster wie sein Erscheinungsbild ist seine Lebenseinstellung und seine Verhaltens- und Reaktionsweise.

Abb. 207 Das Empfindungs-Naturell mit Disharmonie.

Abb. 208 Das Bewegungs-Naturell mit Disharmonie.

Abb. 207 Die hohe, breite Stirn und das kleine Gesicht sind typisch für das Empfindungs-Naturell. Der Impuls geht aber, wie die im unteren Teil in Form und Ausdruck eigenartig gebildete Nasenform wie auch der Ausdruck des losen, grossen Mundes zeigen, überstark zum sinnlichen Genuss. Die grossen, übersteigert hervorgedrängten dunklen Augen sind wie sinnestrunken und der Blick hypnotisch. Die Ohren sind gross und stark ungleich und durch die physiologische elektrische Energie stark vom Kopf abgetrieben und deuten in diesem Gesamtrahmen darauf hin, dass die Richtung der Gefühle in unstete Bahnen gelenkt ist. Der Ausdruck der Stirn in Verbindung mit dem wie in Flammen flatternden Haar zeigt die übersteigerte Phantasie, wobei das Gesicht einen von Unruhe getriebenen Ausdruck hat, wie er sonst dem Empfindungs-Naturell nicht eigen ist.

Abb. 208 Die langen, harten Gesichtsformen zeigen das Typische des Bewegungs-Naturells. Aber die Augenbrauen sind übermässig stark, die Nasenform ist unausgebildet; Dieser Mensch hat Mühe sich zu beherrschen, die vollen Lippen zeigen die Neigung und Impulsrichtung zu triebhaftem sinnlichen Genuss, die dem Bewegungs-Naturell sonst nicht eigen ist. Die seitlichen Kieferpartien und die Gesichtsumrisse bis hinauf zum unteren Seitenhaupt sind selbst für das Bewegungs-Naturell zu stark auslaufend und zeigen zu starke Tatkraft und einen grossen Ehrgeiz.

Wir erkennen an diesen drei Beispielen, wie die mit der Naturellanlage nicht in Harmonie stehenden Impuls- und Neigungstriebe unausgeglichene Innenspannungen und entsprechende Lebensäusserungen hervorrufen. Wir erkennen aber auch, dass bei allen hier gezeigten Typen die Organsystemveranlagung und damit die Grundlebensrichtung durch die äussere Formbildung kurz und treffend zu kennzeichnen ist.

16. Die tertiären Naturelle

Bei den primären Naturellen ist ein Körperbausystem im Vordergrund der Entwicklung. Bei den sekundären Naturellen sind es zwei oder drei Organsysteme, die eine sehr gute Organqualität und Differenzierung der inneren Energien aufweisen. Bei den tertiären Naturellen ist die Differenzierung in den inneren Systemanlagen geringer.

Wir erhalten eine anschauliche Vorstellung vom Wesen der tertiären Typen durch den Vergleich der Naturelle mit den Farben und deren Einordnung in das *Hutersche* Naturellschema (s.176 und177).

Bei den tertiären Naturellen ist die Innenspannung geringer. Diese Naturelle haben Mühe, gleich viel zu leisten wie die primären, sekundären und polaren Körperbautypen. Entsprechend gering ist auch die Differenzierung im Formbau; der Gewebszustand ist nicht klar, rein und gespannt, sondern mehr oder weniger verschwommen und unrein, der Lebensausdruck teilnahmslos und weniger geistesgegenwärtig. Es treten keine besonderen Anlagen stark hervor, und es scheint, als erschöpfe sich die vorhandene Innenspannung und Kraft mit der Erfüllung der notwendigsten Lebensbedürfnisse und Lebenspflichten. Hierin sind jedoch viele dieser Naturelle vorbildlich. Sie sind unentbehrliche Helfer in allen Lebensbereichen. Sie sind aber meist zu stark von Stimmungen beeinflussbar.

Diese Naturelle verhalten sich dem geistigen Fortschritt, dem grossen Neuen, dem Wahren, Guten und Schönen gegenüber meistens abwartend und gleichgültig. Sie nehmen daran, wenn nicht ein starker äusserer Antrieb erfolgt, aus sich selbst heraus wenig tätigen Anteil. Sie stehen diesen Lebensfragen eher indifferent gegenüber, und so ist zu verstehen, dass dort, wo diese Typen in grosser Zahl auftreten, also stärker vertreten sind als die primären, polaren und sekundären Naturelle, die Zivilisation sehr wohl in die Breite gehen kann, wie es Technik, Handel und Verkehr mit sich bringen, aber nicht im gleichen Masse in die *"Tiefe"* und *"Höhe"*, d. h. es findet kein wirklicher geistiger Fortschritt statt.

Wo der gesamte Volkscharakter vor allem tertiär ist, vermögen auch Jahrhunderte kaum einen merklichen Fortschritt in geistig-kultureller Hinsicht zu bringen. Fehlen einem Volk die ausgeprägtesten Menschentypen, zerfallen Kultur und Leben.

Selbst vorhandene oder herannahende Gefahren lassen die tertiären Naturelle mehr oder weniger gleichgültig an sich herantreten, ohne dass sie sich zur Vorbeugung und Abwendung derselben rechtzeitig und aktiv entschliessen.

Sie lassen alles beim Alten und das Leben - von einem höheren Standpunkt aus betrachtet - sozusagen an sich vorbeigehen, sie bleiben mehr oder weniger indifferent und untätig und sind für das Ideale nur schwer zu begeistern. Die meisten *"Durchschnittsmenschen"* gehören zu den tertiären Naturellen. Bei Abstimmungen in einer Demokratie ist die Zahl der Stimmenden dann am höchsten, wenn Emotionen angeregt werden. Für Sachfragen ist das Interesse jedoch meistens gering und die Fähigkeit Wesentliches herrauszukristallisieren nicht vorhanden.

Da die Differenzierung in den inneren Organsystemen, die sogenannte Innenspannung, nur gering ist und weder körperliche noch geistige Anlagen besonders hervortreten, ist die gesamte äussere Erscheinung unklar und ohne besonders charakteristische Eigenheiten.

Man sucht die Naturellanlage festzustellen, aber es will nicht recht gelingen, eine gewisse Indifferenz und Lauheit liegt über den Sinnesorganen und Formen. Hat man jedoch den Sinn der Naturellehre erfasst und den Blick etwas mehr geschult, dann wird auch das Typische dieser Veranlagung verständlich und man kann damit umgehen. Das Herausfinden der verschiedenen Typen nach konstitutionellen, anatomischen, psycho-physiologischen und psycho-physiognomischen Merkmalen ist die lange Lebensarbeit *Carl Huters* gewesen.

Abb. 209 bis **218.** In der Beschreibung zu den Abb. 209 und 210 ist die besondere Naturellanlage innerhalb der tertiären Richtung angedeutet, obwohl es meist schwer ist, eine solche zu erkennen. Tatsächlich verliert ja auch, je stärker ein Naturell grau getönt, im Naturellkreis also mehr nach innen gelagert ist, die besondere Naturellrichtung an Bedeutung, zufolge der immer geringeren Innenspannung der indifferenten tertiären oder neutralen Anlagen. Um den Blick für die grau getönten Alltagsmenschen zu üben, sind in den Abb. 211 bis 218 acht Beispiele tertiärer, aber noch deutlich gerichteter Naturelle dargestellt.

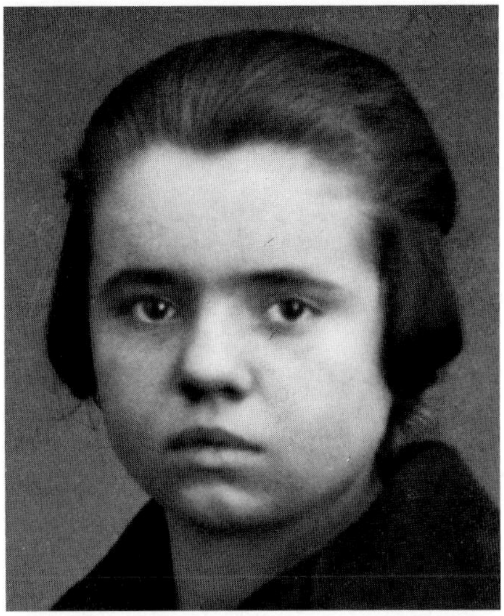

Abb.209 Hier liegt im Ausdruck von Augen, Nase, Mund, Wangen, Kinn und Gewebe nur geringe Form- und Spannkraft. Die grosse, breite Stirnbildung scheint gute Empfindungs- und Geistesanlagen zu zeigen, es fehlt jedoch die Ausstrahlung. Die matte und geringe Ausmodellierung von Augen, Nase, Mund und Kinn hat wenig Ausdruck. Es ist das Erscheinungsbild mangelnder Kraft, Energie und Innenspannung. Es sind Gefühle und Stimmungen vorhanden, aber auch Unsicherheit, Passivität und leichte Beeinflussbarkeit. Die Festigkeit und Aktivität ist zu gering. Die junge Frau lässt sich schieben, macht mechanisch mit, ohne aus sich selbst heraus energisch zu körperlicher und geistiger Anspannung zu kommen. Man kann sich wohl denken, dass gesunder Sport, die Pflege von schönen Dingen, anregende Förderung, gutes Beispiel und Vorbild mit der Zeit eine grössere Aktivität und Anspannung hervorbringen könnten. Erfolgt dieser Ansporn aber nicht, dann bleibt die tertiäre Naturellanlage bestehen und damit auch die körperliche und geistige Indifferenz.

Abb. 210 Hier ist die Innenspannung in gewisser Hinsicht voll auf der Höhe. Das sieht man an der aufrechten Kopfhaltung und an der Sorgfalt, die auf Frisur und Schnurrbartpflege verwendet wird. Das kleine, scharf und realistisch blickende Auge liegt aber in einer ausdruckslosen und leeren Augenumrahmung. Die grobe, nüchterne Form von Nase, Wangen und Ohr zeigt, dass die Innenspannung einseitig auf naheliegende Äusserlichkeiten des Lebens gerichtet ist. Das zeigt bei der sonst durchschnittlich guten Veranlagung die tertiäre Richtung des Naturells. Wer die Pflege des Idealen und Geistigen in der Natur vernachlässigt und sich nur auf das Naheliegende allein konzentriert, der zählt im feingeistigen Bereich zum tertiären Naturell. Das Gewebe an Gesicht und Stirn ist wie verdickt, als behindere eine Schicht unter der Haut die lebendige Ausstrahlung. Dies zeigt einen Mangel an qualitativ geistigen Impulsen.
Erst die starke geistige Anspannung, die auf feinstem Empfinden beruht, erzeugt die entsprechende Ausstrahlung der Gesichtsorgane.

Abb. 211 Tertiäres Naturell, Richtung Harmonie. Hier sehen wir ein in den Formen einfacheres, wenn auch ausgewogenes, wohlgeformtes Gesicht. Es fehlt aber das Intensive im Ausdruck, das innere Feuer. Esscheint als ob diese Frau nicht recht wüsste was sie tun soll. Mit viel Ernst und einer trotzigen Melancholie blickt sie uns an, was auf ihre Unzufriedenheit hindeutet. Sie ist stark in ihrer Gefühlswelt verankert und sehr empfindlich und wird deshalb ihre Umwelt zu negativ beurteilen und zu stark gefühlsmässig reagieren. Dies bringt zwangsläufig Schwierigkeiten mit sich. Deshalb wäre eine Aufklärung über diese Charaktereigenschaften, die ja im Grunde wertvoll sind, fruchtbar und wichtig. Aus einer zu subjektiven Sicht entsteht bei tief fühlenden Menschen leicht eine negative Gefühlslage, welche zum melancholischen Temperament führen kann. Solche Menschen verlieren dann die Lebensfreude und bleiben in der Verwirklichung ihrer guten Eigenschaften weit hinter den vorhandenen Möglichkeiten zurück. (Im Naturellschema helleres Grau.)

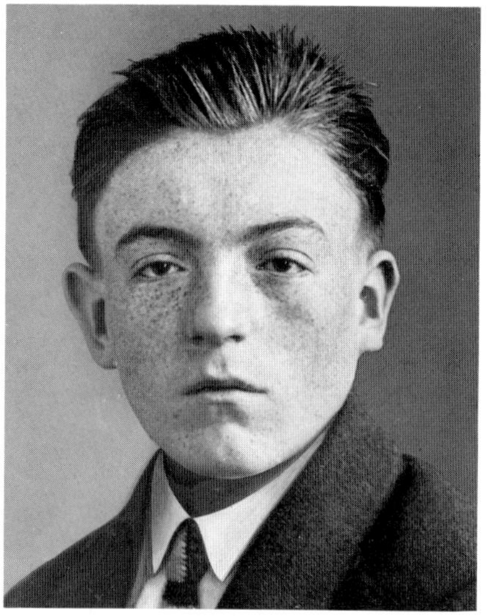

Abb. 212 Tertiäres Naturell, Richtung Disharmonie. Das Auge ist sehr klein und zeigt eine schwache Geisteskraft; die Haut ist als Folge einer ungünstigen Blut- und Säftebeschaffenheit unrein. Die Partie von den Jochbeinen abwärts bis zum Kinn, mit Einschluss des Unterkiefers, ist lang und schwer. Die Ohren sind unschön, das Seitenhaupt darüber ist breit und stark, aber nach oben zu wie zusammengedrückt und das Oberhaupt ist flach. Das Haar ist borstig. Das sind eine Anzahl disharmonischer Merkmale; durch die schwache Innenspannung ist dieser Mensch von sich aus nicht aktiv destruktiv, aber auch nicht konstruktiv, sondern widerborstig. Er kommt leicht unter schlechten Einfluss und kann dann für von ihm eigentlich nicht gewollte Tätigkeiten missbraucht werden. (Im Naturellschema dunkleres Grau.)

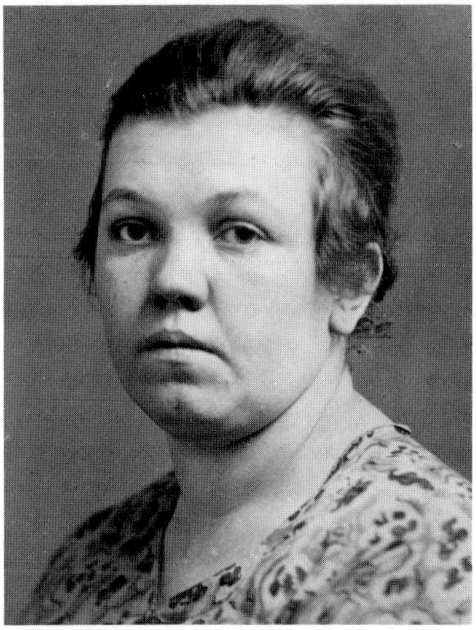

Abb. 213 Tertiäres Naturell, Richtung Ernährung. Hier erkennen wir die fülligen, gerundeten und weichen Formen des Ernährungs-Naturells, die aber gleichzeitig matt, teigig, schwer und unbelebt wirken. Diese Frau steht dem Guten teilnahmslos, dem Idealen gar feindlich gegenüber, ist aber sehr egoistisch und auf den eigenen Vorteil aus. Kein besonderes Können, keine eigene Leistung, wohl aber Launenhaftigkeit und Undank sind zu erwarten, und das einfache Genussleben steht im Vordergrund. (Im Naturellschema, blau-grau.)

Abb. 214 Das Erscheinungsbild des zur Bewegung tendierenden, tertiären Naturells mit sehr guter Naturbeobachtungsgabe und grossem Pflichtbewusstsein. Die Formen sind einfacher in ihrem Ausdruck .

Dieser Mann ist leistungsfreudig und leidenschaftlich in seinen Gedankengängen, ohne hier die Klarheit eines primären Bewegungsnaturell zu erreichen. (Im Naturellschema rot-grau.)

Abb. 215 Tertiäres Naturell, Richtung Empfindung. Die ursprüngliche Empfindungsanlage, von der noch ein schwacher Abglanz über Nase, Auge und Stirn liegt, ist vergröbert, durch eigene Lebensgestaltung und den Einfluss der Umwelt zurückgedrängt. Da also der belebende Hauch des Geistvollen fehlt, der die Gewebe des primären Typs so zart und fein macht, wirken die Konturen und der Ausdruck von Mund, Kinn, Nase, Auge und Ohr starr, fast wie erstorben, und der Ausdruck von Haupt- und Barthaar ist öde und stumpf - es liegt geringe körperliche und verlorene geistige Qualität vor. (Im Naturellschema gelb-grau.)

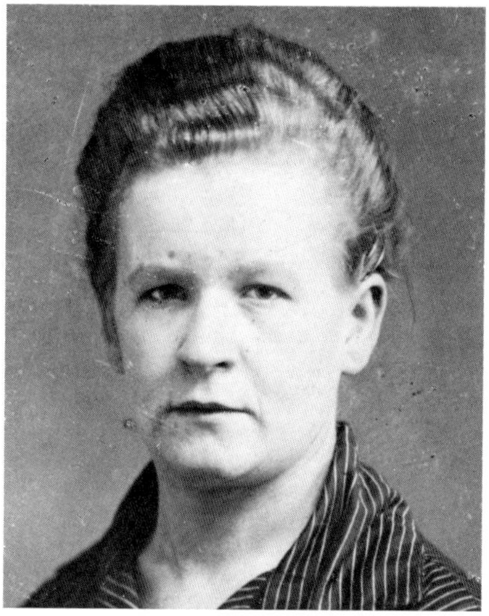

Abb. 216 Tertiäres Naturell, Richtung Bewegung-Empfindung. Hier liegt im Gegensatz zum sekundären Typus eine geringe organische Qualität vor, wie der Gesamtausdruck zeigt. Das Auge ist trüb, klein und eng - ganz entsprechend der Geisteskraft. Die Frau wird von einem kleinlichen Geist beherrscht, neigt zu Neid, Missgunst, Nörgelei und Unzufriedenheit. Die in der Formbildung auffallende hohe Stirn hat zufolge ihrer Mattigkeit und der mangelhaften Differenziertheit des Gesichts ihre Bedeutung verloren. (Im Naturellschema orange-grau.)

Abb. 217 Tertiäres Naturell, Richtung Ernährung-Bewegung. Diese Frau ist sehr realistisch und nüchtern, was vor allem in den hart blickenden Augen zu erkennen ist. Die groben Gewebe und die schwere und plumpe Nasenform und Mundregion zeigen die ebenso grobe und plumpe Art der Ernährung und der Tatentfaltung. Sie macht dort mit, wo gewöhnliche und rohe Genüsse geboten werden und ist stumpf, ja feindselig gegen höhergeistiges Streben eingestellt. (Im Naturellschema violett-grau.)

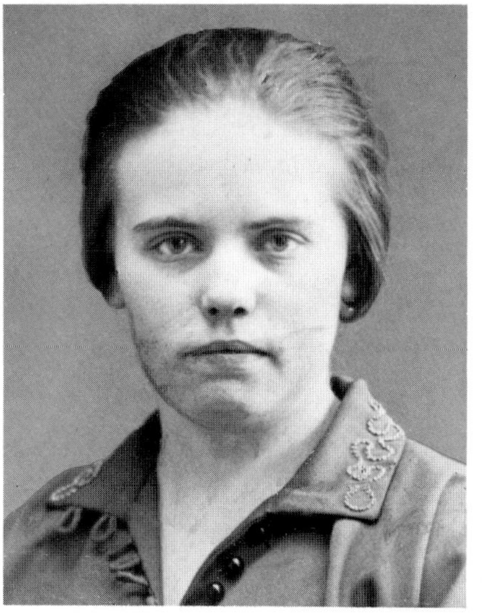

Abb. 218 Tertiäres Naturell, Richtung Ernährung-Empfindung. Die gute Stirnbildung und auch das Auge zeigen deutlich, was dieses Mädchen vom Leben will: Es will sich freuen, es will lieben, froh und glücklich sein. Aber aus sich selbst hat diese junge Frau nicht die Kraft dazu. Die Bedingungen der Zeugung und Vererbung und der Umwelt waren nicht dazu angetan, solche Energie in diesen Menschen hineinzulegen, was in der geringen Formkraft an Nase, Mund und Kinn und der geringen Spannkraft und matten Ausstrahlung der Gewebe zum Ausdruck kommt. Noch ist Jugendfrische da, aber diese will gepflegt und erhalten sein; ideale körperliche und geistige Betätigung, die von aussen an die junge Frau herangetragen werden müsste, könnte die geringe Innenspannung stärken und entfalten. (Im Naturellschema grün-grau.)

17. Die neutralen Naturelle

Durch die Bezeichnung *"neutral"* soll angedeutet werden, dass die Differenzierung in den inneren Systemanlagen noch geringer ist als bei den tertiären Naturellen, dass diese Typen dem grossen Werden in der Natur und im menschlichen Leben neutral gegenüberstehen. Sie sind noch weit mehr indifferent veranlagt als die tertiären Naturelle.

Die neutralen Naturelle verhalten sich allem Neuen, Guten und Wertvollen gegenüber erkenntnisunfähig und verneinend. Man kann wohl sagen, dass ihre geistige Veranlagung ähnlich ist wie das neutrale Grau unter den Farben, das sich nach keiner Seite hin merklich abhebt.

Die neutralen oder indifferenten Naturelle sind leicht und besonders in destruktiver Richtung zu beeinflussen. Einseitig dem Einfluss disharmonischer Naturen überlassen, sind sie mit Leichtigkeit zum passiven Widerstand gegen alles Neue und gegen den geistigen Fortschritt zu bewegen. Sie festigen und verteidigen alte, überlebte Torheiten und begünstigen neue Irrlehren, je nachdem, wie der Wind gerade weht. Sie machen gedankenlos, unüberlegt und automatisch mit, ohne geistigen Anteil an einer Handlung zu nehmen und ohne sie moralisch zu bewerten. Groben Unfug und offenbare Widersinnigkeiten lassen sie sich leicht als richtig einreden, und selbst das Verbrechen unterscheiden sie dann vom Guten und vom menschenwürdigen Recht nicht mehr. Aus dem Unvermögen, komplexe Zusammenhänge zu erkennen und aus innerer Trägheit werden die neutralen Naturelle zu Feinden aller Genies, Talente, Forscher und Erfinder.

An sich ist der einzelne Mensch im neutralen Naturell diesbezüglich ohne grossen Einfluss, denn er ist zu schwach an eigener geistiger Kraft, um sich aus sich selbst heraus eine innere Überzeugung zu bilden und diese frei und selbstständig zu behaupten. Er wird aber leicht zum Spielball der jeweiligen herrschenden Massensuggestion, verfällt der Mode, der Sitte oder Unsitte und herrschenden Machtströmungen - ruft heute *"Hosianna"* und morgen *"Kreuzigt ihn"*.

Diese Menschen können sich nicht auf ihre eigene moralische Kraft verlassen. Sie sind oft dort zu finden, wo viel Geschrei ertönt und wo es etwas zu sehen gibt; sie haben keine eigene Meinung und sagen das nach, was ihnen vorgesagt wird; sie benehmen sich dabei albern und verlieren schnell die menschliche Würde. Sie sind dort zu finden, wo Massenansammlungen stattfinden und wo *"viel Lärm um nichts"* herrscht.

Wenn diese indifferenten, neutralen und auch tertiären Naturelle in grosser Zahl auftreten, was z. B. bei alten Kulturvölkern, die sich in Degeneration oder Niedergang befinden, möglich ist, und wenn diese Menge der Suggestion verfällt und sich beispielsweise in politischen oder religiösen Gruppierungen organisiert, dann geht die Kultur zugrunde.

Eine solche Menschenmenge bildet ein Element, welches in seiner undifferenzierten Beeinflussbarkeit den Verfall besiegelt. Das neutrale Naturell ist bei genauer Beobachtung aus allen Lebensäusserungen feststellbar, die ganze körperliche und geistige Beschaffenheit ist charakteristisch.

Die lebende Kraft beruht, wie *Huter* nachgewiesen hat, auf Strahlung, die einerseits von aussen nach innen aufgenommen wird und anderseits von innen nach aussen die Formen und Gewebe durchstrahlt und gestaltet. Da nun bei den neutralen Naturellen die geistig-schöpferische Lebenskraft gering ist, verbraucht sie sich in der Befriedigung der einfachsten Lebensbedürfnisse. Es bleibt nicht genügend überschüssige Lebens- und Geisteskraft übrig. Die untergeordneten Natur- und Lebenskräfte hingegen, welche die souveräne, geistig-schöpferische Kraft beim begabten Menschen nur begleiten, treten beim neutralen Naturell stark hervor, und die Geisteskraft tritt zurück.

Infolgedessen sind vornehmlich die Gewebe von Augen, Stirn und Gesicht weniger durchstrahlt, es fehlt sozusagen die innere "*Durchleuchtung*" und qualitative Verfeinerung, weil ja das innere Empfinden, die Formkraft der Psyche, zu schwach geworden ist. Daher ist die Form- und Gewebsbildung grober, starrer, weniger belebt und nicht fein modelliert. Es bestehen keine markanten Formmerkmale, der Lebensausdruck ist neutral und stumpf.

Die ganze Haut und das darunter liegende Gewebe ist empfindungsarm und nimmt oft einen fetten, gedunsenen, grauen, matten und strahlungsarmen Ton an, je nachdem wie weit die Vergröberung oder Geistesarmut fortgeschritten ist. Dagegen hebt sich die Haut und das Gewebe der empfindungsreichen Menschen hell durchstrahlt und von innen heraus durchleuchtet ganz bedeutend ab.

Daher sind die wichtigsten Eigenschaften, die im lebendigen Gewebe liegen, also die Qualität der Form, der geistige Forminhalt und der damit einhergehende Ausdruck stets zu beachten. Mit der Psycho-Physiognomik ist eine vollständig neue und vertiefte Natur- und Lebenserkenntnis geschaffen, wodurch es erst möglich wird, das neutrale Naturell in seinen Eigenschaften zu erfassen und zu verstehen.

Der Leser versuche, an den nachfolgenden Bildbeispielen den Blick zu schulen und das Typische der dargestellten neutralen Naturelle nach Form, Ausdruck und Gewebsbildung zu erkennen. Man vergleiche diese Erscheinungsbilder mit denjenigen der im folgenden noch beschriebenen idealen Naturelle und deren leuchtendem, lichtem und grossartigem Ausdruck von Augen und Gesichtern. Es liegt eine grosse Differenz an Wollen und Können dazwischen. Durch den Einsatz des Naturellsystems sind wir in der Lage, das Geschehen der Geschichte und das Leben der Völker besser zu überblicken und richtiger einzuschätzen. Wir können Anlagen und Taten vergleichen und die Hintergründe der Geschichte erkennen. *Huter* hielt es für wahrscheinlich, dass in Zukunft die primären und sekundären Naturelle sich vermehren werden, wodurch viele Völker einer grossen Zukunft entgegengehen würden. Gesunde Körperarbeit und Leibesübung aller Art hielt er für das gegenwärtige Geschlecht für erforderlich, da dann in Zukunft infolge von Gewohnheit und Vererbung ein tatenfreudiges Geschlecht entstehen würde, das eher bereit wäre, Gutes zu fördern und das die vielen Reibungsflächen überwinden könnte. Die dumpfe und oft erdrückende Einstellung, die von tertiären, neutralen und einseitig disharmonischen Naturellen ausgeht, würde mit der Zeit überwunden. Eine lebensfreudige, agierende anstatt nur reagierende Grundeinstellung würde die Lebensqualität heben.

Abb. 219 Neutrales Naturell. Die Gewebe sind hier ausdruckslos, schwer, matt und fast teigig; besonders typisch sind die kleinen Augen mit den formlosen Lidern und die schweren Gewebe um beide Augen herum. Die Stirn zeigt Mattigkeit und fast keine geistige Ausstrahlungskraft.
Im mittleren und unteren Teil ist das Ohr grob und stark vom Kopfe abgetrieben und kennzeichnet die starke seelische und körperliche Abwehrenergie. Gewiss, dieser Mann musste wohl viel arbeiten, wozu er auch in der Lage war, aber eine höhere und freudige Lebensanschauung blieb ihm völlig fremd.

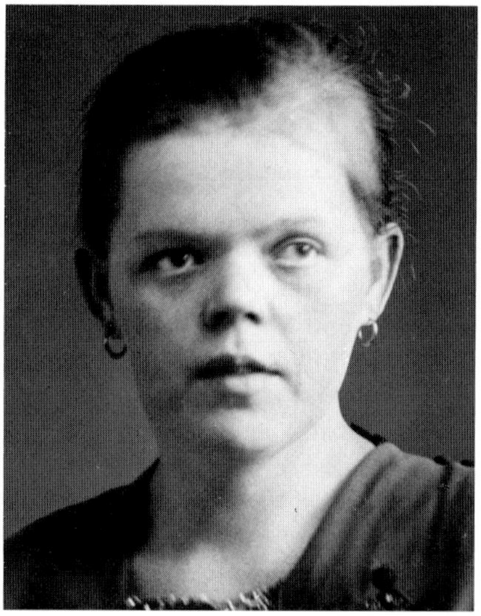

Abb. 220 Neutrales Naturell. Auch hier hat das Gewebe den matten Formcharakter, der typisch für das neutrale Naturell ist, wobei insbesondere auch der Ausdruck an Nasenform und Mund den engen Bereich geistiger Tätigkeit kundgibt.
Wohl möchte sich dieser Mensch aus seiner Beschränktheit erheben, wie Augenform und Kopfhaltung ausdrücken, aber aus eigener Kraft geht es nicht. Daher sollte die Weltanschauung und das Leben seiner Umgebung so sein, dass die engen Fesseln gesprengt werden, dass Sinn und Geist geweitet und aus ihrer Indifferenz und Neutralität etwas herausgehoben werden. Der Erfolg ist meist beschränkt, trotzdem sollte man solche Menschen so gut als irgend möglich fördern.

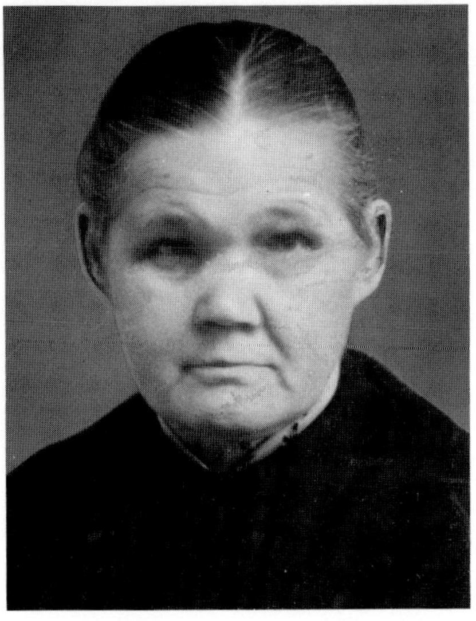

Abb. 221 Neutrales Naturell. Das Gewebe und der Ausdruck sind schwer und matt, nur am Mund liegt ein wenig mehr Lebhaftigkeit, auch ist das Oberhaupt etwas lichter. Sonst aber liegt im Ausdruck viel Gedrücktes; das ist besonders an der schwachen, eingefallenen Nasenwurzel zu erkennen, welche die Kraftlosigkeit des Geistes und der Auffassungsgabe zeigt.
Gewiss, Gefühle sind da - im mittleren Gesicht ist das Gewebe etwas lichter und leichter, und das Auge blickt etwas belebter; aber die geistige Kraft hält sich trotzdem in engen Grenzen.

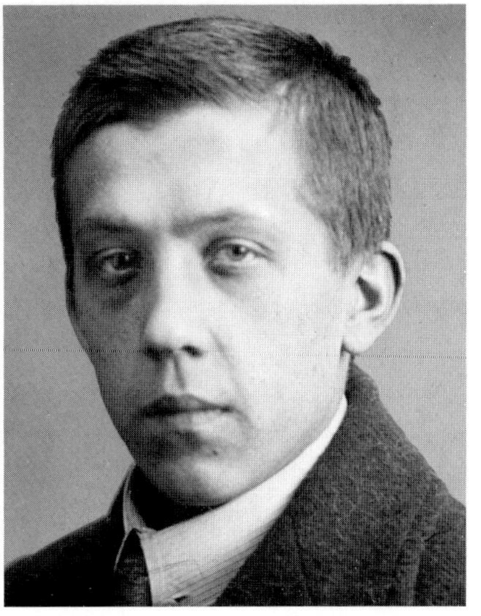

Abb. 222 Neutrales Naturell mit dumpfem und stumpfem, schwerem Gewebe. Die Formen sind wenig schön und unklar; der Ausdruck zeigt Hemmung, Stillstand, keine Entfaltungskraft. Das Leben bleibt auf einem niedrigen Niveau stehen und sinkt leicht auf noch tiefere Stufen herab.

Abb.223 Neutrales Naturell. Obwohl der Mann noch jung ist, wirkt das Gesicht mit dem geistig ausdruckslosen Kopf- und Stirnbau, den trüben Augen alt und fast wie abgestorben.
Der Ausdruck von Augen, Nase, Mund und Kinn wirkt wie versteinert, durch nichts zu erschüttern. Leibliche Gefühle und das Verlangen nach Genüssen, wie sie der Mund spiegelt, sind vorherrschend. Die typisch matte und strahlungsarme Stirn zeigt, dass sich die Gedanken in oberflächlichen und ganz engen Bahnen bewegen. Der Blick ist träge, entsprechend schwerfällig ist das Geistesleben dieses Menschen, was auch im schweren, stumpfen Gewebe zum Ausdruck kommt.

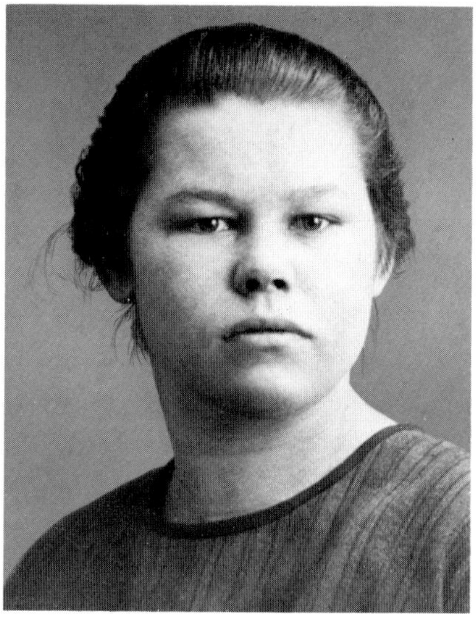

Abb. 224 Neutrales Naturell. Die Stirn ist ausdruckslos, entsprechend schwach ist die geistige Innenspannung dieser Frau. Die Nase ist unentwickelt. Die Frau neigt zu Trägheit, Faulheit und Launenhaftigkeit. Der Mund wirkt plump und unwillig, desgleichen ist ihr Gemütszustand unzufrieden.
Ihre Mimik lässt im herausfordernden, frechen Blick und im Gesamtausdruck etwas Übelwollendes erkennen. Hier ist diese Frau aktiv. In der, am gesamten Erscheinungsbild sichtbaren, sehr einfachen, aber unverschämten Art, stellt sie sich quer. Sie fordert und reklamiert.

18. Destruktive Dispositionen

Das gemeine Naturell

Das gemeine Naturell trägt starke Züge des Rohen, Gemeinen und Unverschämten, das rohe physische Genussleben ist vorherrschend.

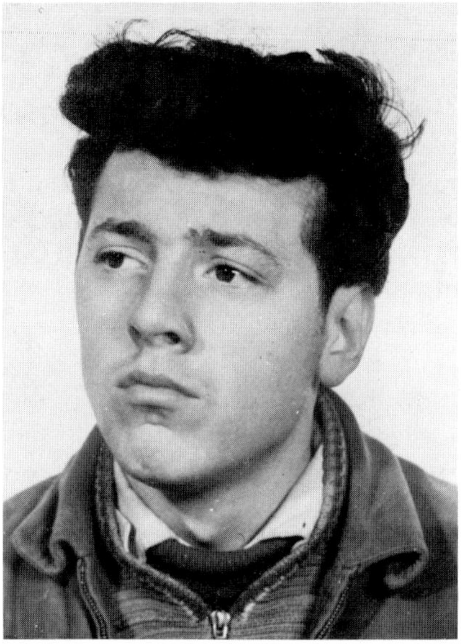

Abb. 225 Hier kommt das Rohe und Gemeine sowohl im Gesamtausdruck - wozu die unwillig-missmutige Mimik und der wilde Haarschopf gehören - wie auch in der disharmonischen Kombination der Einzelformen zum Ausdruck welche rohes und rücksichtsloses Begehrenzeigen . Dieser Mensch wird stark von seinen Trieben und Instinkten geleitet. Diese dominieren seine ganze Wesensart. Solche Anlagen führen oft zu kriminellen Handlungen, wenn dem Begehren von den Mitmenschen Widerstand geleistet wird.

Abb. 225 Das Erscheinungsbild des rohen, rücksichtslosen Begehrens.

Die kriminelle Disposition

Es gibt, wie dies auch aus der Vererbungslehre hervorgeht, Anlagen die zu kriminellen Handlungen disponiert machen. Solche Dispositionen können angeboren sein und äussern sich ebenfalls im Erscheinungsbild eines Menschen. Im Kreisschema der Naturelle können wir solche Menschen in der Verlängerungslinie des disharmonischen Naturells nach unten einordnen. Es bedeutet dies eine Steigerung der disharmonischen Anlage in Richtung grösserer innerer Zerrissenheit.

Solche Menschen haben einen unwiderstehlichen Hang zu Handlungen, die der Gesellschaft oder Einzelnen Schaden zufügen. Ihr ganzes Fühlen, Denken und Handeln wird durch diese Anlage immer wieder beeinflusst. Die gutgemeinten Handlungen anderer Menschen, die ihnen aus humanitärem Denken Hilfe anbieten, reichen deshalb oft nicht aus, solche Menschen aus ihrer Lebens- und Denkart zu befreien. Diese Disposition kann als Verbrecher-Naturell bezeichnet werden. Dem stark kriminell veranlagten Menschen fehlt die aus der starken Heliodaentwicklung hervorgehende Liebesfähigkeit. Die physiologische Elektrizität herrscht vor. Daraus entsteht ein Denken und Handeln, das Unglück hervorruft.

Mit der Erziehung wird ein Grundstein gelegt für die Förderung oder Abschwächung allfälliger krimineller Neigungen. Die Gesellschaft hat deshalb eine grosse Verantwortung bei der Erziehung Jugendlicher. Durch die Liebe, die ein Mensch in einer intakten Familie erfährt, wird das Wirken eines Menschen positiv beeinflusst.

Ist die Anlage zur Kriminalität aber sehr stark, wird auch eine gute Erziehung nur wenig Erfolg haben. Solche Anlagen sind jedoch Ausnahmeerscheinungen.

Streng zu unterscheiden ist zwischen Verbrecher-Naturell, Verbrecher und Verbrechen.

Ein Verbrechen kann auch jedes andere Naturell im Zustand psychischer Verwirrung begehen - es wird damit kein Verbrecher-Naturell. Bei allen Naturellen kann sich durch äussere Einflüsse, Gewohnheiten und Suggestionen eine innere Zerrissenheit entwickeln, die zu kriminellen Handlungen führen kann. Es treten dann physiognomische, mimische und pathologische Merkmale auf, an denen die seelischen Krankheiten zu erkennen sind.

Abb. 226 Das Erscheinungsbild der kriminellen Disposition.

Abb. 226 zeigt einen verbrecherischen Schuldirektor, der aus Habsucht und moralischem Defekt eine Handlung beging, die 400 Kindern seiner Schule das Leben kostete und Millionenwerte vernichtete. Die Stirn ist gerundet, aber unausgeglichen. Die lederartige Galgenvogelphysiognomie deutet auf negative Selbstsuggestion und die Trockenheit der Gewebe an Wangen, Unterkiefer und Hals auf schwere innere Belastung von Blut und Nerven durch körperschädliche Fremdstoffe. Die eingesunkenen Augen und Oberlider und der Augenausdruck zeigen moralische Minderwertigkeit; der blutleere, breitgezogene und zusammengekniffene Mund mit den messerscharfen Lippen offenbart Gefühlskälte, der übergrosse Oberkiefer die egoistische Einstellung. Die unregelmässigen, unterbrochenen Augenbrauen, die überbreite Jochbeinregion, das breiteckige Kinn, das übergrosse, lappige und abstehende Ohr und das zu stark in die Breite gehende untere Seitenhaupt zeigen die Vorherrschaft der physiologischen Elektrizität und die innere Zerrissenheit dieses Menschen. Es sind dies teils angeborene, teils erworbene Merkmale schwerer Disharmonie und Degeneration. Solche Charaktermerkmale müsste jede Tätigkeit als Erzieher von vornherein ausschliessen. Mindestens seelische Schädigungen sind bei den ihm unterstellten Kinder mit Sicherheit zu erwarten.

Abb. 227 und **229** sind Abbildungen von Verbrecher-Naturellen nach den Sammlungen des Kriminalanthropologen Prof. *Lombroso* (1836-1909), der den Nachweis erbrachte, dass es bestimmte äussere Merkmale gibt, die immer wieder bei Verbrechern gefunden werden können. *Lombroso* konnte allerdings noch keinen psycho-physiognomischen Zusammenhang der von ihm gefundenen Merkmale mit der Disposition erkennen. Deshalb geriet die wissenschaftliche Leistung und Pioniertat *Lombrosos* in Misskredit und Vergessenheit. Die Zusammenhänge zwischen der Disposition und dem Erscheinungsbild wurden durch die Forschungen *Huters* - besonders in seinem Hauptwerk - klar aufgezeigt.

Lombroso scheiterte auch an dem ungeübten physiognomischen Sehen vieler seiner Zeitgenossen, was er im folgenden Zitat eindrücklich schildert: "*Werde ich nun jedermann überzeugen? Ich glaube kaum; ich schmeichle mir nicht, die Blindgeborenen sehend zu machen und noch weniger die, welche sich blind stellen, um nicht sehen zu müssen; wenn ich das hoffte, wäre das, als wollte ich von einem, der keine Noten kennt, eine Partitur lesen lassen - er würde ein blosses Gekritzel sehen, wo andere Zusammenhang und Harmonie erblicken!*"

Das Unvermögen, physiognomische Erscheinungsbilder zu erkennen führt heute noch dazu, dass viele Menschen kein Verständnis für die Formensprache aufbringen können.

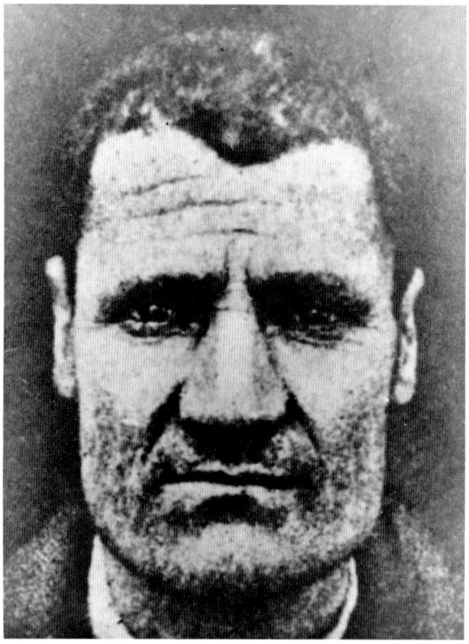

Abb. 227 Das Erscheinungsbild einer abnormen, festgefahrenen Härte. Foto eines Verbrechers aus der Sammlung *Prof. Lombroso.*
Schwere, überstark oder unterentwikkelt erscheinende Formen und Gewebe zeigen die harte, unerbittliche Lebenseinstellung. Die ungewöhnlich schweren Kiefer haben eine eisenharte Spannung, die sich bis zu den Jochbeinen hin fortpflanzt und die überstarke physiologische Elektrizität wiederspiegelt. Sie korrespondiert mit den Impulsen zu Widerstand und Gewalt. Die Gewebe wirken abgestorben. Die schweren unteren Formmassen des Gesichts, die Härte im Ausdruck, das Haar, der Haarfall, der Wirbel auf dem Vorderhaupt sowie die gepresste Augenform, der stechende Blick und die grob geformten Ohren sind Merkmale grosser Disharmonie. Viele solcher Merkmale, dazu noch ausgeprägt vorhanden, deuten auf starke Destruktivität und Hemmungslosigkeit.

Abb. 228 *Rudolf Hess*, 1894 - 1987. Das Erscheinungsbild der gedankenfixierten, gefühlskalten und rücksichtslosen Wesensart. Gesichtsformen und Ausdruck sind sehr ähnlich wie bei Abbildung 227. Der Mund ist messerscharf geschnitten und zeigt, dass bei diesem Menschen das Gefühlsleben wie abgestorben ist. Der Blick ist fixierend und lässt die sture Unerbittlichkeit seines Denkens erkennen. Aus dem ganzen Gesicht spricht eisige Härte und Gefühlsarmut. *Rudolf Hess* war einer der Hauptverantwortlichen des Nazi-Systems. Er galt als "*das Gewissen der Partei* ". Diese Partei verursachte eine 13-jährige Schreckensherrschaft. Die Macht gab seiner Disposition die Freiheit sich auszuleben.

Abb. 229 Das Erscheinungsbild der rücksichtslosen Verschlagenheit. Die Heimtücke und Brutalität erscheinen hier im Ausdruck von Augen, Stirn, Nase und Mund.
Der aussergewöhnlich lange, in den Geweben und Konturen harte und nach den Jochbeinen hin breit auslaufende Unterkiefer, der befremdende Ausdruck der übrigen Formen, der verschlagenen Augenausdruck und die Verformung der Nasen- und Mundregion sind die Neigungszeichen zu Gewalttätigkeit und Mord. An der Stirn und im Augenausdruck eine starke, nüchterne, unerbittliche Intelligenz zu erkennen. Diese wird von den äusserlich sichtbaren inneren Energien geleitet und bestimmt weitgehend die Handlungen.

Abb. 230 Der Gesamtausdruck ist schwülstig und teigig. Der Mann ist des Mordes überführt und steht im Verdacht, weitere unaufgeklärte Verbrechen begangen zu haben. Übermässig ausgeprägt ist der Haarwuchs und die ungleichen, starken Augenbrauen. Seitenhaupt und -stirn sind eingedrückt; die Augen haben einen sehr unangenehmen Ausdruck, sind eingesunken und liegen in ungleich grossen Höhlen. Die Nase ist verformt, der Mund breit herabgezogen. Das lange und breite Kinn geht in eine viel zu wulstige, enorm ausgebildete Unterkieferpartie über, wie überhaupt Untergesicht und Hals viel zu schwer sind und das unberechenbare, abnorme Triebleben zeigen. Die Ohren sind schwer und unförmig, aber anliegend: die Verbrechen zeichneten sich durch Brutalität, gleichzeitg jedoch durch eine unheimliche Ruhe des Täters aus, wodurch dieser lange unerkannt bleiben konnte. Die Gewebe sind gedunsen und zeigen die schwere innere Belastung, die das Gehirn in einen wie erhitzten Reizzustand versetzt, in dem der Mensch wie im Rausch handelt.

Menschen mit einer ausgeprägt destruktiven Disposition sind im Grunde genommen unglückliche Menschen, die ihrer inneren Persönlichkeitsstruktur entsprechend arm an Liebes- und Erkenntnisfähigkeit sind. Die im innersten Kern ihrer Disposition vorhandene Affinität zur Gewalt kann auch durch beste Erziehung kaum ausgeschaltet werden. Auf sich selbst gestellt, leben sie unter dem unheilvollen Zwang ihrer destruktiven Veranlagung. Es bedarf einer fast übermenschlichen Kraft und Liebe, um auf solche Menschen einen dauerhaften, positiven Einfluss zu haben.

Alkoholmissbrauch, Überernährung, Verdruss, aufgepeitschte Leidenschaften, zügelloses Ausleben angeregter Triebe und Instinkte (z.B. durch sogenannte Brutalo-Videos), Unreinheit des Körpers und des Geistes, Geschlechtskrankheiten und suggerierte negative Gedanken wirken stark auf die liebesarmen Menschen, verstärken deren Charaktereigenschaften und bringen diese zur ungehemmten Auswirkung. Weniger starke diesbezügliche Anlagen werden durch solch negative Beeinflussungen verstärkt oder erst ausgelöst.

Durch die Liebe und Geborgenheit in einer intakten Gemeinschaft können Menschen positiv beeinflusst werden. Die Empfindungsenergie wird verstärkt und damit Gemütskraft und seelische Empfindsamkeit vergrössert.

Nur eine sehr starke kriminelle Anlage kann durch die Erziehung nicht an ihrer Auswirkung gehindert werden. Solche Anlagen sind aber Ausnahmeerscheinungen. Es gibt zahlreiche Merkmale von kriminellen Dispositionen. Der seelisch gestörte und gefährliche Ausdruck ist den durch Vererbung schwer belasteten Kriminellen stets eigen.

Der normale Mensch vermag sich in der Regel gar keine richtige Vorstellung davon zu machen, wie ein Verbrecher denkt, fühlt und handelt. Wie ein guter Mensch stets das Gute will, erstrebt und tut, so stellt der negative sich stets dreist oder hinterlistig, hemmend und zerstörend diesem entgegen.

Jeder Mensch schliesst ohne Menschenkenntnis von sich aus auf andere. Er glaubt, dass andere auch so seien wie er. Aus diesem Grund haben positiv denkende Menschen immer Mühe zu verstehen, was z.B. in Konzentrationslagern geschehen konnte und heute in Polizeistaaten noch geschieht.

Huter erstrebt mit seiner Ethik, in welcher das Schöpferische und Bedeutungsvolle der Zeugung eines Menschen bewusst gemacht wird, dass für jeden Menschen durch eine liebevolle Hinwendung der Zeugungspartner zueinander, schon vor, während und nach der Zeugung, die optimalen Bedingungen für die Entfaltung des Individuums geschaffen werden. Die Kenntnis der Bedeutung der Kräfte, insbesondere der Helioda, bei der Zeugung und Zellvermehrung, führen zu einem verantwortungsvollen Umgang mit der schöpferischen Qualität der Zeugung. Hier liegt ein wesentlicher Ansatzpunkt, um das innere Potential eines Menschen nicht in destruktive Bahnen zu lenken.

Der raffinierte, intrigante Mephistotyp

Das Mephisto-Naturell zeigt eine seltene geistige Überlegenheit im Bösen bei ausgesuchtem Raffinement und einer teuflischen Klugheit. Menschen des Mephistotyps können ihre Verbrechen oft gut vertuschen; zudem haben sie die Begabung, das Gesetz stets zu ihren Gunsten auszulegen oder es raffiniert zu umgehen. Diese negativen Geister stehen vielfach in Ehrenstellungen und verfügen über Macht und Einfluss. Sie besitzen das Geschick, ihre Vorgesetzten durch ausgeklügelte Einflüsterungen zu bestricken und die eigenen Fehler raffiniert zu verbergen. Sitzen solche Menschen in massgebenden Stellungen, werden die Gemeinwesen, Regierungen und Völker oft schwer geschädigt. Es sind Peiniger, Regierungs- und Volksvergifter, unbemerkte Rädelsführer, mehr Intriganten als Gewaltmenschen. Sie gebrauchen Macht und Machthaber, Recht und Gesetz, Presse und öffentliche Meinung, um ihre Ideen durchzusetzen und die Massen oder die Herrschenden oder beide zugleich irrezuführen. Korruption, Intrigen und Verletzung der Menschenrechte sind das Lebenselement des Mephistonaturells.

Dieser Typus entspricht dem des Mephisto in *Goethes "Faust"*, dem *Franz Moor* aus *Schillers "Räuber"* und dem Jago aus *Shakespeares "Othello"*.

Abb. 231 zeigt diesen boshaften teuflischen Intrigantentypus in mimischer Darstellung. Es ist das Erscheinungsbild des Bösen, die Summe aller schlechten Eigenschaften. Die Gier in Auge und Mund, Hinterlist und Ränkespiel im Zuge der Nase, die nervöse Boshaftigkeit in den Stirnfalten und die Härte der Kinnform zeigen die Freude an allem raffiniert Bösartigen.

19. Geniale Naturelle

Ähnlich wie eine disharmonische Disposition zu gesteigerter Zerrissenheit möglich ist, so gibt es auch eine Anlage vom harmonischen Naturell aufwärts zu immer umfassenderen Fähigkeiten und grösserem geistigen Vermögen.

Im Naturell-Kreisschema sind diese menschlichen Typen in der Verlängerungslinie des harmonischen Naturells nach oben einzureihen.

Das geniale Naturell

Das geniale Naturell zeichnet sich durch angeborene höchste Qualität in der gesamten körperlichen und geistigen Organisation aus und ist in hohem Masse intuitiv, feinfühlend und hellsichtig und schafft aus seinem Inneren heraus völlig Neues.

Das geniale Naturell steht mit seinen Fähigkeiten in irgendeinem Zweige der Kunst, Technik, Religion oder Wissenschaft über allen anderen Naturellen, übertrifft diese in der Erfassung und Darstellung seiner Erkenntnisse und produziert neue Werte. Man könnte es auch als das Offenbarungs-Naturell bezeichnen, denn für den Durchschnittsmenschen sind die produzierten Werke wie Offenbarungen und nur so verständlich. Diese Menschen sind meist sehr intuitiv und besitzen grosse ureigene Fähigkeiten, mit denen sie in grosser Virtuosität Neues gestalten. Die Verbindung mit den Tiefen einer geistigen Welt kann aber möglich sein und zu neuen Erkenntnissen beitragen. Die Verarbeitung solcher Einsichten erfolgt dann wieder entsprechend ihrer genialen Disposition.

Zum genialen Naturell zählte *Huter* u. a. *Moses, Buddha, Sokrates, Pythagoras, Aristoteles, Phidias, Plato, Raffael, Leonardo da Vinci, Tizian, Schiller, Goethe, Mozart und Beethoven*. Er sah z.B. bei *Beethoven* neben einer disharmonischen eine stark harmonische und noch stärkere geniale Naturellanlage vereinigt.

Abb. 232 *Johann Gottfried Herder*, bedeutender Theologe und Philosoph im genialen Naturell. *Herders* Philosophie lehrt, die Geschichte der Menschheit als ein grosses, einem höheren Ziel zustrebendes einheitliches Geschehen zu begreifen; *Herder* erblickte die höchste Entfaltung der Menschennatur in der Humanität, der Menschlichkeit schlechthin, im liebevollen und helfenden Wirken und Streben und in der Ehrfurcht vor dem Göttlichen in der Natur. Diese Art der Welt-, Natur- und Geistesauffassung kommt in dem grossartig gewölbten Haupt mit der prachtvoll gerundeten Stirn, dem grossen und schönen, geistvollen Auge, den von feinstem Empfinden belebten Partien von Nase, Wangen, Mund, Ohr und Haar deutlich zum Ausdruck. Dabei ist das Kinn kräftig, die Nase lang und markant geformt. *Herder* war ein tatkräftiger Mann und Volkserzieher, der die Begeisterung für Schönheit und Tugend zu wecken verstand und dadurch ungemein kulturfördernd auf seine ganze Epoche einwirkte.

Abb. 233 *Michelangelo*, einer der grössten Meister der Bildhauerkunst und bildenden Kunst überhaupt gehört zum genialen Naturell. Natürlichkeit, Urwüchsigkeit und Kraft zeigen die Gesichtsformen, das Haar und der Bartwuchs; genial ist die naturwissenschaftliche Erkenntnisfähigkeit und die Gestaltungskraft. Dies ist an Stirn, Auge und Nase zu erkennen, während das schön gewölbte Haupt tiefes und feines Gemüts und Empfindungsleben zeigt. *Michelangelo* hat durch Ungerechtigkeit und Schicksalsschläge schwer gelitten, auch das spricht aus dem Gesicht. Aber alles Schwere hat er überwunden und Unvergleichliches als Bildhauer, Maler und Architekt geschaffen.

Abb. 234 *Albert Thorwaldsen*, nach dem Gemälde von *Franz Krüger*. Der nordische Bildhauer *Albert Thorwaldsen* lag im harmonischen und genialen Naturell, wie es die hervorragende Qualität und Feinheit des klassisch proportionierten und zugleich kraftvollen Hauptes zeigt. In diesem Gesicht sprechen alle Formen von Kunst, genialer Gestaltungskraft und ausgezeichnetem Schönheitsempfinden. *Thorwaldsen* hat als eines seiner schönsten Werke die *"Christusskulptur"*, den *"segnenden Christus"*, geschaffen. In diesemWerk finden wir die Hoffnung und Gewissheit der Höherentwicklung der Menschen. Diese Christusskulptur ist wie die Vorwegnahme der zukünftigen Menschennatur. Der Künstler selbst ist in seiner tiefgeistigen, schöpferischen Persönlichkeit ein Vorbote einer möglichen Entwicklungsstufe der Menschheit.

20. Das ideale Naturell

Das ideale Naturell ist noch seltener als das geniale. Es ist seelisch, geistig und körperlich ausgeglichen entwickelt, besitzt höchste organische Qualität und nahezu vollendete körperliche, seelische und geistige Schönheit. Es ist die menschliche Natur, deren innerer göttlicher Wesenskern, die Empfindungsenergie, zu höchster Entfaltung gekommen ist. Das ideale Naturell ist sehr selten, und meist wurden solche Menschen erst von der Masse bewundert, dann verkannt und schliesslich verleumdet, verfolgt und zugrunde gerichtet. Zum idealen Naturell gehörten viele edle und hochstehende Menschen, die das Beste in sich trugen und zu verwirklichen strebten.

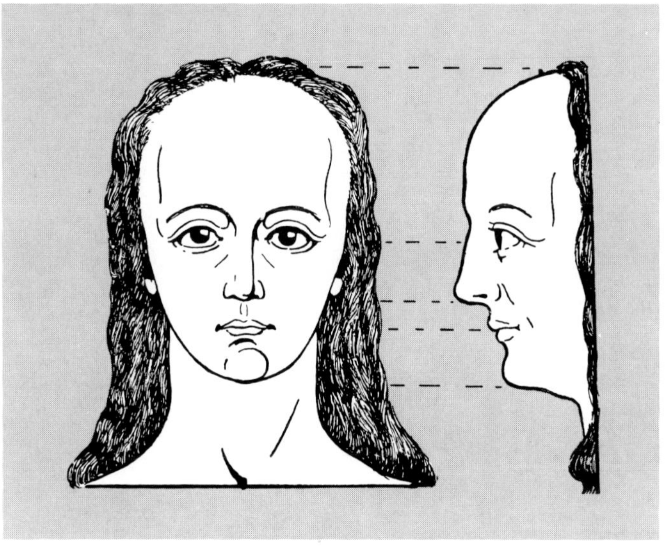

Abb. 235 Ideales Naturell. Das Erscheinungsbild der schöpferischen, umfassenden Kraft, Liebe und Weisheit.

Huter erkannte die Wesentlichkeit solcher Menschen; sie sollten überall, als das im geistigen Sinne leitende Prinzip, massgebenden Einfluss erhalten.

Den idealen Naturellen sind die Errungenschaften der Wissenschaft lediglich Mittel, um Gutes, Schönes und Weltbeglückendes zu fördern. Sie sind wie göttliche Sonnen der menschlichen Gesellschaft, welche vielseitig befruchtend wirken und auch andere Menschen zu echtem, geistigen Fortschritt führen. Die in jeder Gesellschaft immer wieder gesuchte Garantie, dass leitende und einflussreiche Menschen wirklich das Wohl aller Menschen dauernd im Auge haben sollten, ist durch die Wesensstruktur des idealen Naturells gegeben.

Abb. 236 zeigt das heute noch sehr seltene ideale Naturell. Alle Kopf- und Gesichtsformen sind sehr schön aufeinander abgestimmt. Es liegt etwas Erhabenes und doch Bestimmtes über dem ganzen Erscheinungsbild. Alle Formen sind verfeinert und strahlen doch eine grosse innere Kraft und Beständigkeit aus. Nicht die Äusserlichkeit ist für diese Person das Wesentliche, sondern die inneren, seelisch-geistigen Interessen stehen im Vordergrund des Denkens und Handelns. Von dieser Grundlage aus wird entschieden und gelebt.

Abb. 237 zeigt eine einfache Frau, die ebenfalls im idealen Naturelltypus liegt. Grosses Feinempfinden zeichnet sie aus, und sie ist, in natürlichem Sinne tief religiös veranlagt. Unabhängig von konfessionellen Dogmen kann sie sich ganz der höheren Macht des Universums widmen. Für sie gibt es keine Zweifel über die Existenz einer geistigen Dimension im All, zu der man aufschauen und die man um Hilfe bitten kann. Der Ausdruck des ganzen Erscheinungsbildes zeigt einen verfeinerten, ganz und gar dem Idealen zugewandten Sinn und eine entsprechende Lebenshaltung. Solche Menschen werden in ihrer bescheidenen Art vielfach übersehen. Sie wirken deshalb eher in einem kleinen Rahmen segensreich und beglückend. Da sie ihrer Zeit weit voraus sind, schätzen die Menschen den grossen Wert so einmaliger Personen oft erst, wenn diese nicht mehr da sind. An diesen Bildern wurde das ideale Naturell noch von *Carl Huter* selbst festgestellt.

Abb. 238 Das Erscheinungsbild höchster Ideale, des kraftvollen, liebenden Fühlens und Wollens.
Hier ist in einem Bildwerk christlicher Schönheitskultur *Johannes*, der Lieblingsjünger *Jesu*, im idealen Naturell dargestellt. Diese feinen und wie von einem inneren Leuchten durchstrahlten Formen lassen erkennen, wie die Helioda gegenüber allen anderen Kräften souverän hervortritt. Die Schönheit des Auges mit dem schöpferischen Blick der Liebe, die prachtvolle Wölbung des Scheitels, welche die grosse Fähigkeit zur Gotteserkenntnis erkennen lässt und die klare und schöne Stirn- und Nasenform, die umfassendes Denken und klare Gestaltungskraft zeigt, sind von hervorragender Ausdrucksqualität. Aber auch der volle, differenziert geformte Mund, Ausdruck der Gefühlstiefe und Differenziertheit, das prachtvolle

Haar und die feingliederigen und doch kräftigen Hände lassen die weit überdurchschnittliche Fähigkeiten und die hohe Qualität der Einheit von Körper, Seele und Geist zum Ausdruck kommen. Alle Energie steht unter der Leitung der Helioda.

Das Streben nach Wahrheit, Schönheit und Liebe aus innerer Motivation zeigt sich darin und überall dort, wo die bildende Kunst dieses Streben in menschlichen Körpern und Gesichtern zum Ausdruck bringen wollte, stossen wir auf die Darstellung des idealen Naturells.

Die Psycho-Physiognomik lehrt, diese Menschen in ihrer Wesensart zu verstehen und entsprechend zu würdigen.

Es erblühen wohl in allen Völkern zu allen Zeiten solche Menschen; wenn jedoch nicht ganz glückliche Umstände ihrer Entwicklung günstig sind, gehen sie viel zu früh wieder von dieser Welt, in die sie scheinbar noch zu früh geboren wurden. Es sind Menschen, die die Zerrissenheit und den Kampf in dieser Welt überwinden wollen und das Wesentliche des Daseins überall fördern. Sie scheitern oft an der Unzulänglichkeit des Lebensumfeldes.

21. Spezielle Dispositionen

Im Anschluss an sein Hauptwerk gab *Carl Huter* 1907 eine spezielle Broschüre *"Die Naturell-Lehre"* heraus, welche über dieses grundlegende Gebiet seiner Menschenkenntnis-Methode kurz informierte. Er beschreibt darin am Schluss noch eine Anzahl weiterer, besonderer Naturelle, die seltener vorkommen. Es ist wertvoll, wenigstens von dem Vorhandensein dieser besonderen Dispositionen zu wissen.

Das unentwickelte Naturell

Das unentwickelte Naturell ist auf Entwicklungshemmungen zurückzuführen. Entwicklungshemmungen embryonaler Natur treten durch Vererbung, durch ungünstige Zeugungsverhältnisse oder Ausseneinflüsse auf. Der Typus des unentwickelten Naturells ist daher meist konstitutionell angeboren und bleibt durch das ganze Leben hindurch bestehen. Solche konstitutionellen Tiefstände können auch durch negative Umwelteinflüsse, z.B. Hunger oder Krankheit, hervorgerufen werden.

Das degenerierte Naturell

Degenerationsmerkmale können angeboren oder erworben sein. Während beim unentwickelten Naturell zufolge eines allgemeinen konstitutionellen Tiefstandes keine vorzüglichen Anlagen vorhanden sind, stehen beim degenerierten Naturell positive und negative nebeneinander - die positiven sind gut sichtbar, die negativen sind jedoch zur Herrschaft gelangt. Es können oft vorzügliche Anlagen vorhanden gewesen sein, diese kommen aber durch die Dominanz der fehlerhaften Eigenschaften nicht mehr zum Tragen.

Das diktatorische Naturell

Dieses Naturell hat eine angeborene hypnotisch beinflussende Veranlagung. Es vermag durch einfache persönliche Gegenwart willensbeeinflussend auf andere zu wirken. Von den diktatorischen Naturellen geht die stärkste persönliche Willensübertragung aus, die nah- und fernwirkend sein kann. Es sind die geborenen Herrschernaturen und Erfolgsmenschen im öffentlichen Leben. Ihr Wirkungsbereich ist von ihrer individuellen Persönlichkeitsstruktur abhängig. *Moses, Alexander der Grosse, Julius Cäsar, Peter der Grosse, Napoleon I., Cecil Rhodes,* der Stahlkönig *Morgan* und der Petroleum-König *Rockefeller* zählten dazu. Das diesen Personen eigene hypnotische Talent ist nicht lernbar, sondern angeboren. Hypnose ist lehrbar; mit den künstlich angeeigneten Hypnose-Techniken werden aber keine Erfolgsmenschen geschaffen.

Weiter spezielle Dispositionen

Die männliche, männlich geneigte Geschlechts-Disposition
Dieses Naturell zeigt unübliche sexuelle Neigungen und diesbezügliche seelische Regungen. Es hat eine männliche, männer-geneigte sexuelle Anlage.

Die weibliche, weiblich-geneigte Geschlechts-Disposition.
Dieses Naturell ist in ähnlicher Weise veranlagt wie das vorgenannte. Es hat eine weibliche, weiblich-geneigte sexuelle Anlage.

Die physisch und organisch indifferente Geschlechts-Disposition.
Dieses Naturell ist ein Zwitter zwischen Mann und Frau. Es kann dabei liebesbedürftig bald zum Manne, bald zur Frau neigen.

Die männlich-betonte Geschlechts-Disposition.
Dieses Naturell ist eine geschlechtlich aussergewöhnlich starke Kraftnatur, welche auf normale Frauen sexuell magisch erregend wirkt. Es erblickt in der Befriedigung geschlechtlicher Liebe die wichtigste Lebensaufgabe; *Don Juan*-Natur.

Die weiblich-betonte Geschlechts-Disposition.
Dieses Naturell hat eine unwiderstehliche Neigung zu Männern und sucht dieser Neigung zu folgen. Es wirkt geschlechtlich stark erregend und anziehend auf normale Männer ein; hetärische *Venus*-Natur.

Die athletische Disposition.
Dieses Naturell zeigt ausserordentlich starke Betonung und Entwicklung der körperlichen Kraft. Es geht aus einer Anlage zwischen dem Bewegungs- und dem Ernährungs-Naturell hervor.

Die elastische artistische Disposition.
Menschen mit dieser Disposition sind in Ihrer gesamten Anlage ausserordentlich elastisch und körperlich gewandt und vollbringen in entsprechender Richtung bewundernswerte Leistungen. Es sind Ballettänzer und -tänzerinnen, Kunstturner, Körperartisten aller Art, wie Seiltänzer, Jongleure und Schlangenmenschen.

Die Disposition zur Körperverfettung.
Menschen mit dieser Disposition neigen zu starker Verfettung des gesamten Körpers. Dieses Naturell geht meist aus dem Ernährungs-Naturell hervor. Die Anlage ist gewöhnlich angeboren, kann aber auch zum Teil erworben werden.

Die Disposition zur Magerkeit .
Menschen dieses Typs kennzeichnen sich durch seltene Magerkeit von früher Jugend bis ins hohe Alter. Alle Pflege und Ruhe vermag sie nicht zu einer gesetzten, wohlgenährten Konstitution umzubilden.

22. Toncharakter-Typen

Ausser den hier beschriebenen Naturell-Typen unterschied und kennzeichnete *Huter* noch die von ihm so genannten Toncharakter-Typen, die hier nur kurz Erwähnung finden können, da sie selten sind. Es gibt chemische, physikalische, psychische, physiologische und pathologische Toncharakter-Typen.

Die chemischen Toncharakter-Typen stehen unter dem Zeichen eines bestimmten Leitstoffes wie Eisen, Wasserstoff, Kalk usw., der in einem Menschen derart vorherrscht, dass er allen inneren und äusseren Körpergeweben ein typisches Gepräge gibt. Diese Toncharakter-Typen können auch von Ausseneinflüssen geprägt sein, was in gewissen Berufen zu beobachten ist.

Psychische Toncharakter-Typen stehen ganz unter dem Zeichen einer seelischen oder geistigen Anlage. Steht ein Toncharakter-Typ beispielsweise vor allem unter dem Einfluss des Farbensinnes, so ist bei diesem der Farbensinn nicht mehr oder weniger unbedeutend gemessen an der physiognomischen Gesamterscheinung, sondern er bestimmt die gesamte Individualität und verleiht allen Geweben einen typischen Grundton.

Die pathologischen Toncharakter-Typen lassen z. B. die Rheuma-, Tuberkulose-, Krebs- oder andere Krankheitsanlagen an charakteristischen Merkmalen erkennen.

Ebenso gibt es mathematische, musikalische, rethorische, ästhetische, philosophische, patriarchalische, patriotische, familiäre, gattentreue, kinderliebende, optimistische und pessimistische, gewissenhafte und liederliche, religiöse und vandalistische Toncharakter-Typen.

"Mancher Fernstehende wird fragen, sind alle diese Naturelle und Toncharakter-Typen auch nach Körperkonstitution und Gesichtsform wirklich erkennbar"? schreibt *Carl Huter* in seiner *"Naturell-Lehre"* und gibt die Antwort: *"Ich muss diese Frage nach meinen vieljährigen diesbezüglichen Spezialstudien bejahen."*

Er hat durch seine Meisterschaft in der Feststellung solcher Anlagen bei seinen Experimental-Vorträgen immer wieder Bewunderung erregt.

23. Anwendungsbereiche der Naturell-Lehre

Nach dem Studium der physiognomisch sichtbaren Dispositionen tut sich dem Menschen eine neue Welt der Formen und Farben auf. Es eröffnet sich eine neue Sicht der ganzen Natur. Die Wunder des Lebens werden greifbar. Das Geschehen im Alltag wird transparenter.

Jeder lernt zunächst, sich selbst zu erkennen, seine eigene Disposition zu nutzen, seiner Anlage nicht entsprechende Lebensführung zu vermeiden; er lernt, seine Umgebung zu erkennen und zu verstehen und wird bis zu einem gewissen Grade imstande sein, die Handlung eines Menschen vorauszusehen. Er kann sich sinnvolle Zielsetzungen suchen und sich planmässig und bewusst nach dieser Richtung hin entwickeln.

Mit der Menschenkenntnis erschliesst sich ein unerschöfliches Studiengebiet. Es öffnen sich unsere Sinne, um die Geschehnisse des täglichen Lebens psychologisch richtig zu erfassen. Wir lernen, auf Grund bewusster Beobachtungen klarer zu sehen und zu erkennen. Viel Leid und Tragik, die aus der Unkenntnis unserer eigenen Veranlagung und derjenigen unserer Mitmenschen entsteht, kann vermieden werden. Die innere Zufriedenheit wird erhöht, wenn wir uns und unser Wesen akzeptieren, andere erkennen und ihre Art tolerieren.

Naturell und Erziehung

Es fehlt heute noch die dem einzelnen Kinde und Schüler angepasste, individuelle Erziehungs- und Lehrmethode. Talentierte Lehrer haben sich schon immer damit geholfen, dass sie, ähnlich wie ein Künstler, aus ihrem Gefühlsleben heraus schaffen, um danach ihre Schüler jeweils der Eigenart gemäss zu erfassen. Diese Kunst des Unterrichtens und Erziehens darf man jedoch nicht bei allen Lehrern voraussetzen. Menschenkenntnis ist ein greifbares Mittel, um jedem Erzieher - auch den Eltern - eine individuelle Erziehungskunst möglich zu machen.

In jeder Schulklasse sehen wir die verschiedensten Gestalten und Köpfe. Es ist erstaunlich, dass die Kinder, die in Körper- und Geistesanlagen so verschieden sind wie die bunten und getönten Farben einer Malpalette, manchmal nur schwer als verschieden erkannt, als Individuen akzeptiert und behandelt werden.

Ein Kind mit der vorherrschenden Bewegungs-Disposition, liebt die Freiheit und ist bereit, dafür Opfer zu bringen. Solche Kinder brauchen Festigkeit und eine gewisse Strenge. Weichheit und Liebseligkeit verachten sie, reagieren undankbar, Knaben lohnen sie gewöhnlich mit zynischen Streichen. Den Neigungen und Trieben der Tatnaturelle muss man Rechnung tragen, indem man sie zur Aufsicht und zu Führungsaufgaben, zur aktiven Mitarbeit und Verantwortung heranzieht. Sie sollten angeregt werden, die schwächeren Kinder mit ihrer Kraft zu schützen. Darauf sind sie dann mit Recht stolz.

Gegensätzlich verhält sich das Kind im Empfindungs-Naturell. Knaben und Mädchen mit dieser Disposition reagieren positiv auf Milde, Güte und Liebe. Sie sind direkt darauf angewiesen. Härten und alle Pedanterien seitens der Erzieher empfinden sie als ungerecht und wehren sich dagegen, indem sie sich in sich zurückziehen. Sie werden statt aufgeweckter und freudiger nur gleichgültiger. Begabte und sensible Kinder werden unaufmerksam und ganze Klassen hindurch lernen sie schlecht und werden geradezu gemütskrank, was bis zur Indifferenz führen kann. Die Ursachen liegen oft in falschen Massnahmen der Lehrer oder Eltern, was ohne Absicht, aber aus Unkenntnis geschieht, oder in einem ungünstigen Einfluss von Mitschülern. Empfindungs-Naturelle reagieren sehr stark auf die Person eines Lehrers. Sympathie beflügelt sehr, Antipathie lähmt bis zur Lernunfähigkeit. Das Empfindungs-Naturell braucht die Liebe als Lebenselixier. Zur geistigen Hilfe für andere Kinder sind sie meistens zu begeistern.

Ganz anders sind wiederum die Ruh- und Ernährungskinder zu behandeln. Sie können härtere Stösse vertragen, sie reagieren nicht so sensibel auf Ungerechtigkeiten oder Erziehungsfehler. Aber das Pausenbrot lassen sie sich nicht entgehen. Sie lieben die Ruhe und die Gemütlichkeit, weichen strengen körperlichen Arbeiten möglichst aus und wehren sich selten für andere Schüler. Sie lassen sich aber auch durch unausgeglichene, eher disharmonische Schüler nicht sehr beindrucken. Durch geschickten Einsatz der Fähigkeiten unter Berücksichtigung der unterschiedlichen Dispositionen können die Kinder sehr angeregt werden und dies mit weniger Ärger oder gar Strafen. Alle gewinnen, alle lernen freudiger, eine Klasse kann schneller vorankommen, und Lehrer und Schüler werden durch das gute Klima motiviert.

Damit sollen nur einige Hinweise gegeben werden, wie die Naturell-Lehre in der Erziehung eingesetzt werden kann. Pädagogen und Eltern können auf die individuelle Art der Kinder besser eingehen, der Entwicklung gemäss reagieren und so die Eigenentwicklung optimal fördern.

Die Naturell-Lehre im täglichen Leben

Berufswahl und Arbeitsbereich.

Die Berufswahl erhält durch die physiognomische Charakteranalyse eine wesentliche Stütze. Die Berücksichtigung der eigenen Disposition, verhindert falsche Zielsetzungen in der Auswahl des Arbeitsbereiches. In Kontaktberufen, z.B. Verkauf, Beratung und Betreuung kann besser auf die Persönlichkeitsstruktur des Kunden eingegangen werden.

Mitarbeiterführung und -betreuung.

Die Personalführung kann den individuellen Dispositionen gemäss erfolgen. Das Verständnis für die Andersartigkeit der Mitarbeiter und der Vorgesetzten fördert die Zusammenarbeit. Die Toleranzgrenze wird auf positive Art vergrössert. Die bessere Sicht der Leistungsgrenzen kann den Arbeitseinsatz optimieren.

Die bessere Sicht der eigenen Leistungsgrenzen gestattet eine vernünftige Zielsetzung und wirklichkeitsnahe Forderung an die eigene Karriere.

Verwaltung.

Die Verwaltungen könnten, durch individuelles Eingehen auf Personen, auf einigen Bürokratismus verzichten. Auch Behörden könnten lernen, das Individuelle im Menschen zu werten; sie brauchten sich nicht mehr an tote Buchstaben zu klammern, sondern könnten verstehend, mitfühlend in das wirkliche Leben eingreifen und helfen und fördern.

Rechtswesen.

Der Richter der Zukunft urteilt auch auf Grund der Menschenkenntnis. Er sieht damit die Wirklichkeit umfassender, und sein Urteil kann der Straftat, dem Täter, und den übrigen beteiligten Personen individuell gerecht werden. Die Gebundenheit jedes Menschen an seine Persönlichkeitsstruktur würde neue Aspekte in die Schuldfrage einbringen. Das Rechtswesen würde mehr auf Besserung als auf Bestrafung ausgerichtet sein.

Die Polizeiorgane hätten mit Hilfe der Menschenkenntnis zusätzliche Möglichkeiten, in gerechter Weise ihren Pflichten zu genügen.

Ehe und Freundschaft.

Das Erkennen der vorhandenen Disposition erleichtert den gemeinsamen Lebensweg und vergrössert die Toleranz anderen Eigenschaften gegenüber. Schwächen können erkannt und damit besser toleriert werden.

Kunst- und Geschichtsbetrachtung.

Mit anderen Augen wird man die Museen durchwandern und die Kunstschätze betrachten lernen. In den Darstellungen der bildenden Kunst alter und neuer Zeit erscheint der Mensch als ein zentrales Element. Die Akteure der Geschichte erscheinen in neuen Zusammenhängen.

Naturbetrachtung.

Die Tier- und Pflanzenwelt erhält durch die Kenntnis der Kraftrichtungsordnung ein neues Gesicht, der Umweltschutz eine neue Dimension.

Gesundheitswesen.

Die Gesundheitspflege kann auf der Disposition aufbauend, die Individualität biologisch, physiologisch und morphologisch einfacher erfassen und berücksichtigen. Berufskrankheiten, welche aus falschem Arbeitseinsatz entstehen, sind leichter zu erkennen und vorbeugend auszuschliessen.

Durch Naturellerkenntnis kann jeder seinem Typus entsprechend leben, und die vielen Krankheitsursachen, die aus individuell völlig falscher Lebensweise entstehen, entfallen. Der Einzelne kann besser entscheiden, ob und wie weit Vegetarismus, Rohkost oder Fleischnahrung usw. für ihn geeignet oder zu meiden ist. Wohl die meisten Reformbestrebungen haben ihre guten Seiten - für bestimmte Menschen, meist aber nicht für alle. Ein guter Anhaltspunkt ist gegeben, wenn man sich vergewissert, in welchem Naturell der Begründer, Verkünder oder Agitator einer Reformbewegung liegt, weil er meist für seinen Typus das Richtige erfühlt und erforscht - weniger vielleicht für die anderen Naturelle. Hat ein Neuerer die Disposition zum harmonischen Naturell, dann schafft er auch ausgeglichene Reformen, die nicht nur für einen Typus, sondern für die meisten Menschen positiv wirken. So ist z. B. die Wasserheilmethode des Pfarrers *Kneipp*, einem Ernährungs-Naturell, für diese Disposition ausserordentlich heil- und wirksam. Dagegen sollte die Chirurgie bei Ernährungs-Naturellen nur in Notfällen angewendet werden. Die weichen und umfangreichen Gewebsmassen dieses Körpers haben nicht die gleiche Widerstandskraft und Regenerationsfähigkeit gegen solche Eingriffe wie etwa die straffen und festen Gewebe von Bewegungs-Naturellen, und daher entstehen vielfach Komplikationen.

Durch Beachtung der Körperkonstitution kommt der überflüssige Kampf der einzelnen Heilmethoden und ihrer Vertreter gegeneinander zu einer guten Lösung; denn meist steckt ein guter Kern in allen vernünftigen Heilweisen. Durch deren individuelle Anwendung kann noch optimaler geholfen werden.

(Dieses Gebiet *"Naturell und Gesundheitspflege"* ist in dem Buch *"Die neue Heilmethode auf Grund der Naturell-Lehre Carl Huters"* *von *A. Kupfer* gemäss seiner langjährigen praktischen Erfahrungen eingehend dargestellt.)

* *Carl-Huter-Verlag, vergriffen*

24. Psycho-Physiognomik und Gesellschaft

Was kann die Psycho-Physiognomik zu der Entwicklung neuer Gesellschaftsformen beitragen?

Kann der Mensch aus der Geschichte lernen?

Bis heute ist es den Völkern trotz intensiver Friedensforschung noch nicht gelungen, Lehren aus den Geschehnissen der Vergangenheit zu ziehen, die eine kontinuierliche, friedliche Entwicklung ermöglichen. Mit staatsphilosophischen Theorien wurde versucht, dieses Ziel zu erreichen. Auch viele Staatssysteme wurden ausprobiert. Keines hat diese Probleme dauerhaft gelöst.

Aus geschichtlichen Fakten zieht *Barbara Tuchmann** den Schluss: *"Solange der Mensch die unerkennbare Variable bleibt - und ich sehe keine unmittelbare Aussicht darauf, dass man ihn jemals in allen Facetten seiner unendlichen Vielfältigkeit erfassen könnte - kann ich mir nicht vorstellen, wie seine Handlungen sinnvoll programmiert und quantifiziert werden könnten."*

Barbara Tuchmann hat damit erkannt, dass das Wesen der Menschen gewissen Gesetzmässigkeiten folgt, die man erkennen müsste.

Das heisst, weil der Mensch, der Gestalter der Geschichte, in seinem Wesen nicht erkannt wurde, gelang es der Menschheit bis heute nicht, aus ihrem grossen Geschichtswissen zu lernen und es in positive Taten umzusetzen. Deshalb wiederholt sich die Geschichte immer wieder auf verblüffend ähnliche Art und Weise.

Ein neues Geschichtsverständnis

Die Natur zeigt uns Gesetzmässigkeiten, die allen Entwicklungen zugrunde liegen. Diese wirken auch im Menschen. Jeder Mensch ist auf Grund dieser Gesetze einzigartig und unterscheidet sich von anderen. Er hat aber auch gemeinsame, allen Menschen in ähnlicher Weise eigene Grundzüge.

Gemeinsame Merkmale

Jedes Lebewesen ist durch Zeugung entstanden. Auf diese folgt die embryonale Entwicklung zur Keimblase mit den drei differenzierten Keimblättern. Aus diesen gehen die drei Organsysteme der Ernährung, Bewegung und Empfindung und das Geschlechtsystem hervor.

Unterschiedliche Merkmale

Die qualitativ unterschiedliche Vererbung und Entwicklung der inneren Lebenskräfte manifestieren sich u.a. in den Naturellen. Diese zeigen den Menschen in einer spezifisch ausgeformten Disposition. Die Verschiedenheit der Menschen wird damit biologisch und morphologisch verständlich.

Die gemeinsamen Merkmale sind das im Grossen Verbindende. Mit den

**Barbara Tuchmann, "In Geschichte denken" Fischer Taschenbücher*

unterschiedlichen Merkmalen treten alle Menschen in bestimmte Beziehungen zueinander. Sie stehen damit in einem Individual- und Wertverhältnis zueinander.

Durch diese Erkenntnis wird der Mensch als Ganzheit erfassbar und die Suche nach weiteren Erkenntnissen kann von diesem Standpunkt ausgehen.

Auch Machthaber sind abhängig von den in ihnen vorhandenen Dispositionen. Auch diese Menschen denken und handeln gemäss ihrer inneren Persönlichkeitsstruktur.

Bis heute wurden viele Naturwahrheiten erkannt und im Zusammenleben der Staaten und Völker und der gesamten Menschheit nutzbringend angewendet. Die Geschichte wurde aber noch nie auf die Dispositionen führender Männer und Frauen hin erforscht. Dies wäre dringend nötig. Daraus könnte ein neues Sehen der Geschichte und ihrer Hintergründe erwachsen.

Die Ausdruckskunde mit den Naturellen als Brennpunkte und der Erfassung der individuellen inneren Energien ist die Grundlage eines Systems, das den Menschen in seiner Vielfältigkeit erkennen kann. Daraus müsste eine Norm wachsen, die von Volk und Wirtschaft anerkannt wird und Grundlage für eine vernunftgetragene neue Politik bildet.

Ein klarer Wertmassstab ist nicht immer leicht zu finden, zumal ja jedes Individuum als dynamisches, sich veränderndes Wesen an vielerlei inneren und äusseren Lebensprozessen teilnimmt und von diesen beeinflusst wird.

Jeder innere Prozess, jede Reaktion auf äussere Einflüsse, kommt jedoch in der Physiognomie eines Menschen zum Ausdruck.

Somit erhalten wir durch das psycho-physiognomische Erkennen eine verlässliche Basis, um die innere Persönlichkeitsstruktur eines Menschen zu erfassen und laufend zu überprüfen.

Eigenschaften, Neigungen und Veranlagungen sind an sich weder gut noch schlecht. Sie werden erst in ihrer Kombination und in ihrer Anwendung positiv oder negativ. Passt eine Eigenschaft zu einer Anforderung, dann ist sie positiv.

Eine optimale Strukturierung eines Geschäftes, einer Gesellschaft, einer Regierung ist nur möglich, wenn die Aufgaben oder Aufgabenbereiche von Menschen erfüllt werden, deren Wesensart und Fähigkeiten, deren innere und äussere Kompetenz, den gestellten Aufgaben entsprechen.

Haben wir bis dahin gesehen, dass sich jeder Mensch in seiner Disposition und Veranlagung vom anderen unterscheidet, und haben wir darüber hinaus erkannt, dass diese individuelle Wesensart physiognomisch ersichtlich ist, so liegt der Schluss nahe, dass mit Hilfe der Psycho-Physiognomik eine neue Möglichkeit der demokratischen Gesellschaftsform gefunden ist.

Der Wähler kann auf Grund der vorhandenen Anlagen bewusst auslesen.

An Stelle des politischen Systems des quantitativen *"Recht des Stärkeren"* tritt das qualitative *"Recht des Besseren, des umfassender Denkenden"* .

Über die Auswirkung von Anlagen

Jeder Mensch kann nur das in die Aussenwelt tragen, was an inneren Kräften, dem natürlichen Reichtum jedes Lebewesens, in ihm liegt.

Der innerlich Zerrissene trägt diese Art auch in seine Umwelt. Der innerlich reiche, geist- und seelenvolle Mensch mit starkem ethischen Bewusstsein, trägt diese Eigenschaften ebenfalls in die Aussenwelt.

Der Mensch mit disharmonischem Kräftecharakter ist dort, wo es gilt, aufbauende, verbessernde und ideale Fortschritte zu verwirklichen, überfordert. Dabei ist es nicht schlechte Absicht des Einzelnen. Aber die disharmonische Wesensart ist einer kontinuierlich aufbauenden Arbeit hinderlich. Eine unstete, zersetzende, egoistische und herabziehende Disposition des Menschen wirkt deshalb, bewusst oder unbewusst, dem umfassenden Kulturfortschritt entgegen.

Sind solche Menschen mit Macht und Einfluss ausgestattet, leiden alle, die diesem Einfluss ausgesetzt sind. Viel klüger wäre es, wenn ein disharmonischer Mensch als Spezialist tüchtig wirken könnte. In seinem Fachgebiet könnte er, durch das Element der starken inneren Spannungsenergien angetrieben, Grosses leisten und bei voller Verantwortung sinnvoll wirken.

In Zusammenarbeit und unter der Leitung ausgeglichener Menschen würden damit für die Allgemeinheit die besten Ergebnisse erzielt.

Die Leistungsfähigkeit wäre in vernünftige Bahnen gelenkt und die inneren Unausgeglichenheiten könnten langsam abgebaut werden. Das Überwinden von Disharmonien, von denen die meisten Menschen betroffen sind, ist für jeden ein grosser Gewinn, denn dies entspricht dem Prinzip der Höherentwicklung in der Natur und unterstützt das Evolutionsgeschehen. Solche Arbeiten an der eigenen Person werden physiognomisch sichtbar.

Die menschliche Natur ist nicht vollkommen. Deshalb wird es immer gewisse Schwierigkeiten geben. Diese werden aber von den Begabtesten optimaler gelöst, als von zufällig an die Macht gekommenen, für solche Arbeiten unfähigen, einseitig nach Macht strebenden, innerlich zerrissenen Menschen.

Die Natur will den Fortschritt und die Höherentwicklung. Das hat sie mit der Evolution vom Einfachen zum Komplexeren bewiesen. Diese positiven Lebensgesetze werden von begabten, höherstehenden Menschen sehr gut erkannt und verwirklicht. Solche Menschen handeln aus innerer Anlage vernünftig, verhindern mit grosser Energie das Negative und sind trotzdem niemals engstirnig oder intolerant. Sie denken umfassend, menschlich, erkennen die Natur, handeln entsprechend und führen das Ganze der positivsten Lösung entgegen.

Ein Versuch, auf Grund der Geschichte die These eines neuen Gesellschaftsmodelles zu stützen

Im Folgenden soll versucht werden, anhand charakteristischer Beispiele physiognomische Erscheinungsbilder und ihre Aussage über Eigenschaften und deren Auswirkung auf die Handlungsweise eines Menschen zu analysieren.

Die folgenden Bilder zeigen geschichtliche Persönlichkeiten. Ihr Wirken ist bekannt. Leidenschaftslos können wir werten und vergleichen. Es zeigen sich grosse Gegensätze von Integrationsfähigkeit und innerer Zerrissenheit.

Man muss sich bei der Bildbeurteilung Zeit zum Beobachten und Vergleichen lassen, sich in die Formen einfühlen, und plötzlich fällt es einem wie Schuppen von den Augen und man fragt sich, weshalb habe ich das nicht schon das erste Mal gesehen und erkannt?

Abb. 239 *Nero*. Vom "Cäsarenwahnsinn" besessener Despot.

Abb. 240 Harmonisches Naturell.

Abb. 239 Profilbild des römischen Kaisers *Nero*, 37-68 n. Chr., im Vergleich mit **Abb. 240**, dem Profilbild des harmonischen Naturells.

Abbildung 239 zeigt das Erscheinungsbild des kalten, zynischen, unmenschlichen Geniessers. Die Oberstirn, in welcher das humanistische Denkvermögen sichtbar wird, fehlt vollkommen. Das Kinn zeigt seine Eitelkeit und die überstarke Reizbarkeit, der Augenausdruck und die schweren Formen die Unerbittlichkeit seiner Handlungen. Trotz bester Erziehung durch *Burrus* und *Seneca* konnten diese Eigenschaften und die daraus resultierenden Handlungen nicht positiv gelenkt werden.

Abb. 241 Das Erscheinungsbild der harten, unbeweglichen und unerbittlichen Geisteshaltung.

Bild 241 Hier sehen wir das Erscheinungbild einer schweren, unbeweglichen und unerbittlichen Geisteshaltung. Als kirchlicher Machthaber verfuhr dieser Mann mit der, selbst auf der einfachen Zeichnung gut sichtbaren Strenge und Härte gegen seine Gegner, indem er sie als Hexen und Zauberer brandmarkte und vernichtete. Damit wurden er und seine Anhänger immer reicher und mächtiger.

Die massigen, groben Formen und die Härte im Augenausdruck, die Schwere des Untergesichtes und die nur mässig entwickelte Oberstirn sind die Zeichen seiner Gefühlsrohheit. Dieser Mensch hätte nie für seelisches und geistiges Wohl anderer verantwortlich sein dürfen. Er ist ausserstande zu fühlen, was er mit seiner Disposition anderen Menschen zufügt.

Abb. 242 *Oliver Cromwell*, disharmonisches Tat-Naturell. Hochintelligent und planmässig; zur Macht gelangt, unerbittlich grausam.

Abb. 242 zeigt *Oliver Cromwell*, der im 17. Jahrhundert das englische Königtum abschaffte, sich mit Hilfe des Parlamentes an die Macht brachte - und dann selbst das Parlament entmachtete und sich zum Diktator aufschwang.

Es ist das Erscheinungsbild der hohen Intelligenz verbunden mit harter und unerbittlicher Tatenergie. Es fehlt in diesem Gesicht das menschlich Warme. Die schweren Gesichtspartien, Nase, Mund, Oberkiefer, Kinn und Unterkiefer zeigen seine überstarken Tatimpulse. Das Auge hat einen stechenden Ausdruck. Die Gesichtshälften sind ungleich.

All diese Eindrücke zeigen, dass diesem Menschen die innere Ausgeglichenheit fehlt. Die Tatkraft findet keinen Ausgleich in einem starken Empfindungsvermögen. Sein Handeln ist entsprechend unmenschlich.

Cromwell errichtete ein hartes, grausames Regiment: in vielen Menschen sah er Feinde, die er erbarmungslos bekämpfte und auszurotten versuchte. Zudem war sein Verhalten sehr widersprüchlich: er war ein Freund und Verehrer seines Königs und doch sein Mörder, er war völlig anspruchslos und doch strebte er nach der höchsten Macht, er war ein inbrünstiger Beter und doch ein grausamer Verfolger, er lebte streng sittlich, seine Taten waren trotzdem voller Ungerechtigkeit. Bei alldem glaubte er Gott zu dienen.

Mit einer kleinen Zahl von Soldaten und Generälen verstand er, überall im Lande zu predigen, zu beten, und - zu morden. Er starb auf der Höhe seiner Macht, zu einem "guten" Gott betend. Seine Biographie ist voller Gegensätze. Daraus ersehen wir die Wirkung der schweren Disharmonie, die das Leben *Cromwells* bestimmte. Er hat grosse Taten vollbracht, konnte sich aber die Liebe des Volkes nicht erringen. Dieses urteilt meist nach dem Gefühl. Es fühlt aber immer wieder, leider vielfach zu spät, in erstaunlicher Weise Recht und Unrecht.

Abb. 243 Das Erscheinungsbild der eisigen Kälte.

Abb. 243 zeigt *Herzog von Alba,* 1507-1582, der den Machtkampf des katholischen Spaniens gegen die Niederlande führte und der zur Erhaltung seines Glaubens ein grausames Schreckensregim errichtete und, alles im Namen Gottes, kein Verbrechen scheute. Es ist das Erscheinungsbild eisiger Kälte.

Die fahlen, dürren Wangen, die Augen und der Gesamtausdruck zeigen seine Gefühlskälte. Die knochige und grosse Nase lässt seinen unbeirrbaren Willen und seine Härte erkennen. Den hohen Kopfbau finden wir immer wieder bei religiösen Fanatikern. Sie wollen besser und, bei dieser Anlage, vor allem strenger sein als Gott selber. Es ist der fanatische Tat- und Glaubensmensch, der im Namen Gottes zu allen Grausamkeiten, zu offenem und geheimem Unrecht fähig ist.

Dieser Einsatz von hoher Intelligenz und Kraft ohne Sinn für Ethik und Menschlichkeit, wie sie die drei letzten Abbildungen zeigen, ist aber nicht ein Relikt vergangener Zeiten. Die fanatische Grausamkeit ist nach wie vor an der Tagesordnung, wie die politische Situation in vielen Staaten mit ihren Machthabern und Hintermännern zeigt.

Mit der Menschenkenntnis können Beispiele aus jeder Zeit der Geschichte analysiert und beurteilt werden.

Auf Grund der unglücklichen Veranlagung von innerlich kalten Menschen kann deren Wirken nicht nur Schuld sein. Für ihre ererbten Eigenschaften können sie nicht zur Verantwortung gezogen werden. Die Schuld liegt vielmehr bei der Gesellschaft, die solchen Menschen die Machtausübung überlässt. Nicht die Macht verdirbt solche Menschen, die Macht setzt sie nur in die Lage, ihre Persönlichkeitsstruktur ungehindert auszuleben.

Abb. 244 *Ayatollah Khomeini,* Oberhaupt der Schiiten.

Abb. 245 *Ayatollah Khomeini.*

Abb. 244 und **Abb.245** zeigen*Ayatollah Khomeini*, ~1900-1989, das Oberhaupt der Schiiten, nach islamischem Glaubensbekenntnis der Statthalter Gottes. Es ist das Erscheinungsbild des kraftvollen, unbeweglichen, eine harte Linie verfolgenden Menschen. Die über die Augen hängenden Augenbrauen und die tief in den Augenhöhlen liegenden Augen zeigen einen finsteren, brütenden, unerbittlichen Ausdruck. Die Nase ist hart nach aussen gebogen. Solche Menschen können bestimmt und hart ihre Ziele verfolgen, Gefühle vollkommen unterdrücken und entsprechend handeln.

Alle Formen sind schwer und wirken statisch. Dies kommt auch in seiner Gestik, die wir bei Übertragungen im Fernsehen beobachten können, zum Ausdruck. Unbeweglich wie eine Statue, kaum von Emotionen berührt, äussert der greise *Ayatollah* seine Meinung. Trotz der starken Augenbrauenbildung, welche grosse Leidenschaftlichkeit zeigt, wirkt er vollkommen beherrscht und unbeweglich. Diese Augenbrauenform können wir häufig bei diktatorisch veranlagten Menschen sehen. Das Denken und die aus den inneren Energien hervorgehenden Handlungen sind leidenschaftlich, unerbittlich und vom allgemeinmenschlichen Standpunkt aus nicht einsichtig. Dem Gesamteindruck entsprechend ist dieses Denken ohne Toleranz. Dies führt zu der bekannt drakonischen Auslegung des islamischen Glaubens.

Auch Religionen werden so ausgelegt wie es dem Charakter des Mächtigsten innerhalb einer Glaubensrichtung entspricht. Sei dies in Rom oder in Teheran, im Mittelalter oder in der Gegenwart.

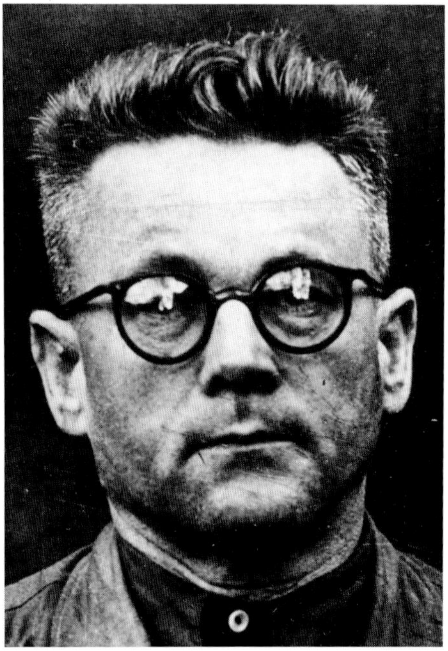

Abb. 246 *Karl Gebhardt.* Generalleutnant der Waffen SS, KZ-Arzt und Präsident des roten Kreuzes Deutschland während des dritten Reiches.

Abb. 246 Wenn wir das Erscheinungsbild dieses Mannes länger auf uns einwirken lassen, können wie uns eines leichten Fröstelns wohl kaum erwehren. Alle Konturen des Gesichtes sind verschoben und hartförmig. Der Haaransatz an der Stirn erscheint wie ein abgerissenes Blatt Papier. Die Stirn ist eckig in der Form und sehr ungleich im Aufbau. Der obere Teil ist, vom Betrachter her gesehen, links breiter als rechts, der untere Teil rechts breiter als links. Die Stirn ist wie eingeschnürt. Dies zeigt das eingeschränkte, unausgeglichene, einseitige Denken dieses Mannes. Über der Nasenwurzel erkennen wir eine sehr gute Plastik, was auf ein fabelhaftes Gedächtnis schliessen lässt. Mit diesem kann er blenden und verblüffen.

Hinter den spiegelnden Brillengläsern blicken uns seine Augen kalt und gnadenlos an. Das Mittelgesicht ist eingefallen und zeigt einen sehr kühlen Zug. Der Geist und das Gefühl sind entsprechend kalt und unerbittlich. Das feinere Seelenleben ist wie abgestorben. Dies erkennen wir auch an der Ohrform, an welcher ebenfalls seine seelische Kälte sichtbar wird. Die grossen, stark ungleichförmigen Unterkieferbogen kennzeichnen die Unerbittlichkeit und Härte, mit der er seine Ziele verfolgt und innere und äussere Befehle durchsetzt. Der eher feine Mund ist ebenfalls vom Ausdruck der kalten, beherrschten Gefühle geprägt.

Eine Person wie *Karl Gebhardt*, die durch ihre Anlage und Entwicklung keine Menschlichkeit in sich trägt, sollte auf gar keinen Fall zu führendem und entscheidendem Einsatz kommen. Sein Unvermögen, menschlich zu fühlen und zu denken, wird sich in jedem Fall auf seine Umgebung auswirken. Mitarbeiter und das ganze in seinem Einflussbereich liegende Umfeld werden darunter in hohem Mass zu leiden haben.

Abb. 247 *Adolf Eichmann*, 1906-1962.
Disharmonisches Naturell.

Dies ist das Erscheinungsbild des unausgeglichenen Menschen, mit wenig Empfinden und starken Innenspannungen. Das ganze Gesicht ist unausgewogen und entsprechend sind die Handlungen dieses Menschen.

Als Handelsreisender hätte *Eichmann* wenig Unheil angerichtet. Er wäre ein Mensch geworden, mit dem Vorgesetzte, Untergebene und Mitarbeiter ihre liebe Mühe gehabt hätten. Seine starken Innenspannungen hätten auch ihm schwer zu schaffen gemacht. Sonst wäre vielleicht wenig Negatives passiert. Er kam aber zu Einfluss und Macht und wurde zum Verbrecher. Im Dritten Reich war er Leiter der Dienststelle "*Endlösung der Judenfrage*". 1962 wurde er hingerichtet.

Abb. 248 *Dean Dixson*, 1915-1976.
Harmonisches Ernährungs- Naturell.

Dies ist das Erscheinungsbild des in sich ruhenden, ausgeglichenen, lebensnahen, kraftvollen Menschen. Bei allem Volumen sind alle Formen fein und zeigen eine weiche Ausstrahlung der Gewebe. Daraus erkennen wir das differenzierte Empfinden, welches hier vorhanden ist. Man hört aus diesem Bild förmlich ein herzliches, volles, freies Lachen. Man sieht *Dixons* menschliche Begeisterungsfähigkeit, mit welcher er die Musiker seines Orchester mitreissen kann.

Um die formbildenen Kräfte und ihren Ausdruck beim Menschen zu verstehen, ist der Vergleich des gesamten Erscheinungsbildes solch unterschiedlicher Persönlichkeiten wie auf den Abbildungen 243-248 sehr lehrreich.

Abb. 249 *Karl August*, Grossherzog von Sachsen-Weimar, geb. 1757.

Karl August, Grossherzog von Sachsen-Weimar, machte den deutschen Dichter-Fürsten *Goethe* zu seinem Berater und hielt ihm über 50 Jahre lang die Treue.

Sein Erscheinungsbild ist dasjenige der ehrlichen, aufrichtigen Gesinnung, des festen Willens und der unerschütterlichen Treue.

Einfach und verlässlich, allem Zwang abhold und von tiefer Empfindungsfähigkeit war er ein vorbildlicher Landesvater und Volksfreund. *Karl August* lag vorwiegend im harmonischen Naturell. Der Stirnaufbau zeigt ein umfassendes Denkvermögen in allen Lebensbereichen. Die feste und starke Nase, der bei aller Kraft freundliche Mundausdruck und die warme Menschlichkeit in seinem Blick zeigen seine Unerschütterlichkeit und Klarheit im Urteilen und Handeln. Die Macht wird nicht missbraucht, sondern zum Wohle des Ganzen eingesetzt.

Abb. 250 *Peter Vischer,* der Erzgiesser von Nürnberg, geb. 1455.

Das Erscheinungsbild von Einfachheit und Tüchtigkeit. *Vischer* war nicht nur ein Meister in seinem Kunstschmiedefach, sondern ein wirklicher Künstler. Klug, bescheiden und ehrlich blickt er in die Welt. Die Formbildung zwischen den Augen, das Auge selbst und die Nasenform zeigen eine grossartige Formerfassungsgabe. Daraus erwächst auch eine natürliche Menschenkenntnis.

So gerade und fest, wie er die einfache Lederkappe auf dem Haupt trägt, ist auch sein Wesen, kraftvoll, treu und offen. Er war vorbildlich als Fachmann und Familienvater, als Bürger und Mensch.

Abb. 251 Königin *Luise*, ideales harmonisches Naturell.

Abb. 251 Königin *Luise* von Preussen, eine der hochstehendsten deutschen Fürstinnen. Es ist das Erscheinungbild einer aussergewöhnlich qualifizierten, idealistisch denkenden, vielseitigen und ausgeglichenen Frau. Die Feinheit der Gewebe und der Formen von Untergesicht, Mund, Nase und deren Übergang in die Stirn, die Augen und deren Umrandung sind Ausdruck ihrer Fähigkeit, präzise und doch sehr differenziert, tolerant und doch planmässig, gefühlvoll und doch umfassend zu denken und zu handeln. Sie besitzt einen natürlichen Adel.

Luise war ebenso erfolgreich als Gattin und Mutter ihrer Familie wie als fürsorgliche Landesmutter. Sie war die Mutter von Kaiser *Wilhelm I.* auf den sich ihre vorzüglichen, ausgeglichenen Anlagen übertragen haben. Hier fügten es glückliche Umstände, dass Macht in solchen Händen lag. Aber nicht die Erbfolge garantiert gute Führungsqualitäten, sondern die Auslese der individuellen Kraft und Fähigkeit eines Menschen. Das heisst, nicht immer ist der erbliche Nachfolger einer Fürstin oder eines Fürsten wieder befähigt, verantwortungsvolle Ämter zu übernehmen. Solche Anlagen vererben sich nicht konstant von einer Generation zur anderen. Die Besetzung eines solchen Amtes durch die befähigtsten Persönlichkeiten ist deshalb mit einem Erbfolgeprinzip nicht zu verwirklichen. Hier könnte nur die demokratische Wahl von Menschen helfen, die eine Persönlichkeitsstruktur besitzen, die einer von der Allgemeinheit akzeptierten Norm entspricht.

Es ist erstaunlich, dass in keinem Staat die Persönlichkeitsstruktur, die bei einem machthabenden Menschen wünschenswert wäre, definiert ist.

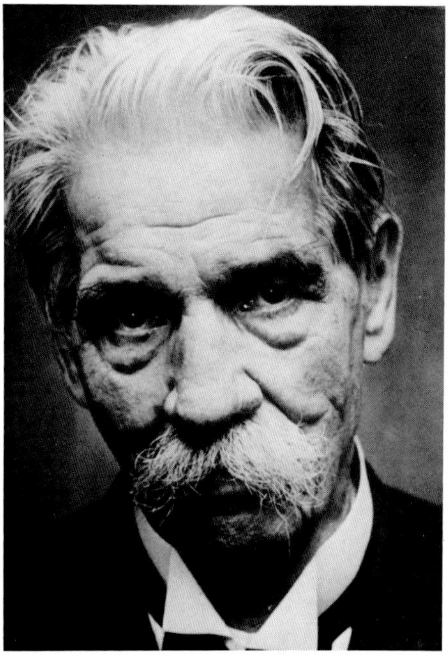

Abb. 252 *Albert Schweitzer*, (1875-1965) im Alter von 90 Jahren, Arzt, evang. Theologe, Kulturphilosoph, Musiker. Friedensnobelpreis 1954.

Abb. 252 Das Erscheinungsbild von Kraft, menschlicher Wärme und Güte. Während das Leben in *Albert Schweitzers* Gesicht tiefe Spuren hinterlassen hat, blieben die Augen, als Ausdruck der Empfindungsenergie, klar, warm und gütig. Sie zeigen, welch grosse seelische und geistige Tiefe *Schweitzer* durch sein Denken und Handeln erreicht hat. Im Mittelpunkt seines Seins stand die Ehrfurcht vor dem Leben.

Abb. 253 *Hans Sachs,* Typus des harmonischen Menschen.

Abb. 253 *Hans Sachs* (1494- 1576), der berühmte Schuhmacher und Poet aus dem mittelalterlichen Nürnberg. Auch er setzte sich in seiner Art mit dem Wissen und Können seiner Umwelt auseinander. Das Wirken eines so hervorragend begabten Menschen beschränkt sich jedoch nicht auf seine Zeit. Solche Menschen leben auch einen Teil Ewiggültiges und können so, weit über ihre Zeit hinaus, wirken, anregen und Vorbild sein. Das Erscheinungsbild von *Hans Sachs* zeigt einen sehr begabten Menschen. *Hans Sachs* wirkte auf *Goethe* und *Richard Wagner,* er begeisterte auch *Huter,* welcher ihn wie folgt beurteilte: *"Schöpferische Geisteskraft und hohe, ideale Begeisterungsfähigkeit spricht sich in dem hohen breiten Kopfbau mit den markanten Stirnecken aus. Mit dem edlen, schönen Auge, mit der charaktervollen Nase und dem gewaltigen Gehirnbau ist es der Typus eines vollendeten Idealmenschen an Weisheit, Denkkraft, natürlicher Gestaltungsgabe, religiöser Vollkraft und hoher Charaktervollendung ".* So vielseitig begabte, ausgleichende und doch ungemein charakterstarke Naturen haben die Kraft, das Negative abzuwehren, das Schwache zu schützen und das Positive durchzusetzen. Sie bleiben sich in allen Lebenslagen treu und sind unbestechlich. Sie halten am guten Alten fest und fördern das fortschrittliche Neue.

Abb. 254 *Zeus* nach *Phidias.* Die Aussagekraft einer Form erkannten die grossen Künstler aller Zeiten. Deshalb drückte *Phidias,* 500 v. Chr., einer der bedeutendsten Bildhauer der Antike, die fünf klassischen Göttertugenden Kraft, Macht, Weisheit, Gerechtigkeit und Treue im Bild des *Zeus,* des obersten Gottes der Griechen, im vollendeten harmonischen Naturell aus. Damit war der damaligen Zeit ein, im Grunde zeitloses Vorbild an moralischer Grösse und physischer und geistiger Stärke gegeben.

25. Schlusswort

Die in diesem Buch abgebildeten und erläuterten Menschen und ihre Erscheinungsbilder, lassen das grosse Spektrum menschlicher Charaktere erahnen. Die gezeigte Ordnung, welche aus einer natürlichen Systematik gewachsen ist, bringt eine Übersichtlichkeit und ist die Ausgangslage für vertiefte psycho-physiognomische Studien.

Auf dieser Ordnung könnte eine neue organische Entwicklung der Gesellschaft wachsen.

So wie in jedem natürlichen Organismus den einzelnen Organen die Arbeit obliegt, für die sie am besten geeignet sind, wäre es in einer zukünftigen Gesellschaft möglich, auf den unterschiedlichen Wesensstrukturen der Menschen aufzubauen. Durch den richtigen Einsatz der vielfältigen Fähigkeiten und Talente könnte sich ein dynamischer Organismus entwickeln. Damit würde ein Vertrauen unter allen Volksschichten, insbesondere zwischen Regierung und Volk entstehen, wie dies in der Geschichte nur in Ausnahmefällen möglich gewesen ist.

Bis heute wurden geschichtliche Veränderungen oft durch Revolutionen und Umstürze verursacht. Auslösende Hintergründe waren meistens Ungerechtigkeit und Not. Die erhoffte Verbesserung wurde in den wenigsten Fällen erreicht, da die Wesensstruktur des Menschen nicht berücksichtigt wurde.

Ohne Menschenkenntnis ist dies ein ewiger Kreislauf, der heute noch von zu vielen als naturgewollt hingenommen wird.

Für das Erreichen technischer Errrungenschaften, für den Erwerb materieller Reichtümer, scheut man vor keinem Mittel zurück, auch nicht vor Krieg und Blutvergiessen.

Den natürlichen Reichtum, der im Menschen selber liegt und in seinem Erscheinungbild zum Ausdruck kommt, lässt man unbeachtet liegen. Im Erkennen der individuellen Wesensart liegen Schätze verborgen, die jedem grossen Nutzen bringen könnten.

Der einzelne Mensch, als Verursacher der menschlichen Geschichte, sollte erkannt werden.

Die Psycho- Physiognomik, deren Grundlagen in diesem Buch dargestellt wurden und deren erweiterte Anwendung im zweiten Band gelehrt wird, kann dazu einen wesentlichen Beitrag liefern.

Namensverzeichnis **Seite**

Bildnachweis	Abbildung Nr.
Johann Friedrich Blumenbach:	36
Ciba-Geigy AG:	22, 102, 163, 211, 214
Deutsche Presse Agentur:	27, 99, 143, 144, 172, 194, 198
Lisa Gangwisch:	72, 74, 76, 77, 92, 107, 129, 139, 140, 154, 164, 173, 189
Carl Huter-Archiv, Grafiken:	1, 2, 3, 4, 5, 6, 11, 16, 21, 24, 32, 33, 34, 49, 50, 55, 56, 57, 58, 59, 60, 61, 62, 63, 64, 65, 66, 67, 68, 69, 70, 71, 73, 75, 78, 79, 93, 94, 108,109, 128, 130, 131, 141, 142, 149, 155, 156, 165,166, 174, 175, 188, 190, 192, 197, 202, 235, 239, 240, 241, 243, 249, 250
Carl Huter-Archiv, Fotos:	7, 8, 12, 13, 15, 17, 18, 19, 20, 23, 25, 26, 28, 29, 30, 31, 45, 46, 49, 51, 52, 81, 84, 85, 86, 87, 88, 89, 90, 91, 95, 96, 97, 98, 99, 100, 101, 103, 104, 105, 106, 110, 111, 112, 113, 114, 115, 116, 117, 119, 122, 123, 124, 125, 126, 127, 133, 134, 135, 136, 145, 146, 147, 148, 150, 151, 152, 153, 157, 158, 160, 161, 162, 167, 168, 169, 170, 171, 176, 177, 178, 179, 180, 182, 183, 184, 185, 186, 187, 193, 196, 199, 200, 201, 203, 204, 205, 206, 207, 208, 209, 210, 212, 213, 215, 216, 217, 218, 219, 220, 221, 222, 223, 224, 225, 226, 228, 230, 232, 233, 234, 236, 237, 238, 242, 247, 248, 251, 253, 254
Yousuf Karsh:	118, 138, 181
Keystone Press AG:	10, 14, 120, 121, 131, 132, 159, 195, 244, 245, 246, 252
Johann Caspar Lavater:	41, 42, 43, 44
Cesare Lombroso:	227, 229
Fritz Möller:	37, 38, 39, 40, 231
Gottfried Schadow:	35
W. H. Sheldon:	191
Fee Schlapper:	47, 48, 53, 54, 80, 82, 83
Roger Viollet:	137